宋 君 等著

读懂学生

中原出版传媒集团
中原传媒股份公司

大象出版社
·郑州·

图书在版编目（CIP）数据

读懂学生／宋君等著.—郑州：大象出版社，2019.10
ISBN 978-7-5711-0211-1

Ⅰ.①读… Ⅱ.①宋… Ⅲ.①小学数学课—教学研究 Ⅳ.①G623.502

中国版本图书馆 CIP 数据核字（2019）第 123354 号

读懂学生
DU DONG XUESHENG

宋　君　等著

出 版 人	王刘纯
策　　划	梁金蓝
责任编辑	连　冠
责任校对	安德华　张迎娟
装帧设计	王　敏
封面剪纸	赵澄襄

出版发行 大象出版社（郑州市郑东新区祥盛街 27 号　邮政编码 450016）
　　　　　发行科 0371-63863551　总编室 0371-65597936
网　　址　www.daxiang.cn
印　　刷　河南新华印刷集团有限公司
经　　销　各地新华书店经销
开　　本　787mm×1092mm　1/16
印　　张　19.5
字　　数　253 千字
版　　次　2019 年 10 月第 1 版　2019 年 10 月第 1 次印刷
定　　价　48.00 元

若发现印、装质量问题，影响阅读，请与承印厂联系调换。
印厂地址　郑州市经五路 12 号
邮政编码　450002　　电话　0371-65957865

作 者

宋 君　郑冬芳　刘英杰　于艳艳
郭淑红　郭秋丽　王 霞　史海兰
黄春丽　杨晓燕　杨红艳　程丽华
石巧丽　彭现花　张晓娟　杨伟华

名师工作室团队

名师工作室导师

朱振东　现任郑州市人民政府督学，原金水区教委副主任、教研室主任。有系统的小学数学理论基础和专业知识，教学经验丰富。在教育教学中，注重立足实践，引领教师、学校的发展。

孙红星　金水区教育发展中心原副主任。在教育教学中，力求使每一个学生不讨厌数学，使更多的学生喜欢数学。在教学研究中能为教师、学校提供引领服务。辅导青年教师效果显著，多次获省、市、区表彰。

名师工作室领衔名师

宋君 现任教于郑州市金水区实验小学，先后荣获全国教育科研先进个人、河南省学术技术带头人、中原名师、河南省教师教育专家、河南省优秀教师、郑州市教育名家培养对象、第二届河南省最具影响力教师等荣誉称号。先后在各级刊物发表教育教学文章300多篇，主要从事小学数学教育、小学教师教育和小学数学阅读的研究。发起成立名师工作室，充分发挥工作室的引领、示范、辐射作用。

名师工作室助理

穆桂鹤 现任教于郑州市金水区文源小学。先后荣获河南省教学标兵、郑州市优秀教师、郑州市教育科研先进个人、金水区名师、金水区优秀教师等荣誉称号。并荣获全国魅力课堂教学特等奖，河南省小学数学课堂优质课大赛一等奖，郑州市优质课大赛一等奖，郑州市小学数学基本功评比二等奖，金水区第九届、第十届希望杯一等奖；多项课题荣获省、市一、二等奖。

名师工作室 2017 年研修教师

河南省名师培育对象

郑冬芳　　现任教于郑州市郑东新区通泰路小学,中小学高级教师。曾荣获全国课改优秀教师、河南省优秀教师、河南省骨干教师、河南省教育专家、郑州市学术技术带头人、郑州市教科研先进个人等荣誉称号。

于艳艳　　现任教于河南省汝州市实验小学,先后荣获河南省优质课一等奖、汝州市教育教学技能竞赛特等奖、汝州市五一劳动奖章等荣誉和河南省骨干教师、汝州市首届十大名师、汝州市优秀教师、汝州市教学标兵、汝州市教学质量先进个人等称号。

郭淑红　　先后荣获全国录像优质课一等奖、全国优质课二等奖、河南省优质课二等奖等奖项和河南省教科研成果一等奖等奖项和河南省教育厅学术技术带头人、河南省首批骨干教师、郑州市教育局学术技术带头人、郑州市师德先进个人、郑州市教科研先进个人等荣誉称号。

郭秋丽　　现任教于平顶山市卫东区豫基实验小学。自参加工作以来,勤奋踏实,勇于奉献,敢于拼搏,先后荣获省级骨干教师、省教学标兵、市级名师、市级优秀教师、市级学术技术带头人、市骨干教师、市教学标兵、区教育事业突出贡献先进个人、区教科研先进工作者等荣誉称号。

张伟振　任教于郑州市金水区文化路第一小学，北京师范大学文学学士、华中师范大学教育硕士，河南省教育厅学术技术带头人、河南省骨干教师，郑州市第四届、第五届名师，郑州市骨干教师。

河南省骨干教师培育对象

史海兰　现任教于濮阳经济技术开发区实验学校，在教学中关注每一个孩子，让不同的孩子在数学学习中都能得到不同层次的发展。先后荣获濮阳市优秀教师、濮阳市学科带头人称号。

王霞　现任教于郑州市金水区丰产路小学，研究生学历。先后荣获郑州市骨干教师、金水区首席教师、金水区优秀教师、金水区优秀教研组长、金水区先进师德个人等荣誉称号。

黄春丽　现任教于郑州市郑东新区春华小学，主张进行本真数学教学。先后荣获河南省教育厅学术技术带头人、商丘市骨干教师、商丘市名师、商丘市优秀教师等荣誉称号。

杨晓燕　现任教于洛阳市孟津县双语实验学校，先后荣获洛阳市首届中小学名师、洛阳市第二届中小学名师、洛阳市学术技术带头人、洛阳市骨干教师、洛阳市教坛新秀等荣誉称号。

杨红艳　现任教于开封市龙亭区刘庄小学。21年如一日，默默耕耘在农村教育教学一线。先后荣获河南省优秀教师、开封市骨干教师、开封市优秀教师、开封市师德先进个人、开封市教学标兵等荣誉称号。

程丽华 安阳市殷都区教研室小学数学教研员,曾先后荣获河南省教师教育专家、河南省优秀教师、河南省教育厅学术技术带头人、河南省基础教育教学优秀教研员、安阳市优秀教育工作者、殷都区优秀教师等荣誉称号。

彭现花 现任教于平顶山市新华区新程街小学,先后荣获平顶山市骨干教师、平顶山市优秀班主任、平顶山市首届教学能手、国家级辅导员、市优秀辅导员、区优秀教师、区骨干教师、区第二届名师、区师德先进个人、区文明教师、区优秀班主任等荣誉称号。

石巧丽 现任教于林州市市直第六小学。先后荣获河南省骨干教师、安阳市学科带头人、安阳市骨干教师、安阳市优秀班主任、安阳市优秀辅导教师、林州市优秀教师、林州教学技能标兵、林州市先进教研组长等荣誉称号。

张晓娟 河南省濮阳经济技术开发区实验学校小学数学教师。濮阳市五一劳动奖章获得者,先后荣获河南省骨干教师、濮阳市学科带头人、濮阳市教学标兵等荣誉称号。

赵松敏 现任教于许昌市襄城县实验小学,先后荣获许昌市骨干教师、许昌市文明教师、襄城县优秀教师、襄城县优秀班主任、襄城县先进工作者等荣誉称号。

读懂学生，读懂自己

转眼之间已工作二十年了，我也在2017年步入不惑之年，还有二十年的工作时间，究竟要怎样度过？我一直在思考。一个人走，可能走得很快，但很难坚持下去；一群人走，一定能走得很远，也更能坚持下去。因此，我想给自己找一个优秀的团队，想和优秀的人一起走！当我了解到河南省名师培养计划，并试着申报了宋君老师的名师工作室，意外的是我被选上了。这对于我来说，是一件非常值得纪念的事——我找到了让自己继续发展的团队。回顾这一年，我收获颇多，感慨万千！其中最大的收获，就是在读懂学生的同时，也读懂了自己！

陶行知说："真教育是心心相印的活动，唯独从心里发出来的，才能打到心的深处。"教师对学生有了心对心的尊重，才会具备明察秋毫的教育敏感和化险为夷的教育智慧。苏霍姆林斯基也曾经说过："尽可能深入地了解每个孩子的精神世界——这是教师和校长的首条金科玉律。"走进学生的心灵，打开学生的心扉，解读学生的心灵密码，对于教师的教育教学工作有着极为重要的价值和意义。

《国家中长期教育改革和发展规划纲要（2010—2020年）》中提到：把育人为本作为教育工作的根本要求，以学生为主体，关注每个学生，为每个学生提供适合的教育,把促进学生成长成才作为学校一切工作的出发点和落脚点。然而,理想是那么美好,现实中却总会遇到这样那样的问题。在实际教育教学工作中,教师是否能把读懂学生作为教学工作的重点,是否真正做到了读懂学生,这些都是值得我们深思的问题。

在探讨教师专业发展的基本方式有哪些时,我们通常会想到自我反思、同伴互助、专家引领这三种基本方式。除此之外,我认为还有一个更基本、更客观的方式,那就是研究学生,或者说是读懂学生。课堂是学生学习的主阵地,那么如何在课堂上尽可能地走进学生的世界,读懂他们对每一个问题的解答,倾听他们的声音,了解他们的学习状况,适时地为他们提供最有效的帮助,使教学更加有效呢?结合教育教学经验以及课题研究心得,书中提出了几个观点:

一、读懂学生是一种意识

数学学习,应当是一个生动活泼、丰富多样的过程,其目的在于让学生亲身体验如何"做数学"、如何实现数学的"再创造",并从中感受到数学的力量,促进学生数学素养的提升。为此,新课程指出"数学教学活动必须建立在学生的认知发展水平和已有的知识经验的基础之上",强调教师在教学设计时要"读懂学生、读懂教材、读懂课堂"。其中,放在首位的是读懂学生。只有读懂学生,课堂教学才能最终达到直面学生现实、整体把握教材、生成动态课堂的目标。所以作为教师,我们首先要有意识地去读懂学生,只有有意识地去读懂学生,才会产生实际的行动,去了解学生的真正需求,从而找到学生的起点、需求、认知障碍,进而设计一份具有针对性的教学设计,最终实现高效课堂。

二、读懂学生是一种责任

读懂学生是教师的天职,是教师的责任。学生是一本书,教师要想当好孩子未来的指路人和灵魂的工程师,首先必须读懂学生。只有读懂学生才能拿到开启学生生命智慧的钥匙,才能尽好自己教书育人的职责。

在过去二十年的教学生涯中，我常常听到身边的教师发出这样的感慨：为什么这个内容我讲了好多遍，学生还是不理解呢？老师们往往只在发牢骚，没有做出任何实际行动去了解学生，去解决问题。这说明这些教师并没有意识到读懂学生是他们的责任，只是一味地认为学生不用心学习，而忽略了学生目前的基础和思维路径。如果我们把读懂学生作为我们的责任，利用前测或访谈，确定学生已有的基础知识、已有的经验和已有的思维路径，再设计本节课的学习过程，学生一定会轻松、顺利地完成数学学习。

三、读懂学生是一种能力

每一个孩子都有一个独特的、独一无二的世界。不了解孩子，不了解他的智力发展，不了解他的思维、兴趣、爱好、才能、禀赋、倾向，就谈不上教育。加之课堂教学是一个动态生成、复杂多变的教与学的活动，需要教师具备足够的教育智慧、敏捷的洞察能力，及时捕捉学生学习的思维活动，找准认知障碍，从而有效把握教育契机，开启学生智慧的生长点。很多教师对读懂学生只停留在简单的课前复习和提问上，并没有真正读懂学生。如何做才能读懂学生对教师而言是一个挑战，需要系统研究。课题组成员借助课堂前测先对学生进行深入的学情分析，找准学生的学习起点和困难点，再设计出有针对性的教学设计方案，接着进行课堂实施，最后依据课程观察数据分析教学效果。在研究中我们发现了一系列的问题，例如：教师的课堂调控能力不足，关键问题的设置不够清晰，教师的回答不准确等。于是我们就开始反复研讨，不断思考，不断实践，不断总结，借助课堂前测的分析和观察量表的数据，读懂学生的学习起点，用学生易于接受的方式讲学生之所需，解学生之所惑，给学生呈现一节节精彩的数学课堂，让学生爱上数学，同时课题组老师读懂学生的能力也越来越强。

四、读懂学生是一种幸福

读不懂学生的课堂是浮躁的课堂，是烦恼的课堂，也是无趣的课堂。如今我们借助课堂前测,读懂了学情分析,读懂了学生内心需求,进而把握了课堂的预设先机,课堂教学也发生了转变。教师教态亲切,语言温和有智慧;学生踊跃发言,思维活跃有深度。这样和谐的课堂,学生是幸福的,教师也是幸福的。读懂学生,给学生提供"又好吃又有营养"的数学。师生之间用心对话、真情互动,真正做到"传授知识、启迪心智、完善人格"的教育宗旨。我想这就是一种幸福,一种丰富学生情感和生命的幸福。

作为一名怀揣教育理想的"追梦人",我在自己钟爱的教育事业中默默耕耘,有过困惑、迷茫、伤心,但始终没有放弃最初的梦想:坚守自己的教学舞台,努力做一名让学生喜欢、让家长爱戴的老师,为孩子创造学习的乐趣,带给孩子们学习的幸福和智慧的源泉!

"路漫漫其修远兮,吾将上下而求索。"在读懂学生的这条道路上,我愿和众多的教师一起前行,不断进步!

郑冬芳

痴心追梦，且行且思

2017年，我很幸运地站在了新的起点上，作为全县报送的唯一一个小学数学老师，我光荣地成了河南省骨干教师培育对象，有幸参加了宋君中原名师工作室的研修。从得知入选的那天起，我不再苦于找不到努力的方向，因为我也有导师了，我心中的热情被重新点燃，那股不服输的拼劲儿又回到了我的身上。

2017年，百鸟争鸣、春花绽满枝头的时候，一群热爱小学数学的老师在中原名师宋君的带领下热火朝天地开启了新旅程，我们聚焦"读懂学生"，进行深度的思考和实践。这是一场美丽的遇见，烂漫的春天因为多了这一支团结互助的队伍而显得更加美丽！这一支斗志昂扬的队伍，在这个春天里要与百花齐放光彩！

翻开这本书，你就走进了数学的世界。加减乘除、和差积商、整数、分数、符号、图形……这一切的一切在这群人的眼里是那么的调皮、可爱、有情！而这群人对数学的感情是那样真、那样纯、那样简单，却如此地打动人心！我们从一年前懵懂起步，到如今自信展现，这之中渗透着我们无数的汗水和心血。平顶山研修之行注定成为我人生不平凡的一次学习，怀着真切的热爱，我在课题研究的道路上开始了新的跋涉。还清晰地记得2017年6月3日下午，我终于见到了慕名已久的宋君老师。他戴着一副眼镜，看上去瘦弱而有精神。

当一次次的研究作业如期而至，我开始迷茫了。对课题一知半解的我一筹莫展，开始觉得是自讨苦吃。但当近距离地接触到宋君老师，我深深地被他的专注、执着所感染，中原名师尚且如此，我又有什么理由退却？接踵而来的湖北宜昌、河南邓州集中研修和数不清的网络会议、微信群研修，一次次讨论带给我巨大的冲击力和推动力。我慢慢打开了研究思路，一边钻研教材，进行着教学研究，一边大量阅读教育教学理论书籍。记不清多少次在深夜揣摩关于各种错误不留痕迹的解决策略，记不清多少次于黎明反思教学过程的瑕疵。在无数次"教""学""研""思"的磨合中，我成长着、蜕变着，课题研究之路也渐渐明朗，视野也开阔起来。

这一年是艰辛的一年，更是收获的一年，我们这个团队收获了知识，收获了能力，收获了自信。我有幸结识宋君导师，他带领我们在教育这条与学生相知相伴的路上，一路欢笑一路同行。

尽情徜徉吧，用心聆听这群人心灵深处的歌声，用心感受这群人淳朴的数学情。做我们的读者吧，我们的成长需要大家鼓励，也需要大家点拨。让我们一起成长，在加减乘除中寻找快乐，在和差积商中体验幸福！

一个美丽的梦，托起多少星辰；一份真挚的情，送出多少温馨；一条执着的路，记录下多少艰辛；一颗思考的心，酿出多少智慧……三尺讲台间，我用思考收获了梦想的田野。痴心，痴情，痴梦，我就是那一个痴痴的追梦人。

亲爱的老师们，路就在脚下，梦就在前方，只要我们脚踏实地地去丈量，脚总比路长！

杨晓燕

目　录

第一章　"读懂学生"的价值和方法　001
  第一节　"读懂学生"的意义和价值　003
    一、"读懂学生"概述　005
    二、"读懂学生"的意义　011
  第二节　"读懂学生"的方法　021
    一、问卷调查　021
    二、学生访谈　025
    三、预习分析　026
    四、作品分析　027
    五、课堂沟通与检测　028
    六、课后反思和分析　029

第二章　读懂学生的有效维度　035
  第一节　读懂学生的认知基础　037
    一、读懂学生认知基础的意义　039

		二、如何读懂学生的认知基础	042
		三、读懂学生的认知基础对教学的价值	047
	第二节	读懂学生的思维	065
		一、读懂学生思维的理论背景	066
		二、读懂学生思维对教学的价值	066
		三、读懂学生思维的具体策略	067
	第三节	读懂学生的眼神	092
		一、读懂学生眼神的意义	093
		二、读懂学生眼神的价值	094
	第四节	读懂学生的错误	100
		一、读懂学生错误的意义	100
		二、读懂学生错误的路径	101
	第五节	读懂学生的其他维度	150
		一、读懂学生的疑惑	151
		二、读懂学生的精彩	153
		三、读懂学生的情感	155

第三章　读懂学生的教学设计　　159

《用字母表示数》教学设计　　161

《倍的认识》教学设计　　168

《买文具》教学设计　　175

《角的初步认识》教学设计　　180

《平行与垂直》教学设计　　188

《平行与垂直》教学设计　　193

《小数的意义》教学设计　　200
《百分数的意义》教学设计　　208
《百分数的认识》教学设计　　213
《乘法分配律》教学设计　　219

第四章　读懂学生的研修花絮　　227

读懂学生，智慧前行　　229

优秀的团队，幸福的我　　236

在研修中思考，在思考中提升　　239

感恩2017，最美的遇见　　242

踏破铁鞋寻真知，倾心教研育桃李　　247

书山有路勤为径，学海无涯乐作舟　　250

静静地做真研究　　255

一路走来，感谢有你　　261

研修培训——我们这样一路走来　　265

这一年，教育人生再次启程　　270

最美的遇见　　273

读懂学生，砥砺前行　　279

研修路上，我们同行　　284

参考文献　　287

研修，留下最美的风景（代后记）　　289

第一章 "读懂学生"的价值和方法

　　课堂教学对于教师和学生而言，都是必不可少的人生经历。课堂教学改革，归根到底就是要在深入读懂学生的基础上，激发其兴趣，唤起其潜力，帮助其找到有效的学习方法，在自主学习中找到乐趣、体验成功，从而产生继续学习的动力。我们立足课堂教学实践研究"读懂学生"，加大对学习的研究，营造一个表达思维的场域，从原来关注学生学什么到关注学生怎样学，追求思维的深度和广度，促进学生智慧成长。

第一节 "读懂学生"的意义和价值

苏霍姆林斯基说过:"教师的职业就是研究人。"读懂学生是促进优秀教师专业成长的有效方式。为了贯彻《河南省教育厅关于依托中原名师工作室培育省级名师、骨干教师的通知(教师〔2016〕758号)》,为进一步放大中原名师培育工程效益,将中原名师工作室打造成全省名师、骨干教师的培育基地,2017—2020年,通过组织具备条件的骨干教师到中原名师工作室进行为期一年的分模块、分阶段、递进式、实践型跟岗研修,培育认定一批省级名师和省级骨干教师,进一步发挥中原名师工作室对教师专业发展的指导、支持、提升和优化等功能,探索形成"名师带徒"式的培训模式,优化省级名师、省级骨干教师的培养路径,助力全省教师队伍梯队攀升体系的建设。在2017年河南省名师、骨干教师培育中,我们聚焦"读懂学生"进行研究,在名师工作室研修教师所在学校里和网络上进行了数学教师的问卷调查,部分调查项目的结果如下:

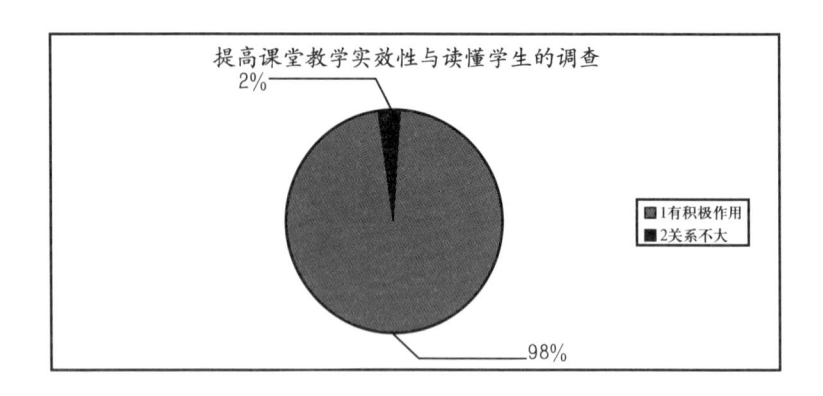

提高课堂教学实效性与读懂学生的调查

- 1 有积极作用：98%
- 2 关系不大：2%

我们调查了近500名教师，有98%的数学教师认为读懂学生能够有效提高课堂教学的实效性，有2%的数学教师认为读懂学生与提高课堂教学实效性的关系不大。

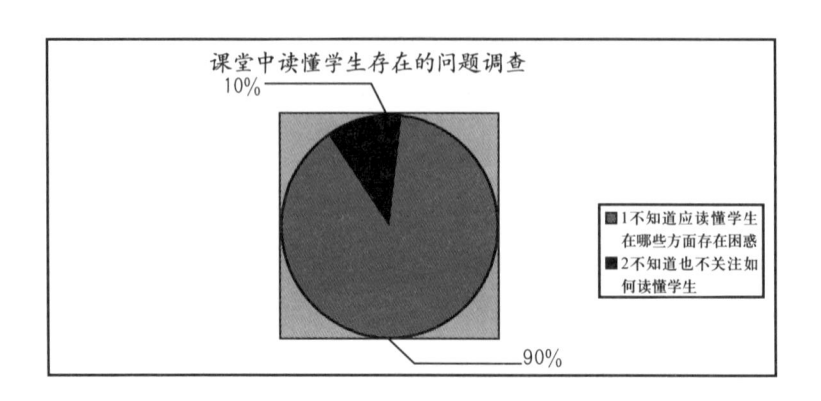

课堂中读懂学生存在的问题调查

- 1 不知道应读懂学生在哪些方面存在困惑：90%
- 2 不知道也不关注如何读懂学生：10%

调查显示，在课堂教学中，90%的数学教师认为读懂学生存在的最大问题是要读懂学生在哪些方面存在困惑，10%的数学教师认为读懂学生很复杂，他们不知道如何读懂学生，也不关注读懂学生。

由此可见，我们需要聚焦"读懂学生"进行研究，真正让"读懂学生"的研究落在根上，促使教师从优秀走向卓越，提升课堂教学的效益。

课堂教学对教师和学生而言都是极其重要的。在课堂上教师是否能够有效读懂学生，可以作为判断课堂教学成败的依据。课堂教学是教师和学生共同经历的，对学生而言，是自己生命价值的体现和自身发展的组成。在课堂上，教师和学生的思维得以碰撞，感情得以沟通，价值得以实现。学生的思想、性格、身心发展特征等存在很大差别，对学生的了解是提高课堂教学实效性的关键环节，读懂学生也是教师在课堂教学中实现自身价值、提高教学实效性的必要保证。

一、"读懂学生"概述

关于数学教学的研究，主要集中在对于教材的分析和对教学方法的研究两个方面。在数学教学中，我们所关注的往往只是如何帮助学生学会数学思维，却很少关注学生在数学学习过程中的真实需求。

教师用一种方法、一种教学内容应对所有的学生。其一，由于机器大工业生产造就了现代意义上的学校，作为大工业生产的反映，我们的教育采用班级授课制。教师用整齐划一的方式进行教学活动，单位时间内完成预期教学任务。其二，教师无法一一甄别学生的差异，干脆就用简单的方式应对复杂的局面，以不变应万变。万事万物都在运动变化，这是辩证法的普遍原理。学生也是如此，他们每天接收大量的信息，在与外在世界的相互作用中变化着自身。这种变化几乎每天都在发生，变化的速度有快慢，变化的方向有差别，变化的内容也有不小的差异。

教师需要做到用变化发展的眼光而不是静态静止的眼光看待学生，要因势利导，顺势而为。实践中，有的教师不经意会把学生"看死"，以为学生大体也就这样了，不会有什么大的变化了。这样可能导致教师没有及时根据学生的变化调整教学方法，没有利用学生的变化将教学引向深入，没有及时把握学生的变化使自己的教学更具针对性、实效性。

现代心理学的研究成果表明：学生作为成长发展的个体，对外在世界的认知是积极主动的，他是在与周围环境的相互作用中发展自己的。从这个角度来说，一味地灌输、单调地说教，不考虑学生内在感受的施教，产生的效果是极其有限的。教师在教育教学活动中，需要把学生当作一个外在世界的积极探索者、未知知识的发现者，要注意把他们内在的学习欲望调动起来，促使他们在学习活动中充分发挥主观能动性。

如果我们不真正了解学生在数学学习过程中的具体情况，仅凭自己的主观感觉和经验推断学生的发展需求，就会出现主观认识与客观现实的落差，从而导致教育教学活动的低效甚至无效。由此可见，数学教学和学生发展研究的一个基本立场，即应当切实立足于对学生数学学习过程的深入了解，或者说，数学教学应基于课堂教学中的"读懂学生"。

早在苏格拉底时代，先哲就已经开始致力于通过教师与学生的对话来探明学生的所思所想，帮助学生学习。19世纪末20世纪初，杜威在《芝加哥实验学校》中倡导教师研究儿童，其目的在于通过对儿童的学习兴趣的持续研究以判断课程和教材是否适合每位儿童的发展需要。哈佛大学戴维斯教授在对美国数学教育的现状和前景进行分析时，曾提出15个有待进一步研究与解决的问题（他称为"数学教育研究和发展所面临的最重要挑战"），第1条就是"深入了解学生真实的思维活动"。另外，上述思想在现实中也得到了较好贯彻，就"问题解决"的现代研究而言，人们就采用了各种方法，包括应用现代技术了解学生在解题过程中的真实思维活动。如组织学生以"对子"或小组的形式进行解题，或训练学生"出声地思维"，同时对整个过程进行录音或录像，这样就可获得较为详细的"解题记录"，再辅以必要的口头调查，研究者可通过这些资料的综合分析较为准确地把握学生的真实思维活动。研究者在这方面付出了很大的精力与时间，如舍费尔德教授和他的团队就曾用近100个小时来分析1小时的解题记录。

国内关于读懂学生的研究起步较晚。20 世纪 80 年代初，有学者曾引介了苏联有关儿童研究方面的论著，如苏霍姆林斯基和巴班斯基关于教师要"研究学生"方面的论著。2005 年左右，我国学者引进了美国教师开展儿童研究的部分论著。2008 年，第七届全国新世纪小学数学课程与教学系列研讨会以"三个读懂"，即"读懂学生、读懂教材、读懂课堂"为主题。其中"读懂学生"作为重点研讨的主题之一，开始进入广大一线教师的视野。不少专家学者认为，真正有效地提高课堂教学的实效性，应该从研究学生开始，只有真正读懂了学生，教学才能有"根"所依。在读懂学生的探究之路上，我们更应该以课堂教学为立足点和出发点，在课堂教学时全面掌握读懂学生的有效途径，才能更好地提高课堂教学的实效性。只有这样，教师才能更好地了解学生的情况，让学生在课堂上发挥潜能和创造性。因此，在一堂课的 40 分钟里，如何探索和掌握读懂学生的有效途径，提高教与学的效益，让有限的时间发挥最大的功用，是一线教师都非常关心和必须面对、解决的问题。

新课改实施后，基于"读懂学生"的教学实践与研究取得了丰硕成果。广大教师不断转变思想，更新观念，教学改革取得了可喜成绩，新理念下的课堂教学呈现出勃勃生机。但是在此过程中，我们的课堂教学还存在一些问题。比如：新课改理念下的数学课堂课件精彩动人，课堂热闹非凡，但是课堂教学有没有落实到学生身上，学生的能力有没有真正得到培养，这些并未被老师所重视；课堂教学活动没有建立在学生已有的知识基础之上，学生已经会了的，老师还在重复讲授，课堂教学缺乏实效；部分教师的教学经验和主观判断在评价学生的思维过程中发挥了很大作用，因而导致评估过程中存在较大误差甚至是错误评判；等等。

在课堂上教师是否能够有效读懂学生，可以作为判断课堂教学成败的依据。由于学生在思想、性格、身心发展特征等方面个体差别都很大，对学生的了解是提高课堂教学实效性的一个关键环节。与此同时，读懂学生也是教师在课堂教学中实现自身价值、提高教学实效性的必要保证。

了解学生和读懂学生是教师职业的基本功，教师只有读懂学生的认知发展规律、读懂学生的需求、读懂学生的思维、读懂学生的情感等，才算全面掌握了读懂学生的有效途径。也只有读懂了学生，教师才能因材施教，使学生的思维、能力、情感态度等各方面得到实实在在的发展和提高。

随着新课程改革的扎实推进，各方对于"读懂学生"的重视程度越来越高。

《义务教育数学课程标准（2011年版）》指出：学生是学习的主人，新形势下的课堂教学应体现学生的主体地位。这就需要教师作为学生学习的组织者、引导者，走近学生，了解学生，读懂学生。读懂学生，是课堂教学的新出发点，只有读懂学生，教学才根基扎实，更有效。

基于以上认识，许多教师从自己的教学实际出发，从不同角度谈了如何读懂学生，尤其深入分析了课堂教学与读懂学生的关系。读懂学生，或者说理解学生，是所有教育教学活动的一个逻辑起点。我们的教育对象是学生，认识学生，分析学生，设身处地从学生的角度思考问题，是教育取得预期效果的关键。

教学活动是师生积极参与、交往互动、共同发展的过程。基于问卷调查和分析，我们萌发了在小学数学课堂教学进行读懂学生有效途径的实践研究。

有关读懂学生的研究大致可划分为两种类型。

其一，从宏观的角度研究"读懂学生"，顺应新课程改革的趋势。

从宏观的角度研究，是从新课程改革发展、课程体系建设、教育理念研究等大视野下对"读懂学生"这一课题进行相关的研究论述。旨在从这一研究课题出发，推进新课程改革发展、课程体系建设、教育理念转变等。

读懂学生是顺利推进新课程、保证新课程能顺利实施的一个重要前提。我们要思考为什么要读懂学生，不读懂学生会有什么影响。如果不读懂学生依然可以实现我们的教育目标，仍然能够达到我们的教学要求，我们又何必要搞认知心理、认知发展水平的研究呢？实际上，如果想清楚了为什么要读懂学生，我们就会认识到，只有读懂学生，了解学生的经验，了解学生的心理特征，知道学生的发展水平，才能告诉学生应该学什么，才能明白应该怎样教。

中央民族大学数学系孙晓天教授在《"研究学生，读懂学生"：必要与可能》一文中指出：落实"以学论教，少教多学"是有前提和基础的，抛开教育对象的实际情况，不在研究学生、读懂学生上下功夫，即使花再大的气力构建教学模式、寻求新的方法，其结果也可想而知。教学是再建构、再创造的过程，作为主体的学生是最具创造力和发展潜力的群体，落实"以学论教，少教多学"必须关注学生已有的知识基础、学习能力、兴趣爱好、生活经验、问题困惑等。从学情出发开展的教学才是有质量的教学。实践表明，"研究学生，读懂学生"是落实学生主体地位的根本保证和基础，是"以学论教，少教多学"的必做功课。

北京教育学院季苹教授在《研究学生，不断改造课程和教育者自身》一文中指出：从理论上说，研究学生主要是从两个层面开展：一个是从学生作为完整的人的角度或者说从教育的层面上进行学生研究，即围绕《教育规划纲要》中提到的将学生培养成什么样的人这个主题展开研究；另一个是围绕课程改革提出的课程目标的实现状况进行学生研究。也就是说，学生的发展目标包括两个层面：一个是作为完整的人的发展目标，另一个是具体学科课程学习的目标。

其二，从实践的角度探究读懂学生的路径与方法。

我们到底应该如何读懂学生呢？北京教育学院刘加霞教授的解读给了我们一些启示。她认为读懂学生主要有两方面：1. 读懂学生的学习水平，结合具体的学习内容，学生应该学会不同的表征方式。低年级主要是动作表征，随着年级与年龄的增长，学生更多地使用图像表征和符号表征，表征水平会有所提升，孩子的数学直觉发展较快；2. 读懂学生的思维特点，小学生思维特点是以算术思维为主，但小学学习内容需要代数思维支撑，因此学生易出现难点，也易犯错误。

读懂学生的方法有哪些？老师们常用的读懂学生的方法有如下三种：1. 过程观察。老师在课堂上应仔细观察学生的操作过程与书写过程，对比不同的学生，看他们的书写是否一致，操作流程是否相同。这都是老师上课应仔细观察的具体过程。2. 交流访谈。可以在课前和课后进行访谈，了解学生的知识基础、生活经验以及思维特点。3. 作业分析，包括错误分析。教师应根据学生作业进行仔细分析，分析学生出错的原因，以及学生的思维活动，从而做出相应的改进策略。

《义务教育数学课程标准（2011年版）》指出：数学教学活动必须建立在学生的认知发展水平和已有知识经验的基础之上。因此，教师进行教学时，不仅要了解该知识内容的本质以及基本的教学策略，而且要研究和了解学生在学习该知识内容方面的思维特点、学习困难、学习路径等。因此，读懂学生，主要从读懂学生的认知基础、读懂学生的学习过程、读懂学生的错误、读懂学生的思维等方面进行。

数学教育家弗赖登塔尔说：优秀教师课堂上的注意中心始终是学生的思维。只有读懂了课堂中学生的学习过程，才能与学生展开深度互动，才能对教学预案是否符合学生实际做出判断，并及时做出合理的教学决策。

读懂学生的学习过程，需要读懂学生的真实思维，了解学生成功的经验以及遇到的困惑或问题。教师对于学生的困惑，要"知其因，晓其果"，并及时对学生生成的问题做出判断。学生发现多种解决问题的方法或策略时，教师要能读懂这些方法与策略。读懂学生的学习过程，需要读懂学生在课堂上的学习效果，判断教学目标是否达成。教师要善于从学生的发言、交流、随堂练习中读懂学生的学习效果，包括即时学习效果和整节课的学习效果。读懂学生的学习过程，从中感悟和理解学生学习某一特定教学内容时实现数学化的过程，即学生是如何一步一步理解知识的，以及实现数学化的过程中有哪些要素（如思维材料、转化过程、语言抽象过程等）。读懂学生的学习过程，还要读懂学生的学习状态。不仅要关注全体学生的学习状态，还要关注个别特殊学生的学习状态，要读懂学生的参与是全体的还是少数的，还要读懂学生的思考是深层次的还是浅层次的等。

关于读懂学生的研究方向主要有读懂学生的哪些方面、为什么要读懂学生、如何读懂学生、具体怎么做等。读懂学生的研究成果主要集中在教育理念以及课堂教学的转变上，也有研究者提出了教师应该在课堂教学中如何读懂学生的错误、读懂学生的思维等的建议，这些一度成为研究的热点话题。

综观这些认识和研究，我们发现，读懂学生的研究是持续不断、深入进行的，它研究的价值也越来越被学者和老师认可。研究的宽度也在不断扩展，从知识角度外延到教育学、心理学，具体问题的分析更准确、更客观，研究方法也更切合研究的实际。

基于读懂学生的方法和策略，在小学数学课堂教学中的探索与实践的研究还不全面，具有代表意义和价值的、有针对性的教学课例还不多。由此，我们力求在这些方面进行尝试，以便能从整体出发，科学合理地探索读懂学生的有效途径，从而更新观念，改进方法，总结与梳理教师在课堂教学中读懂学生的策略及方法，更好地服务于教育教学，促进学生的发展。

二、"读懂学生"的意义

"研究学生，读懂学生"是落实学生主体地位的基本保证和基础。教师只有了解学生的学习现状和发展需要，才能解决教学的有效性问题，才能真正促进学生的发展。因此，我们可以从以下几个方面来理解研究读懂学生的意义和价值：

第一，可以增强教育教学的针对性和有效性。

只有研究学生才能从根本上解决教学的针对性和实效性问题。只有研究学生发展的需要，学生才能得到针对其发展中的问题和优势所做的有效指导。从学生发展需要出发的教学过程是一个在不断满足学生发展需要中达到课标规定要求的过程。

我在参加郑州市第三届名师选拔时，提前两天得知要讲授的课程是《圆的认识》。在不能提前见学生、不了解学生的数学学习状况的情况下，我思考如何找准教学的起点，如何找准学生数学学习的基础。经过认真思考，我在上课时这样进行新课："这节课我们来学习圆的认识，关于圆，你都知道些什么？"我针对学生的回答及时板书。我又问学生："关于圆，你还想知道什么？"我针对学生提出的问题进行分类。我接着孩子的思路说："这节课，我们就围绕黑板上的问题进行研究，同学们提出的其他问题我们先存在数学银行中，在以后的数学学习中进一步研究，让我们带着这些问题一起走进圆的世界。"

美国心理学家奥苏伯尔说过："如果我们不得不将教育心理学还原为一条原理的话，我们将会说，影响学习的最重要原因是学生已经知道什么。我们应该根据学生的原有知识状况进行教学。"在学习新课之始，我引导学生说出已有的知识经验，提出进一步研究的问题，读懂学生的学习起点，为新知的学习奠定良好的认知基础。这样的设计朴实、简单，这种简单其实蕴含着不简单，朴实中彰显着智慧。

课堂是教师教育智慧不断丰富、不断提升的场所，提升教育智慧应该是我们教师终生的职业追求。作为教师，我们应该善于追问，在追问中读懂学生学习的思维；善于沟通，在沟通中读懂学生学习的情感；善于放手，更全面地读懂学生学习的起点。每一个学生都是一本迷人的书，读懂了学生，教师就有可能成为教育智慧的生成者、师生生命发展的推进者；读懂了学生，我们的课堂教学才能更有效。让我们一起走近学生，研究学生，读懂学生，让课堂上的互动点燃教师教育智慧的火花，促进师生在教育教学中智慧地成长，增强教育教学的针对性和有效性。

第二，可以使主观判断更接近客观现实，实现教与学的和谐。

在研究学生的过程中我们发现，学生和教师之间产生的很多"错位"都是由于缺乏相互倾听和沟通，所以，"研究学生，读懂学生"可以实现教与学的和谐。

张老师在《线的认识》课堂教学中出现了下面的教学片段：

师：请你判断一下，你会走哪条路？

生1：老师，我认为走最下面的那一条路，因为这条路最美！

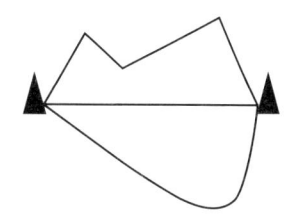

师：你累了，你会选择哪条路？

生2：我会走最上面的那一条路，因为这条路绕的弯很多，走起来很有趣！

生3：对！因为我们累了，走绕弯很多的路，很有趣，就不感觉累。

（怎么了？学生为什么会这样回答？）

师：如果是一位老婆婆，她会怎么走呢？

生4：她会走最上面的那一条路或最下面的那一条路，因为老人一般走这样的路可以锻炼身体。

……………

课后，在任课教师座谈时，教师也深感纳闷，今天学生为什么总和教师"作对"，偏偏不说出正确的结果，在教师苦苦的追问下，学生仍然"我行我素"，而且颇具人文关怀。到底哪里出了问题，造成课堂交流无效？细细思考，不难发现教师的引导有问题，"你累了，你会选择哪条路？""如果是一位老婆婆，她会怎么走呢？"而学生则结合自己的生活经验来解决这些问题。如果教师追问的是"走哪条路最近？"就不会出现刚才教学片段中出现的情境，就可以大大地提高教学效果。

总之，作为教师，我们需要在课堂教学中读懂学生。只有读懂学生，才能使教师的主观判断更接近客观现实，实现教与学的和谐。

第三，可以发掘学生的潜能和创造力，避免低估学生。

学生与学生之间的智力差距并不大，他们都有非常大的潜能。即便是学困生，成绩差也并不意味着他的智力差，更不意味着他没有潜能。教师往往容易根据表面现象进行判断，因为学生的成绩差而低估学生。教师低估学生直接有损学生的自信，最终造成学生自己低估自己。改变这种情况的有效办法就是为学生提供一些自主的机会和做事的平台，教师可以据此了解学生的实际情况。当我们放开手，让学生自己去做一些事情的时候，我们就会发现，学生身上蕴藏着无限的潜能和创造力。

例如，一位老师讲授完商中间、末尾有零的整数除法内容，出示了如下题目：

孙悟空：我3秒能飞960千米。

小悟空：我4秒能飞804千米。

数学猴：我3秒能飞609千米。

师：想一想，谁飞得最快？

生：老师，孙悟空飞得最快。

师：你计算了吗？算一算再回答。

生：老师……

师：先坐下，等一会儿再补充。

…………

在上面的交流中，教师的设计意图是引导学生通过计算来解决这个问题，而教师在反馈时忘记让这个孩子补充。下课后，我走近这个孩子，问他怎样想的，他说："从题中可以知道，数学猴和孙悟空时间是一样的，孙悟空飞得快，而小悟空4秒才飞804千米,孙悟空3秒就飞了960千米,所以孙悟空飞得快。""老师,孙悟空每秒飞300多千米,而其他两只猴子每秒只能飞200多千米,所以孙悟空飞得快。"旁边的学生在他的启发下补充道。我为学生精彩的发言喝彩,也为教师失去这么精彩的发言而遗憾。作为教师,我们要给学生思考的空间,让学生在被尊重的情境中表达自己内心真实的想法,这样的课堂会更加精彩。只有给学生展示、交流、质疑、提问的机会,你才会有读懂学生的可能。我们只有走下讲台,倾听学生、走近学生,重新审视学生的时候,才会发现学生的无限潜能和创造力。

第四,可以真正为学生的自主发展服务。

研究学生,重要的是研究学生自主学习和自我发展的可能性。只要学生能自己做的,我们就尽量让他们自己做,先在需要引导的地方稍微引导一下,之后便继续让他们自己做。在教育教学实践中存在一个悖论:一方面,教师抱怨学生学习不积极、不主动;另一方面,无论在课上还是课下,教师又很少给学生主动学习的时间和空间。其实,在很多情况下,学生只能被动地学习,这在一定程度上限制了很多学生主动学习的积极性。只有当学生能够自主发展的时候,他们才会学得更深,才会得到真正快乐的学习体验。教师只有研究学生的发展需要、全面关心学生,才能真正调动学生学习的积极性和自主性,才能真正走进学生的内心世界,只有这样,学生的主体地位才能得到真正落实。

对学生的"读懂"可以从多学科进行。比如:从社会学角度"读懂"学生,学生就是社会化的个体;从文化学角度"读懂"学生,亚文化是当代学生的典型特征;从生理学角度"读懂"学生,学生是在身体状态等方面有其特点的生命体;从心理学角度"读懂"学生,学生心理是动态变化、复杂多样的……不同学科体现不同的维度,看到的是不同的侧面。

还有一个问题需要进一步思考,那就是"读懂"以后做些什么。应该认识到,

"读懂"不是目的，目的在于将"读懂"的内容进一步融会贯通，切实"吃透"，进而转化为具体的教学设计和行为。在这里，"读懂""吃透""转化"三者是作为一个整体存在的。"读懂"只是第一步，是对学生初步的理解和认知，是从学生的立场考查相关问题，是教师和学生的换位思考。"吃透"是在"读懂"基础上的推进，是将"读懂"的各方面因素有机综合起来，形成对学生整体、深刻的认识，切切实实把握学生的所思所想所感所受。"转化"是"吃透"的外化，是把内在观念的东西外化为具体的备课形态和教学行为。

在教育教学中，三者缺一不可，每一步都需要教师付出努力。没有"读懂"，意味着真正的教育很难发生；没有"吃透"，意味着教师与学生之间有着不小的距离；没有"转化"，意味着教育没有把观念和行为有机统一在一起。

推荐阅读

读懂学生的意义①

郑州市郑东新区通泰路小学　郑冬芳

当河南省启动中原名师工作室培育河南省名师、河南省骨干教师项目时，我在思考，这些老师的优势在哪里？如何更好地促进研修有品质地开展？我首先想到的就是聚焦"读懂学生"，"读懂学生"是教师从优秀走向卓越的分水岭。这些教师在教育教学实践中都积累了丰富的经验，经过多年不同层次的培训，他们对新课程教育教学理念有比较全面的认识，对教育工作都有个人的思考，并有一定的科研基础，在当地已经小有名气。但由于工作环境和个人情况等因素的限制，他们对新课程理念在教育教学实施上的体现和在教育教学过程中做科研等方面有所欠缺，在形成自己独特教育教学风格和克服职业倦怠等方面有更多的需求。通过为期一年的分阶段连续递进式培训，我们帮助这些教师提升专项能力，总结教学经验、凝练教育思想、塑造教学风格、促进教师螺旋式发展，为各地培养了一批教育教学改革名师和骨干教师。我们通过以专题研究为特色的实践之路，聚焦"读懂学生"，进行课堂实践和理论对话，在研究中我们认为读懂学生的实践意义在于以下两个方面：

一、读懂学生的理论需求

随着育人为本的教育理念逐渐深入人心，教师对学生的关注与研究也越来越多。新课程改革的深入推进，数学课堂教学也越来越强调通过研究学生实现有效

---

①节选自郑冬芳老师在"读懂学生"中期专题研讨会上所作的《借助课堂前测的学情分析，读懂低段小学生数学学习起点的实践研究》报告，内容有删减。

的"以学定教"。这就要求教师重视学生已有的经验，需要教师读懂学生，特别是读懂学生的学习起点。笔者通过课堂前测对学生进行学情分析，力图读懂小学生数学学习起点，从而确定准确的教学目标，预设明确的关键问题，进行有效的课堂追问，让学生的思维外显，构建师生对话的学习方式。读懂学生的学习起点是我顺利推进新课程、保证新课程顺利实施的前提。

新课程倡导通过数学学习活动使学生获得终身可持续发展所需要的"四基"（基础知识、基本技能、基本的数学思想、基本的数学活动经验）、"四能"（发现问题、提出问题、分析问题、解决问题的能力），关注学生知识的学习、能力的提升，使学生得到可持续发展。基于学生发展的需求，要求学生的学习活动要具有实效性，把"学"的权利真正交给学生，为学生创设有价值的学习环境，让学习活动真正发生。

在课程改革大力推进的当下，虽然课堂教学也在"学生发展核心素养"的轨道上发生着一系列的变革，但纵观学生的学习活动，"伪有效""虚实效"充斥着我们的数学课堂教学，大大削弱了课堂教学的质量。

二、读懂学生的实践需求

工作二十多年来，在教学中，我常常听到老师们抱怨，"怎么教，学生都学不会！""这么简单，学生还不明白！"在听课中，我也常常感受到，明明学生已经会的、已经理解的、已经有经验的知识，老师却反复地讲、细致地讲，学生只能配合回答、练习，但越是难点、对思维有挑战的地方，老师却没有深挖、没有追问，只一带而过，学生学得稀里糊涂，课堂教学低效。静下思考，我认为出现这种抱怨、造成这种低效的原因，是老师们没有读懂学生。没有读懂学生的学习起点，教师就无法的制定准确的教学目标；没有读懂学生的学习起点，教师就无法预设指向性明确的关键问题；没有读懂学生的学习起点，教师就无法有效追问，无法有效回应学生的思考；没有读懂学生的学习起点，教师就无法构建师生对话的学习方式。

读懂学生，智慧教学[①]

开封市龙亭区刘庄小学　杨红艳

如何读懂学生？如果学生是一本书的话，那每一位学生就是一本百科全书。读懂这些百科全书，谈何容易！教师需要寻找读懂学生的突破口，既不能只是漫无目的"翻阅"学生这本书而获得一些浅表的认识，也不能仅凭自己的主观经验进行判断。读懂学生意味着对学生要有深层次的认识，这种深层次认识的一个主要方面就是对学生思维的了解。

学会倾听，学生的学习思路蕴藏于他们的对话中，教师在组织学生展示学习成果和鼓励学生互动交流时，要以一名合作者的身份参与其中，认真聆听学生的表达与对话，准确研判学生的学习思路。[②]

学会抓住闪光的"一刹那"。学生的研讨与交流常常是"天马行空"式的，在这一过程中，既有可能出现重复累赘的"废话"，也有可能出现"文不对题"的错话，当然，精彩的观点、精辟的见解也蕴含其中。这就需要教师善于抓住闪光的"一刹那"，及时进行巧妙的暗示与提醒，把学生的思维引导到"正道"上来，让稍纵即逝的智慧火花燃烧起来，燃遍整个课堂。

学会追问。出现下面这些情形需要教师及时追问：学生的表达不完善时，学生的表达不清晰时，学生的思考缺乏深度时。我们要通过环环相扣的追问，将问题指向学生思维的深处，促使学生在学习过程中显露内隐的思维活动，使学生的数学思

[①] 节选自杨红艳老师在"读懂学生"中期专题研讨会上所作的《读懂学生　演绎精彩》报告，内容有删减。

[②] 蔡金法、许世红：《教师在课堂上怎样读懂学生》，《小学教学（数学版）》2013年第10期。

考向深度和广度拓展,从而促进学生的数学思维不断发展。追问,就是让学生学会反思、学会"回头看",从而让理解和表达趋于完善、趋于明晰、趋于深刻。

学会判断。学生的学习到底有没有达到预期目标,这需要教师进行判断。他们说的是否到位?想的是否到位?有没有理解问题的实质?是不是有更为精彩的创意?都需要教师在判断的基础上,及时做出决断。要让我们的教,真正教在学生的需要处,让模糊的知识变得清晰起来、肤浅的认识变得深刻起来、零碎的认知变得结构化起来,让教学活动发挥支持、促进、助推作用,这才是"让教学回归到了本意"!

教师上课要关注课堂,关注学生。老师在课题研究过程中,渐渐养成了勤学习、勤实践、勤反思、勤总结的习惯,变得会教、善教,教学能力、科研能力也渐渐得到了进一步提升。

第二节 "读懂学生"的方法

教师扎实的理论知识、丰富的教学经验和实践智慧是课前读懂学生的关键。但就某一特定的学科知识而言,学生的学习基础和经验如何、学生之间有什么差异等,有时仅凭经验难以把握,需要我们通过深入学生以获得尽可能真实的信息,把我们对学生学习情况的主观判断、模糊判断转变为比较客观和精确的判断,从而顺之而教,课堂才可能高效。因此,教师可以运用下面的方法帮助自己进一步读懂学生。

一、问卷调查

问卷调查,是教师通过设计几个指向明确的小问题以了解学生已有知识基础的手段。调查问卷需要精心设计,这样问卷调查的结果才会客观,有利于教师用数据说话,进而克服主观判断的随意性和模糊性。

问卷调查是教师在教学之前的调查,它是一项由教师组织教学设计,以学生为对象的调查工作。其目的是了解学情,找到最近发展区,准确把握学生的起点和教学的起点，从而设计和实施有效的教学。目前的问卷调查由于找不准学生的起点而影响课堂教学效率的案例普遍存在，所以借助课堂前测的学情分析，可以准确把握学生的数学学习起点，为课堂教学的有效实施做好铺垫。

问卷要精心设计，前测题目的设计要科学合理。我们在设计问卷调查内容时，要注意以下几点：

1. 选择与学生生活经验有关的内容

数学本身就来源于生活，让学生用学到的数学知识去解决生活中的实际问题是数学教学的目的。所以，在选择问卷调查内容时，首先应选择与学生生活息息相关的内容。

例如：四年级上册有"单价、数量、总价"相关课程内容，这一节课与学生的生活经验紧密相连，因为学生经常到超市买东西，对于单价、数量、总价的关系已经明了，只不过不知道它们在数学中的具体名称。因此对四年级学生进行课堂前测能够更加准确地找准学生的学习起点，从而更好地进行有效教学。

2. 选择与学生已有知识的相关内容

我在平常的教学中发现，有部分老师根本没有用心备课，对教材没有吃透，更不用说找准学生的学习起点了。像以教师自我感觉为中心的教学，怎么可能是有效教学。因此，在教学中，我们可以选择一些与学生已有知识的相关基础知识进行课堂前测，这样便于我们找准学生的起点，为有效教学打下基础。

例如，针对四年级上册中的"三位数乘两位数的竖式计算"，我们就可以设计一些两位数乘两位数的竖式计算，根据学生前测分析的结果再设计本节课的教学活动，这样会更加有利于本节课目标的实现。

3. 选择与学生的认知规律有关的内容

建构主义认为儿童的数学学习在很大程度上取决于主体已有的知识和经验。所谓对新知识的理解，是指新的学习内容与学习者已有知识和经验建立起适当的关系。这个关系能否建立，取决于学生的认知规律，因而我们在选择课堂前测内容的时候，要考虑到学生认知规律的特点。

比如，四年级上册有"公顷和平方千米"的内容，在此之前学生已经学习了长度单位、面积单位、质量单位等，所以为了实现本节课的学习目标，我们可以做一些这样的课堂前测：①1平方米＝（　　）平方分米，1平方分米＝（　　）平方厘米；②边长是（　　）厘米的正方形面积就是1平方厘米。利用数据分析的结果了解学生对已有知识掌握的程度，进而有针对性地设计本节课的教学，从而实现事半功倍的效果。

在设计好调查问卷后，我们在课前让学生填写，从而了解学生对本节课相关知识掌握的程度，主要适用于概念课教学和起始课教学。如四年级上册《直线、射线、线段》一课，笔者设计了"①你知道直线、射线、线段吗？请你画出来。②你能举出生活中直线、射线、线段的例子吗？"对这两个问题进行问卷调查，了解学生对线段的了解以及学生的生活经验，从而确定新知识的切入点。

例如，我在教《面积》一课时，设计了这样一张调查问卷。

在学生独立完成后，对调查问卷进行汇总、分析，找准教学的起点。下面是此次问卷过程中部分学生的回答，我们能够充分感受到学生学习数学的

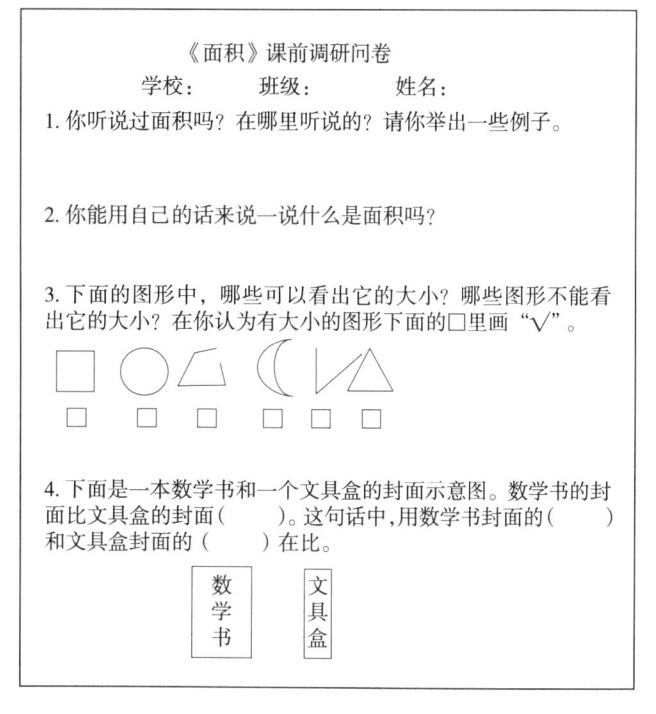

《面积》课前调研问卷

学校：　　　班级：　　　姓名：

1. 你听说过面积吗？在哪里听说的？请你举出一些例子。

2. 你能用自己的话来说一说什么是面积吗？

3. 下面的图形中，哪些可以看出它的大小？哪些图形不能看出它的大小？在你认为有大小的图形下面的□里画"√"。

4. 下面是一本数学书和一个文具盒的封面示意图。数学书的封面比文具盒的封面（　　）。这句话中，用数学书封面的（　　）和文具盒封面的（　　）在比。

巨大潜能：

1.你听说过面积吗？在哪里听说过？请你举出一些例子。

答：没听说过。

2.你能用自己的话来说一说什么是面积吗？

面积是指一个图形的大小。

2.你能用自己的话来说一说什么是面积吗？

平面的大小。

2.你能用自己的话来说一说什么是面积吗？

面积就是一个物体的大和小。

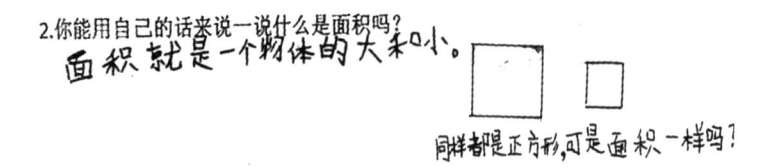

同样都是正方形，可是面积一样吗？

2.你能用自己的话来说一说什么是面积吗？

面积和平方的意思差不多。

2.你能用自己的话来说一说什么是面积吗？

面积是 feng bi 图形里面的大小。

2.你能用自己的话来说一说什么是面积吗？

答：面积就是物体的表面，比如球，等认何一面都阿可以说是面积……

总之，做好调查问卷，有利于教师了解学生的认知水平、基础知识和技能情，还可以了解学生的困惑和需求，以增强数学教学的科学性和针对性，不断提升教育教学质量。

二、学生访谈

老师对学生已有的生活经验和学习经验、学习困难、学习兴趣点、学生之间的差异等的调研可以通过访谈实现。访谈对象可以是随机抽样，也可以有针对性地选择，还可以在问卷调查的基础上选择。

在对学生进行访谈之前，教师要设计好访谈提纲，根据具体情境调整访谈内容，避免无效、无主体的访谈。同时，要注重营造和谐、民主、平等的氛围，促进学生在无压力的情况下开展访谈。访谈可以采用录音、录像的形式进行，确保访谈内容真实、有效。最后要做好访谈记录的整理工作。

教师在上课前和部分孩子进行针对性交流，了解学生的知识储备，便于把握学生的起点。比如：我们刚学过一般的三位数乘两位数，紧跟着要学习末尾带0或中间带0的三位数乘两位数，这个时候我就会问一部分薄弱生是否明白三位数乘两位数的算理，通过他们的回答我会随机调整本节新课各个环节的时间分配，从而实现每位学生都能学到适合自己的数学知识。

例如，名师工作室研修教师郭淑红老师在教五年级下册《万以内数比大小》时，对6名学生进行的课前访谈情况如下：

访谈提纲：(1) 比较这两组数的大小，3659（　）3669，9999（　）10000。(2) 你会比较万以内数的大小吗？你是用什么方法进行比较的？(3) 你认为学习本节课内容应该采取的学习方式是什么？

访谈结果分析：学生对于这部分内容已有了初步的了解，能够自觉地利用知识的迁移，比较出万以内数的大小。但是，大部分同学对于其中的算理还不了解，对于比较的方法表述得还不准确或不完整。

对策：根据访谈情况对教材内容进行整合，把四位数和三位数的比大小整合为一节课，使知识融入情境中，把比较万以内数大小的方法作为重点，让学生学会表达。通过解决实际问题，理解两个数的位数不同或相同时如何进行比较，突出数位顺序和计数单位。

通过对学生认知基础的准确把握，教师设计出的课堂教学就能深深吸引学生。同时因材施教，提高了教学难度，激发了学生挑战的欲望，满足了学生对知识、技能、方法的需求，同时在教学中传递了数学思想。

三、预习分析

安排预习的内容或设计预习作业，根据学生回答情况，了解学生的起点，看看哪些内容学生已经学会了，哪些内容还不太会，哪些内容根本就不理解，这样更有利于掌握学情进行有效教学。

例如，我在教四年级《从结绳计数说起》一课时，这样引导学生进行预习：仔细阅读，将重要的内容画出来，将不明白的地方或有异议的地方批注出来。下面是几位同学复习后的真实思考：

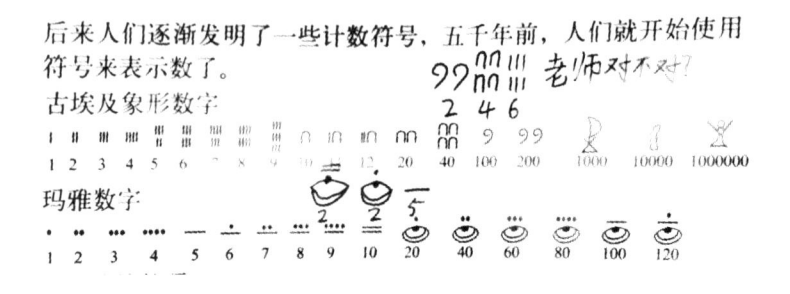

我针对学生的批注进行有效引导，促进学生在解决问题的过程中发展思维，引领学生在积极思考、交流分享、智慧碰撞中使课堂走向有效。

四、作品分析

对于教师而言，作品分析是最有效的方法。在日常的教学中，学生的作业、随堂练习、日记等都可以进行作品分析。前一节课的作业分析往往就是下一两节课的学习基础。教师在批改作业时可以做必要的记录和统计，对于课堂上的随堂练习必要时也应收起来做统计，有利于对学生学习基础的把握，有利于积累读懂学生的经验。

我们在进行作品分析时，可以采集错误的作品，分析每个作品的错误，然后将错误的原因进行归类，分析此类问题的根源。这类分析有利于找到错误的根源，改进我们的教学。在此类分析中，我们还要注意哪些是思维型错误，哪些是习惯型错误；哪些是知识型错误，哪些是运用型错误。细化分类之后，按类别解决问题，提升课堂教学的效益。我们也可以将错误进行比较，找到错误的异同，针对不同的错误采用不同的教学策略。让错误成为重要的课程资源，促进教学走向有效。

我们在进行作品分析时，要关注作品完成的过程，包括学生作品修改的痕迹，借助这些我们能知道学生解答的过程，从而读懂学生的思考过程。

我们在进行作品分析时，可以将一个班的典型错误进行梳理，这样更有利于班级的教学，针对不同班级的实际，开展不同的班级教学，真正让学习更加贴近班级实际，促进学生个性化的学习。

学生的作品是教师巩固课堂知识、检验课堂效果的非常重要的一个环节，也是教师教学中重要的一部分。学生每天都有数学作业，而作为教师，我们每一天都会发现学生作业中出现的一些不该犯的错误，引导学生分析错误、找出错误的原因并且整理出来，制定防错策略，进行积极有效的针对练习，从而达到"减负增效"的效果。其实，作品分析的过程，就是不断读懂学生的过程，教师读懂学生的过程也是一个诊断的过程，在不断读懂学生的过程中促进教学走向有效。

五、课堂沟通与检测

课堂是学生在校学习和师生互动的主要场所，也应该是最有利于教师读懂学生的地方。课堂教学目标是否落实，教学任务是否完成，学生究竟从这节课学到了什么……老师在课堂沟通中检查学生对课堂所学是否理解。老师检查学生的理解不仅需要知道学生已有知识是促进了对新知识的理解，还是干扰了他们对新知识的理解，也需要知道学生对新知识的掌握范围与水平。[①]

教师可以在课堂上通过提问或者让学生做几道题进行检测，这样可以直接了解学生对于某一特定学习内容已经知道了什么、还存在什么问题和困惑等，有助于根据学生的实际情况调整自己的教学。

课堂教学中，教师通过课堂巡视等手段在课堂教学中读懂学生，在第一时间掌握学生的学习情况，从而调整好自己的教学流程，达到优化课堂的目的。在课堂教学巡视的过程中，教师要注意结合观察所得，做好课堂调控，促进课堂在精心预设的过程中提高课堂教学效益。

在课堂教学过程中，不仅要发现学生在学习过程中出现的问题进而分析出原因，还要善于从观察中加以梳理，找到自己课堂教学的方向，为下一步教学环节的展开做好准备。

当学生的学停留于表面，不能实现必要的知识重构或认知结构重组时，教师就应适时地对活动进行引领和调控，通过观察、实验、猜测、验证、推理等方法进行深度思考。当发现学生的思维具有创新点时，教师要勇敢地把它挖掘出来加以呈现，让更多学生参与其中，感受创新，共享创新。

正如我的导师蔡金法教授所说，问题解决成功与否，不仅仅取决于学生所拥有的数学知识及对相关数学内容的理解，更取决于他们对自己思维过程的监控即元认知能力的高低，取决于是否对解决困难有信心。

六、课后反思和分析

课堂是读懂学生的重要场所，教师课后要经常围绕学生的心理特征、学习

[①] 蔡金法、许世红：《教师在课堂上怎样读懂学生》，《小学教学（数学版）》2013年第10期。

兴趣点、学生之间的差异等进行反思和分析，为准确把握学生的特征积累经验。

在一次读懂学生的专题交流中，名师工作室主持人助理穆桂鹤老师分享了这样一道题：

> 六　找规律填数。
> 2，4，6，□，□

这是一道"找规律填数"的题目，很明显，上面这道题的规律是每次加2，答案应该为2，4，6，8，10。但有一部分学生把结果填成了下面的数字：

> 六　找规律填数。
> 2，4，6，7，8

是什么原因让这些孩子同时都这么想呢？穆老师百思不得其解。

在发卷子的时候，穆老师留了个心眼，没有直接发卷子让孩子回家订正错题，也没有在班里公开批评这些孩子，而是找几个孩子单独交流。孩子们满脸委屈：穆老师，在幼儿园我们都学过《数鸭子》，儿歌里不是这么唱的吗？"门前大桥下，游过一群鸭，快来快来数一数，二四六七八……"我到现在都不觉得自己错了呀！

作为教师，我们在课后要进行反思，分析出现问题的原因，这样才能找到问题的根源，让教学更加有效。

综上所述，关于读懂学生的研究，要经历读懂学生的什么、为什么要读懂学生、如何读懂学生、具体怎么做等。

关于读懂学生的研究，我们有了方法，就可以持续不断地进行深入的研究。目前，有关读懂学生的研究在不断拓展，涉及的研究路径也从知识角度外延到教育学、心理学，具体问题的分析更准确、更客观，研究方法也更切合研究实际。我们立足课堂教学实践，基于读懂学生的方法和策略，继续研究，不断实践，总结与梳理读懂学生的智慧，以便更好地服务于教育教学，促进学生发展。

推荐阅读

读懂学生的方法[1]

张春莉 吴正宪

目前，我国在读懂学生的具体方法上，常用的有以下几种。

观察法。这里所说的观察，与作为一种科学研究方法的课堂观察，区别在于观察者不是旁观者、局外人，而是教师自己。教师置身于学校内、课堂中，可以成为具有明确观察意图、掌握观察方法又不改变课堂教学自然状态的最佳人选。对于了解学生来说，观察法是教师使用频率最高的方法之一。

测试法。教师可以通过编制有关知识、技能的各种主客观测验对学生知识点的认知水平和知识经验进行摸底。

问卷法。除了采用测验等形式进行摸底分析，教师还可以根据需要设计专题问卷或量表进行调查。问卷大致分为开放型和封闭型两种。前者只提出问题，不列出答案。它要求学生写出自己的想法，回答不受任何限制，但不便于统计，只适合在少数人中进行。后者不仅提出问题，还列出供选择的答案。这种封闭型问卷形式便于学生回答，也方便统计。

实验法。对某些问题、练习题或实验、演示设计的适切性没有把握时，可以找几个不同水平的学生，试问或试做一下，了解学生的反应，为修改、完善提供依据。

谈话法。即教师通过与学生面对面交谈来深入了解学生情况。通过交谈，不

---

[1] 节选自张春莉、吴正宪：《读懂中小学生数学学习学情分析》，北京：北京师范大学出版社，2015年，第10～11页。

仅可以沟通师生之间的情感，还可以使教师及时、深入地了解学生的所思所想。

材料分析法。主要是分析学生的作业、试卷，从中发现学生的个性化的解题过程，包括独特的解法。初任一个班的数学课教师时，还可以通过查阅成绩册和前面的测试卷来了解学生群体和个人的学习状况。

巧妙运用学生的典型错题，读懂学生的真实思维[①]

郑州市金水区纬五路第二小学　刘英杰

一根绳子先剪去它的 $\frac{2}{3}$，再剪去 $\frac{3}{5}$ 米，两次剪去的绳子长度相比，（　　）。

①第一次剪去的长　　②第二次剪去的长　　③无法比较

这是第二单元单元测试卷上的选择题，我所教的两个班共有83人，其中将近70%的学生选择了选项③，错误率非常高，可谓是一道学生的共错题。通过共错题的讲解与剖析，我从中了解了学生的错误根源，读懂了他们在解题过程中的真实思维。

在学生进行订正讲解的过程中，我从他们的表述中读懂了他们存在的问题。

一班的学生出现了不同的思路讲解：

学生A认为，我们可以把绳子的长度假设为15米，那么第一次剪去它的 $\frac{2}{3}$ 就是 $15-15×\frac{2}{3}$。第二次剪掉 $\frac{3}{5}$ 就是 $15×\frac{3}{5}$。用 $15-15×\frac{2}{3}$ 与 $15×\frac{3}{5}$ 比大小就可以了。

[①] 节选自刘英杰老师在工作室"读懂学生"中期专题研讨会上所作的《巧妙运用学生的典型错题，读懂学生的真实思维》报告，内容有删减。

学生B认为，第一次剪去它的 $\frac{2}{3}$ 应该是 $15 \times \frac{2}{3}$，第二次剪掉 $\frac{3}{5}$ 是 $15 \times \frac{3}{5}$。应该用 $15 \times \frac{2}{3}$ 与 $15 \times \frac{3}{5}$ 比大小。

显然，学生A没有正确理解"两次减去的绳子长度相比"这句话。而学生B虽然针对这一错误进行了订正，但是两个学生却都没有关注到题目中不同分数所表示的具体含义。

同样的题目，二班的学生也出现了不同的真实思考：

学生D认为，我们需要比较 $\frac{2}{3}$ 与 $\frac{3}{5}$ 的大小。通过通分比较，$\frac{2}{3} = \frac{10}{15}$，$\frac{3}{5} = \frac{9}{15}$，所以第一次剪去的长。

学生E认为，我们也可以通过画线段图来比较 $\frac{2}{3}$ 与 $\frac{3}{5}$ 的大小。

…… ……

显然，二班的两位学生对于"先剪去它的 $\frac{2}{3}$"和"再剪去 $\frac{3}{5}$ 米"两句话中不同分数所表示的不同含义的理解也不够透彻。

当然，最终两个班的学生都能够正确理解本题中的所有"陷阱"，点出题目中应当注意的重要数学信息，而且提出了正确、多样的解答思路。

例如：学生C提醒大家，通过分数后面有没有跟单位名称来判断分数的意义，先剪去它的 $\frac{2}{3}$ 就是指这根绳子的 $\frac{2}{3}$，而"剪去 $\frac{3}{5}$ 米"中的 $\frac{3}{5}$ 则表示具体的数量。我们可以计算 $15 - 15 \times \frac{2}{3}$ 的结果，然后跟 $\frac{3}{5}$ 米进行比较。

学生F则提出：本题不用计算就能得到正确的答案。她提出，我们应该先画一条绳子，先剪去它的 $\frac{2}{3}$，就剩下了它的 $\frac{1}{3}$，再从剩下的绳子当中剪去 $\frac{3}{5}$ 米，这第二次减去的 $\frac{3}{5}$ 米是绝对不会超过这根绳子的 $\frac{1}{3}$ 的。所以第一次剪去的长。

面对学生共同的错题，我们认真倾听，读懂学生的真实想法，不仅有助于我们诊断出学生的学习困难点，进而实施针对教学，而且能够引发学生更多的学习思考与有效辨析。通过对错题的梳理与表达、比较与辨析，学生不难从中寻找到解决数学错题的乐趣，养成数学反思与检查的习惯和面对问题举一反三的能力，从而坚定面对困难与错误的信心。

第二章　读懂学生的有效维度

数学教学有助于学生的全面发展，而实现这一目的首先就要读懂学生。只有读懂学生，才能提高课堂教学的实效性；只有读懂学生，才能促进学生的发展，提升学生的数学素养。

作为教师，在课堂教学中读懂学生的途径如下：读懂学生的认知基础，读懂学生的思维，读懂学生的眼神，读懂学生的错误并为学生搭建个性化的学习平台，读懂学生学习的情感。种种途径都让教学更有实效性。

第一节　读懂学生的认知基础

我国著名教育家陶行知先生曾经说过："教什么和怎么教，绝不是凭空规定的。他们都包括'人'的问题，人不同，则教的东西、教的方法、教的分量、教的秩序都跟着不同了。"所以，教师在进行课堂教学时，其基础和切入点必须是学生的认知。作为学习主体的学生是最具创造力和发展潜力的群体，落实"以学定教，顺学而导"的教育理念必须关注学生已有的知识基础、学习能力、兴趣爱好、生活经验、问题困惑等，让学习过程真正成为学生在已有认知基础之上的再建构、再创造的过程。从学情出发开展的教学才是有质量的教学，因此，教师在教学前一定要全面调查和了解学生的认知和学情。

美国教育心理学家奥苏伯尔说过一句话："影响学生的最重要的原因是学生已经知道了什么，我们应根据学生原有的知识状况进行教学。"学生原有的知识状况直接影响对新知识的学习，进而影响新技能的迁移，而做好前测，不仅可以帮助我们了解学生的起点能力，及时弥补缺漏，还能帮助我们熟悉学生现有的水平，调整教学策略，更能帮助我们掌握学生的思维状态，调整学习方式。因此，教师在备课时必须把握学生的学习生长点，即学生已经具备了哪些学习新知识所必需的生活经验和知识技能,是否已达到或部分达到了教学目标,哪些知识学生自己能学会,哪些需要教师的点拨。一般情况下,教师通常会凭借自己的主观感觉或教学经验来判断学生的学习生长点,这是不科学甚至是错误的。成人与儿童的思维存在一定的差距,学生与学生之间也存在着很大的差异,而这种臆断式的"认为"很容易造成主观认识偏离客观实际,从而导致教学活动的低效甚至无效。为了准确了解学生的原有认知基础,实施有针对性的学习,前测不失为一种行之有效的策略。

　　读懂学生的认知基础,主要包括读懂学生已有的生活经验和学习经验,读懂学生已有的知识经验,读懂学生的兴趣点和学习需要,读懂学生的学习困难和学习差异,以及读懂学生学习某一知识的路径。

　　生活经验是指学生数学活动的体验、经验等,包括学生的生活实际对学习该内容的影响;学习经验指学生学习该内容有没有方法基础,有没有经历过类似的学习过程等。读懂学生已有的生活经验和学习经验,有助于我们了解学生的学习基础和学习能力。要了解学生某一特定学习内容的知识基础的总体情况,了解学生已经会了什么,从而确定学生的最近发展区,确定知识的起点。教师还应分析部分学习有困难学生的知识基础,了解他们是否存在知识断层。要了解学生学习某一特定学习内容时的兴趣点在哪里,研究、了解学生对于这一学习内容真实的学习需要是什么,要读懂学生的兴趣点和学习需要。根据学生的已有经验和知识基础判断学生学习该内容可能会遇到的困难,还要了解学习该内容时学生之间的差异,即读懂学生的学习困难和学习差异。要了解学生学习这一知识的一般认知过程,即教师读懂学生学习某一知识的认知路径。

　　了解学生的认知基础,我们可以进行学习前测。学习前测是教师根据教学目标,将学习内容编制成测试题目,在备课之前对学生进行测试,测试的结果会较为准确地我们学生"现在已走到了哪里"。基于"学习前测"结果分析确定的学习目标能更好地适合学生学习，学习内容是鲜活的，这样的课堂教学能焕发出生命的活力。因此，我们的教学，首先要摆脱"以自我为中心"的备课陋习，把"备学生"落到实处。做好前测，切实走近学生，深入了解学生原有的知识状况，把握住学生急需解决的问题，站在学生认知基础上设计教学活动，给学生创设一个生动、主动、富有个性的学习活动，真正做到"因学定教"。

一、读懂学生认知基础的意义

北京师范大学心理学院博士生导师刘儒德教授从建构主义的知识观、学习观、教学观三个维度对学习起点进行了研究。1. 知识观。课本知识并不是解释全世界的"绝对参照"，而只是一种关于某种现象较为可靠的解释或假设。教学不能把知识以一种"预先决定了的东西"的形式去教给学生，不应该以教师对知识的理解方式代替学生的理解，用教师师威要求学生接受知识，而应以学生自己的方式、自己的知识经验、自己的活动经验为背景，来创造性悦纳新知，自主完成知识建构。2. 学习观。学生以自己原有的知识经验、心理状况、情感态度、意志品质为基础，对新信息重新认识和编码，通过分析、思辨、理解、内化，扩充知识网络。在这一过程中，学习者原有的知识经验因为新知识经验的进入，而发生质和量的变化与调整。3. 教学观。教师要重视学生的已有认知，能合理分析学生的知识储备，从教书匠向研究者转型，以学生为中心，以学定教。学生不再被动接受知识，而是信息加工的主体，将规划学习和探索知识的责任由教师为主转向以学生为主，最终实现自主学习的目标。

我国大多数学者认为，认知基础包括学生对相关教学内容已经掌握的知识与技能、对该学习内容的认知态度、学生学习时的心理生理状态和当今社会对学生学习过程的影响、学生的学习特点等。

我们立足教育教学实践，懂得教师教学应该以学生的认知发展水平和已有的经验为基础，面向全体学生，注重因材施教。因而教师在进行教学设计时要以学生的学情为依据，从学生的实际出发，讲学生之所缺，教学生之所需。但一线教师到底是如何来看待认知基础的呢？名师工作室研修教师郑冬芳老师特意设计了面向本校数学教师关于课堂前测进行学情分析的问卷调查，调查统计了本校数学教师关于学情分析的认识以及在自己日常的教学中有没有进行学情分析、如何进行学情分析等的情况。

本次调查对象为 36 位小学数学教师，调查结果如下：

第 1 题：在此之前你听说过学情分析吗？　　■ A.有　■ B.没有

第 2 题：在上课前，你会做学情分析吗？　　■ A.做　■ B.不做

从第 1、2 题的选项结果可以看出：被调查的教师全部听说过学情分析，但真正做学情分析的只有 31 人，约占 86.11%。同时郑冬芳老师对这些做学情分析的教师进行了访谈，访谈如下：

采访者：你是如何做学情分析的？

被采访者：就是上课前提问一下以前的知识，或者一起复习一下与本节课有牵连的知识。

采访者：你不用课前前测对学生做学情分析吗？

被采访者：不用，那太麻烦了。我们即使做了，也不知道如何分析。

第3题：关于做学情分析，你会选择下面哪种方法？

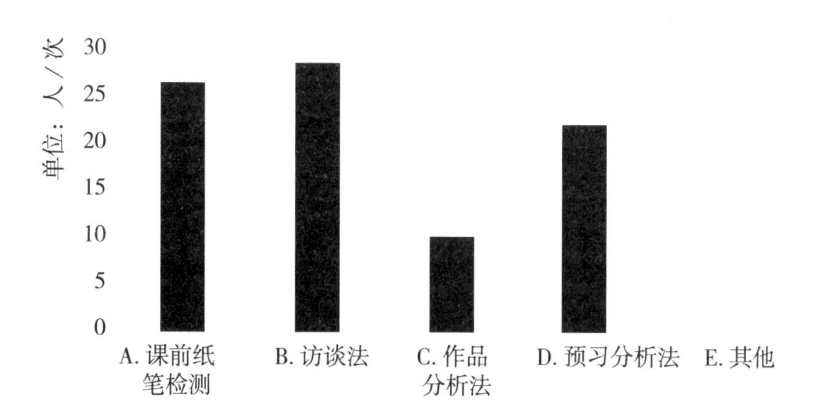

单位：人/次

A. 课前纸笔检测　B. 访谈法　C. 作品分析法　D. 预习分析法　E. 其他

从第3题的选项结果可以看出：实际教学中，教师在做学情分析时，选择较多的方法是访谈法和课前纸笔检测，用到作品分析法的人数最少。

第4题：读懂学生起点，你认为应该从哪些方面着手？

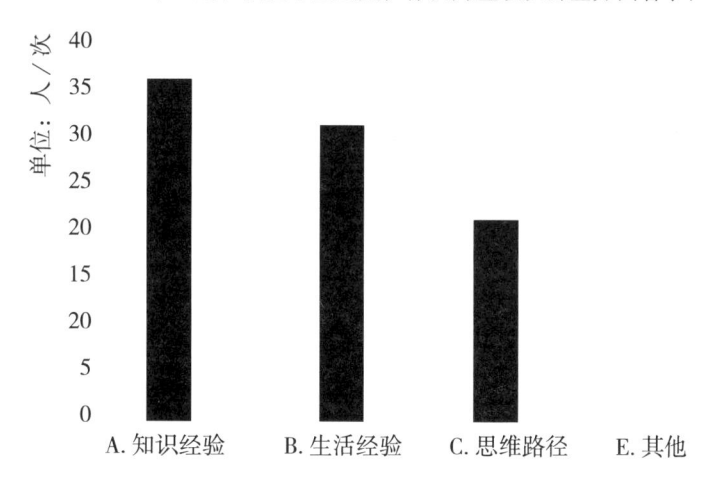

单位：人/次

A. 知识经验　B. 生活经验　C. 思维路径　E. 其他

从第4题的选项结果可以看出：大多数教师从学生的知识经验着手读懂学生的起点，较少有教师从学生的思维路径来读懂学生。这提示我们在以后的教学中，更要注重学生思维路径的展示，比如让学生参与说一说、画一画等教学活动，让他们能讲明问题真正的道理。

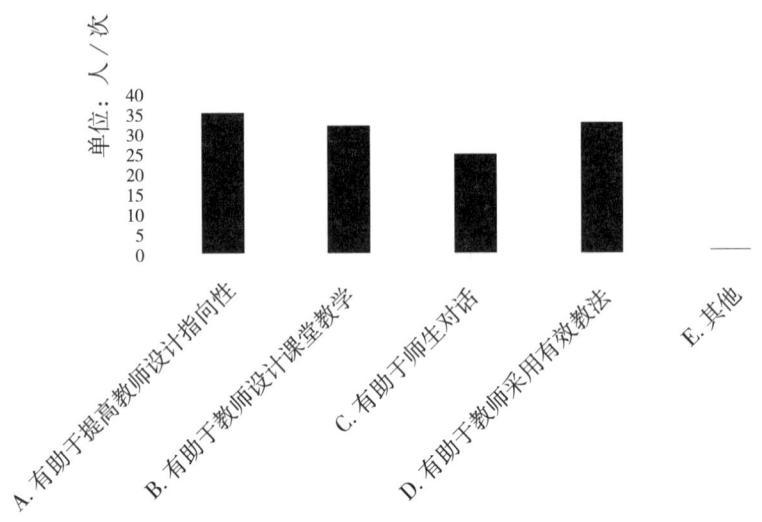

第5题：做课堂前测的学情分析，读懂学生的起点，你认为对教学有何帮助？

单位：人/次

- A. 有助于提高教师设计指向性
- B. 有助于教师设计课堂教学
- C. 有助于师生对话
- D. 有助于教师采用有效教法
- E. 其他

从第5题的选项结果可以看出：教师对借助课堂前测进行学情分析的做法非常认可。

总之，作为教师，我们需要了解学生的认知基础，才能使课堂走向有效，提升课堂教学的效果。

二、如何读懂学生的认知基础

对于数学学习而言，要处理好"昨天、今天、明天"的关系，要了解学生已有的知识和经验，找准今天学习的认知起点，为明天的学习做好铺垫。那么，读懂起点，为学生创设一个适宜的体验环境显得尤为重要。通过名师工作室研修团队反复的实践、交流，我们提炼出了读懂学生认知基础的策略，为我们走近学生、了解学生的真实认知状况，准确把握课堂教学，增强数学学习活动的实效性提出了重要的方法指引。读懂策略因课而异、因内容而定，方法是灵活多样的，以下三点作为主要策略概括如下：

1. 依据学习前测，读懂学生的认知基础

学生的认知基础包括学生的知识基础、方法基础和经验基础。为了最大限度地满足每个学生的学习需求，我们把学习前测作为有力的主要抓手，从前测中挖掘真问题，合理安排活动过程。

通过有的放矢地设计学习前测，并对前测结果进行数据分析，抓住教学的"根"，明确"学生现在已经走到哪里了"，认识并填补成人与儿童之间的思维差距，站在学生的立场思考教学内容，避免后续的设计因偏离客观现实而造成学习活动低效甚至无效。

比如，在进行《万以内数的加减法》例4教学时，名师工作室研修教师郭淑红进行了如下学习前测设计和分析，以此读懂学生的认知起点。（全班50人）

前测目的：

1. 了解学生学习此部分的有关知识基础；

2. 了解学生在日常生活中遇到的"估算"相关情境；

3. 了解学生学习"估算"这部分内容可能存在的认知空白。

前测内容及分析：

第一题，一个电子英语词典1680元，约是（　　　）元。

统计分析：此题主要是考查学生对已有知识基础（近似数）的掌握情况。把1680元估成1700元的学生有45人，占总数的90%。把1680元估成2000元的学生有5人，占10%。说明学生对近似数理解比较到位。

第二题，一台智能扫地机售价大约900元，请你猜一猜，这台扫地机售价可能是多少元？

统计分析：调研学生对近似数估计范围的掌握情况，同时考查学生逆向思维的掌握程度。把价钱合理地确定为一个范围（如949～901元、890～899元等）的学生有 26 人,占 52%;只能把价钱确定为一个具体的数的学生有 22 人,占 44%;写错的学生有 2 人,占 4%。说明学生对近似数估计范围的了解有一定深度,学生思维的灵活性可以再提升。

第三题,二 (1) 班有 36 人,二 (2) 班有 32 人,两班大约共有多少人?

统计分析:调研学生的估算意识及加、减法估算方法的掌握情况。

结果	70	60	80	72	62	67
人数	30	5	7	3	4	1
百分比	60%	10%	14%	6%	8%	2%

大部分学生已掌握加、减法估算方法并能根据实际情况解决问题,有 26% 的学生估算结果离准确值较远,估算意识较弱。

第四题,一个影剧院有 400 个座位,六年级有女生 211 人,男生有 187 人,六年级学生一起看电影,够坐吗?

统计分析:调研学生的估算意识及在生活中自觉运用估算解决实际问题的能力。

结果	解释合理	解释不充分	解释不合理
人数	20	15	17
百分比	25%	30%	34%

通过前测,我发现学生计算基础较好,大部分学生有估算意识,但学生利用估算解决实际问题的能力欠缺。由此可见,学生的认知起点是,给具体的数或者计算时会估算,但结合生活实际进行估算是大部分学生的认知空白。于是,在进行教学设计前,我进行了思考,我们应该教给学生哪些估算方法?在课堂上,我们让学生提升什么?基于此,我设计了开放的教学,让学生在真实的购物过程中,体会估算的价值,理解加减法估算的方法及算理,并能够结合具体情境,恰当地选择估算方法,形成估算意识。

2. 依据课前访谈，读懂学生的认知基础

课前访谈是一种便捷、深入了解学生认知基础的方法。特别是对于难度不大的学习内容，教师很容易低估学生的知识基础和生活经验，结果造成课堂教学时部分学生"吃不饱"。进行有效的课前访谈，在了解学生学习基础的同时，也要有意识地关注学生的情感需求，以及学生对学习内容的深层次需求。有效的课前访谈不仅可以成为一种了解学生认知基础的有效方法，同时还能拉近师生之间的关系、增进师生之间的情谊。

张超老师设置的《平行四边形的面积》课前访谈提纲和访谈情况如下：

访谈提纲：

(1) 长方形的面积计算和什么有关？你认为平行四边形的面积会和什么有关呢？

(2) 如果让你计算平行四边形的面积你能想到什么方法？

(3) 学习过程中碰到困难，你愿意用什么方式解决呢？（自己学习、问同学、小组讨论、老师讲解）

目的：了解学生的知识经验和喜欢的学习方式。

访谈调查结果（8人）：

(1) 长方形的面积计算和什么有关？（回答正确率100%）

你认为平行四边形的面积会和什么有关呢？（教师手中有平行四边形）

项目	底和高	底和邻边
人数	3	5
百分比	37.5%	62.5%

(2) 如果让你计算平行四边形的面积你能想到什么方法？

项目	数格子	用公式	不知道
人数	4	3	1
百分比	50%	37.5%	12.5%

(3) 学习过程中碰到困难，你愿意用什么方式解决呢？

项目	自己学习	问同学	小组讨论	老师讲解
人数	1	3	1	3
百分比	12.5%	37.5%	12.5%	37.5%

3. 利用教学经验，读懂学生认知基础

教师的教学经验是进行后续教学的基础。课堂教学，是教师立足已有经验进行自我提升、调整的过程，也是利用经验对课堂现象进行解读的过程。我们可以利用以往的教学经验，找到学生的认知起点，激活学生的思维，从而进行更有效的课堂教学。

如，名师工作室研修教师郭淑红在进行五年级下册《小数的加法和减法》教学前，进行了思考：

学生已有小数相关知识和整数加、减法计算的知识经验储备。根据以往教学经验，对于位数相同的小数加减法，学生能独立解决，但是在解决位数不同的小数加、减法时，有一定难度。

把握住学生的认知起点后，郭老师就让学生独立解决位数相同的小数加、减法，并说出道理。在此基础上，再请学生尝试设计一步计算的小数加法和减法算式，而且明确提出"看谁编的题能给大家带来新的发现"。在思考后，学生编出了位数相同的小数加法和减法算式，如13.94 − 5.83、15.26 + 7.64等；也编出了小数部分位数不同的加法和减法算式，如2.18 + 1.9、10.1 − 7.06等；还编出了计算结果小数末位有0的小数加法和减法算式，如2.25 − 1.45、32.39 − 31.39……学生本着教师提出的"带来新的发现"的任务进行信息处理，提炼出自己想呈现给大家的算式。精彩的过程，带给老师们惊喜，同时激发了学生探究的欲望，收到了良好的学习效果。

三、读懂学生的认知基础对教学的价值

1. 读懂学生的认知基础，有助于制订可操作的学习目标

一节优秀的课例，首先要斟酌学习目标的制订，因为学习目标的制订对一节课是否高效起着关键作用。课题组选取的课例是一年级《认识时间》，执教老师李玉会将两次上课所制订的学习目标进行对比说明：

第一次制订的学习目标：

①初步认识钟面，知道分针、时针及钟面上的数字，学会认读整时，知道整时的两种表示方法。

②通过观察、比较、讨论交流等活动，建立整时的概念，会读写整时。

③初步建立时间观念，自觉养成珍惜和遵守时间、合理安排时间的良好习惯。

第二次制订的学习目标：

①结合生活经验，在观察与对比中会认、读、写整时。

②在经历认表、记录时间的过程中，感受数学的简洁美，并在这个过程中增强观察与表达能力。

③初步建立时间观念，感受时间的宝贵，从小养成珍惜和遵守时间的良好习惯。

通过对比上述学习目标明显能够看出，第二次制订的学习目标更加注重学生的学习过程，此目标下的教学借助学生的观察、对比，最终发现整时的认识方法，而不是直接告知孩子整时是如何得到的。学生作为课堂的主体，只有经历认识钟表的过程，才能够把认识整时的方法内化为自己的知识，这才是主动性学习的外显。只有学生愿意学习且做到持久性学习，课堂教学才会实现真正的高效。

2. 读懂学生的认知基础，有助于教师预设指向性明确的关键问题

好的问题是学生创新思维的萌芽，只有提出的问题引起了学生的认知冲突，

才能真正引起学生思维碰撞，真正促进学生思维的提升，提高学生的数学核心素养。所以在本节课的教学中，李玉会老师在第二次上课之前，首先认真研读教材和教参，同时课前对学生进行课堂前测和数据分析，在读懂学生认知起点的基础上，再次确定本节课的关键问题。下面结合李玉会老师两次上课所设定的关键问题进行对比说明：

第一次

第二次

根据上述两个量表统计的具体数据如下：

数据统计项目	等级	数量	百分比
问题提出方式	A预设	第一次：10个	83.33%
		第二次：11个	84.62%
	B生成	第一次：2个	16.67%
		第二次：2个	15.38%

续表

数据统计项目	等级	数量	百分比
（问题的）指向性	A清晰	第一次：8个	66.67%
		第二次：12个	92.31%
	B模糊	第一次：4个	33.33%
		第二次：1个	7.69%
（问题的）层次性	A识记	第一次：0个	0%
		第二次：0个	0%
	B理解	第一次：10个	83.33%
		第二次：8个	61.54%
	C应用	第一次：2个	16.67%
		第二次：4个	30.77%
	D创造	第一次：0个	0%
		第二次：1个	7.69%

经过数据统计发现：①问题的预设和生成前后两次基本上处于比较稳定的水平上。②问题的清晰指向性第一次只有66.67%，第二次已经达到了92.31%，比第一次高出25.64%。③问题的层次性，第一次没有创造问题，应用问题也比较少，而第二次具有了创造性，同时应用问题已经达到了30.77%的比例。

从上述对比数据很明显能够看出，使用课堂前测能摸清学生的起点，从而使教师设计的问题指向性更加清晰，学生学起来就会更加有兴趣，理解起来就会更加容易，从而提高课堂效率。

3. 读懂学生的认知基础，有助于教师在课堂教学中进行有效教学

任何人都喜欢被表扬，学生更不例外，他们渴望得到老师和同伴的认同。在课堂上适当的评价就是润滑剂，能够促进学生积极地参与课堂学习活动，从而引发学生学习的主动性和持久性。所以在本节课的教学中，李玉会老师在第

二次上课之前，首先对学生的学情进行了深入研究，同时也细致揣摩了评价语的多样性。下面结合李玉会老师两次上课理答问题量表统计进行对比说明：

教师理答方式统计量表

课题：《认识钟表》　执教教师：李玉会　统计人：贾丽丽　时间：11.21

教师理答方式	频次（次数）	百分比
1. 无反应	正 5	9.6%
2. 简单肯定	正 正 正 一 16	30.77%
3. 简单否定	一 1	1.9%
4. 重复问题或答案	正 正 10	19.23%
5. 打断或自己代答	正 5	9.6%
6. 鼓励、称赞	正 5	9.6%
7. 启发式的否定	T 2	3.8%
8. 追问	正 T 8	15.38%
9. 转问		

第一次

教师理答方式	频次（次数）	百分比
1. 无反应	T 2	4.4%
2. 简单肯定	正 正 正 15	33.3%
3. 简单否定		
4. 重复问题或答案	正 5	11.1%
5. 打断或自己代答	T 3	6.7%
6. 鼓励、称赞	正 4	8.9%
7. 启发式的否定		
8. 追问	正 正 正 15	33.3%
9. 转问	一 1	0.2%

第二次

通过两次上课我们发现：第一次上课课堂容量比较大，40分钟内全部完成难度较大。同时，课堂上提出的问题过于简单，教师对学生的回答只是简单肯定或否定，没有过多地关注学生的思考过程。另外教师提问的学生比较少，只关注了班里中等以上的学生。因此，第一次课堂学习目标达成率不高。第二次上课时，教师在课堂提问时能面向全体学生，针对不同学生提出的问题难度也不同，真正做到了因人而异，并且在提问时增加了追问这一方式，鼓励学生说出判断整时的具体方法。追问比第一次增加了接近一倍，让学生把思维过程大声说出来，学生的学习很高效。通过指向性的评价语言对学生的观察表述进行评价，这种带有指向性的评价语要比"你真棒、你真聪明"一类的无任何指向性评价语更具有说服力和感染力。同时也向学生发出一个信号：只有用心观察才能得到老师的认同。这样学生就会更加积极地投入到学习中来，课堂互动促进了学生良好学习习惯的养成，学生的数学核心素养也得到了提高，从而推动了有效教学。

4. 读懂学生的认知基础，有助于调动各种感官参与到活动中来

一位好老师要学会设计有效的数学学习活动，只有提前设计好有效的学习活动，学生才可能在较短时间内被活动吸引，这样才会激发他们内心的学习欲望，促进他们大脑细胞积极地思考。

在执教《认识钟表》这一节课时，李玉会老师借助前测，明确了学生知道钟表、见过钟表、有一些生活经验的学情。为了调动学生耳朵听、眼睛看、小手拨、嘴巴说等多种感官参与学习活动，李老师首先让学生听钟表音乐，其次让学生观察钟表，说一说钟表上有什么，然后让学生拨一拨、猜一猜，利用这三个活动，充分调动学生的视觉、听觉、触觉等多种感官参与到学习中来，从而促进学生综合素质提升，最终实现高效课堂。

5. 读懂学生的认知基础，有助于学习目标的达成

借助课堂前测的学情分析，有助于读懂学生的起点，从而设计可操作的学习目标。借助预设指向性清晰的关键问题和多样化方式激发学生学习的欲望，

实现高效课堂的建设。学习目标的达成率是否真的提高了呢？下面我们看看这两份学习目标达成情况量表统计对比说明：

目标达成统计量表

课题：认识钟表 执教教师：李玉会 统计人：郭真 时间：2017.11.21

学习目标	达成方式	达成情况描述
1.同桌两人互相说说钟面上……并按照……顺时针方向……	口头描述	91%完成目标达成
2.学会认读、写整时	口头描述、纸笔检测	78%完成目标达成
3.通过对学具操作、同桌合作……能正确认识整时……	口头描述、纸笔检测	65%完成目标达成

达成方式：可以口头描述，可以纸笔检测；达成情况：可以用人数描述，也可以用百分比描述。

第一次

目标达成统计量表

课题：认识钟表 执教教师：李玉会 统计人：郭真 时间：2017.11.22

学习目标	达成方式	达成情况描述
1.结合生活经验，在观察与对比中会认、读、写整时	口头描述、纸笔检测	90%完成目标达成
2.在认识认读、读半时间的过程中……方法，并在过程中感受……经验	口头描述、纸笔检测	86%完成目标达成
3.初步建立时间观念，感到时间……，从小养成按时……时间……习惯	口头描述	100%完成目标达成

达成方式：可以口头描述，可以纸笔检测；达成情况：可以用人数描述，也可以用百分比描述。

第二次

通过对比可以发现：目标达成情况有所改变，针对学生的前测情况调整了教学重点，认、读、写整时这一项学习目标的达成率由原来的78%增加到了90%，能用自己的语言正确叙述整时的由65%上升到86%，时间观念的教育普及更是达到了100%。

针对前测的情况，教师适当调整教学设计，不仅使学生更好地掌握了重要知识点，同时也使学生在能力上有了较大提高，从而实现有效教学。

6. 读懂学生的认知基础，有助于促进师生、生生真正的对话交流

学生是学习的主人，课堂上的主体应该是学生。目前的小学课堂上，教师已经有意识地调整自己的定位，逐渐走下讲台，倾听学生的想法。但是，只有观念是不够的，真正可持续、有发展的课堂，应该是师生、生生多元互动，学生之间的思维碰撞更能产生灵感与火花。经过学情分析后设计出的教学设计，可以帮助授课教师了解学生对已有知识的掌握，找准学生学习中真正困难的地方，更好地对课堂进行预设，并设计恰当的追问与反馈，更放心大胆地把课堂还给学生。

总之，借助课堂前测的纸笔检测和针对性访谈对学生的认知基础进行深入分析，发现学生的认知起点和困难点，进而设计出指向性清晰的关键问题、精彩的教学活动以及有效的理答方式，最后借助观察量表的数据体现读懂学生的认知基础的价值。读懂学生的认知基础，有助于教师设计出指向性清晰的关键性问题；读懂学生的认知基础，有助于教师调动学生的各种感官参与学习活动；读懂学生的认知基础，有助于教师有效回应学生的问题，及时对学生做出积极评价。

依据认知基础，使教学活动"行之有效"[①]

郑州市二七区政通路小学　郭淑红

通过对认知起点的准确把握，教师能够进行"点穴"式的教学设计和实施，有利于唤醒学生的已有经验，使学生的学习变被动接纳为以已有经验、知识、情感为基础的主动知识建构，满足不同学生的需求。

一、把握起点，提高学习目标的准确性

学习目标是课堂教学的航线，是过程，也是结果。学习目标设置之前，要读懂教材、标准、学生，找到学生的知识起点和经验起点，抓住本质看问题，准确地确定学习目标。

如我在教《异分母分数加、减法》时，在读懂学生认知起点的基础上，将学习目标设置为：

1. 经历异分母分数加、减法的计算过程，通过数形结合，从直观到抽象，能说清算理；

2. 通过自主探究、合作交流，说出异分母分数加、减法的计算方法，能正确、熟练进行计算，提高思维的灵活性；

3. 体验异分母分数在生活中的应用，激发学生学习兴趣，在探究活动中获得积极的、成功的情感体验。

[①] 节选自郭淑红老师在"读懂学生"中期专题研讨会上所作的《读懂学生认知基础，提高课堂教学实效性的研究》报告，内容有删减。

这样设置学习目标，不至于"孤立"计算，能够把知识技能与数学思想、问题解决、情感态度融在一起，让计算教学变得有"意思"起来，也使学生的数学核心素养在课堂中"润物细无声"地滋长着。

二、关注起点，提高学习内容的实用性

学习内容的设计，要凸显有效、实用，必须建立在充分了解学生的基础上。

《异分母分数加、减法》一课的学习内容，按数学学习的逻辑结构，是在学生已经掌握了同分母分数加、减法和分数相关知识的基础上编排的。异分母分数加、减法的学习，使学生掌握基本的分数加减运算，是分数四则运算等知识的重要基础，是数学运算的重要基础知识之一。

课前进行学习前测，教师发现学生的知识起点高于教材呈现的逻辑起点，对于异分母分数加、减法有一定的认知，所以在新授环节，教师剔除情境，开门见山地给学生呈现"$\frac{2}{5}+\frac{1}{3}=$""$\frac{2}{5}-\frac{1}{3}=$"，大胆放手，让学生尝试计算。在学生试算的基础上问："说说你计算时是怎么想的。"结合学生的"说"，利用数形结合，直观演示"$\frac{2}{5}+\frac{1}{3}$"转化成"$\frac{6}{15}+\frac{5}{15}$"和"$\frac{2}{5}-\frac{1}{3}$"转化成"$\frac{6}{15}-\frac{5}{15}$"的过程，验证学生尝试计算的合理性，而且进一步揭示这两道题计算的方法和算理。

学生经历了"独立思考—尝试计算—直观验证—抽象总结"一系列的学习活动。教师以生为本，把"学"的权利真正交给学生，学生会的让给学生"说"和"做"。教师在关键处，在学生"说"的基础上，直观地呈现了把异分母分数加、减法转化为同分母分数加、减法的过程，在算理直观与算法抽象之间架起沟通的桥梁，理顺了"理"，疏通了"法"，同时也让学生有了成功的体验，充分体现了学习内容的实用性。

三、分析起点，丰富学习方法的多样性

分析学生的认知起点，提供多通道、多途径的学习方式，关注学生的认知差异，

用多样化的学习方法满足不同学生的需求，激发学生学习兴趣，使不同学生获得发展。

如，《异分母分数加、减法》新授环节，提供"$\frac{2}{5}+\frac{1}{3}=$""$\frac{2}{5}-\frac{1}{3}=$"的学习素材后，先让学生同位合作，商量一下这两道题的计算方法，然后独立完成。

小范围的合作没有削弱独立思考的功能，每个学生都有说出思路的机会。在这个基础上，学生独立思考，梳理思路，独立完成学习过程，让学生经历"创造"的体验。

接下来，在学生尝试"做"和"说"的基础上，通过直观图演示，验证试算的正确与否。这样的学习设计，多种学习方式并存，借助数形结合的方法，抽象出这两道题的计算方法和运算道理，学生既体验到成功的喜悦，又深刻感受到转换思想在数学学习中的重要性。

借助课例分析，对比数据分析的结论，从而读懂学生的认知基础[①]

——以《长方形和正方形的周长》一课为例

郑州市郑东新区通泰路小学　郑冬芳

提高课堂效率，不仅要关注学生的学情，还要关注教师的教学设计和课堂把控，所以课题组积极开发了教师提问类别统计量表、教师理答方式统计量表和目标达成统计量表。这三个观察量表的主要意图是：第一，引起教师重视，在课堂上关键问题设置的指向性要清晰；第二，教师回应学生问题要及时、准确以及有效；第三，提高目标达成率，教师要设计有效的评价任务，激发学生学习的兴趣，提高学生学

[①] 节选自郑冬芳老师在"读懂学生"专题研讨会上所作的《读懂学生，实现教与学的同频》报告，内容有删减。

习的专注力。

教师提问类别统计量表

课题：　　执教教师：　　统计人：　　时间：

序号	关键问题	评价标准		
		问题提出方式 A 预设 B 生成	指向性 A 清晰性 B 模糊	层次性 A 识记 B 理解 C 应用 D 创造

教师理答方式统计量表

课题：　　执教教师：　　统计人：　　时间：

教师理答方式	频次（次数）	百分比
1. 无反应		
2. 简单肯定		
3. 简单否定		
4. 重复问题或答案		
5. 打断或自己代答		
6. 鼓励、称赞		
7. 启发式的否定		
8. 追问		
9. 转问		

目标达成统计量表

课题：　　执教教师：　　统计人：　　时间：

学习目标	达成方式	达成情况描述

达成方式：可以口头描述，可以纸笔检测；达成情况：可以用人数描述，也可以用百分比描述。

一、梳理上课流程

在做好前期工作的基础上，课题组全体成员以"课堂教学"为载体，以"每一节课"为媒介，以"课堂前测和观察量表"为手段，以"基于标准的教学"为导向，确定一个明确的研讨主题，开始实验班和对照班的对比课堂教学，具体上课流程如下：

第一节课：对照班的上课流程图：

执教教师说课➡课题组成员研讨问题，给出建议➡执教教师完善教

学设计和思路➡在对照班进行第一次观摩课➡借助观察量表和后测题目的数据分析进行专业评课➡执教教师撰写课后反思

第二节课：实验班的上课流程图：

结合教材内容制订前测题目➡在实验班进行前测➡分析前测数据，读懂学生困难点➡修订教学设计➡在实验班进行第二次观摩课➡借助前后两次观察量表和后测题目的数据对比分析再次进行专业评课➡系统梳理通过课前前测的学情分析来读懂学生起点的价值和路径

二、以"课"为媒介，借助前测读懂学生的认知基础，用"两次后测"对比的数据凸显读懂学生认知基础的价值

遵循两次上课的流程图，我们课题组做了三节完整的案例并进行了全面分析。下面就针对《长方形和正方形的周长》一课具体叙述我们是如何借助课堂前测和观察量表发现读懂学生认知基础的价值的。

1. 教师通过仔细研读教材，研读本班学情，结合自己的教学风格精心设计适合本节课的前测题目。

例如:《长方形和正方形的周长》是人教版三年级上册第七单元的一节新授课。本节课是在学生直观认识了长方形、正方形的特征，了解了周长含义的基础上进一步探讨长方形和正方形周长的计算方法，并能运用恰当的方法解决简单的实际问题。通过交流分享，学生在充分积累探究经验的基础上抽象概括出长方形和正方形的周长计算公式，为进一步探索其他平面图形的特征奠定了基础。

为了解学生在学习本节课之前已经知道了哪些知识、理解到什么样的程度在，探究学习中会出现什么样的问题、遇到什么样的困难，结合教学内容和学生实际情况，我设计了下面这份前测题，意在了解学生对周长概念的理解与掌握情况，以及学生是怎样用自己已有的学习经验和方法去计算长方形和正方形的周长的。

1. 观察图形，回答下列问题。

（甲）　　（乙）

① 这两个图形哪个是长方形？请你在甲、乙处画对号。
② 你是怎样判断长方形和正方形的？
③ 请用彩笔圈出长方形和正方形的周长。
④ 如果长方形的长是 3 厘米，宽是 2 厘米，你会计算它的周长吗？试试看。
⑤ 如果正方形的边长是 2 厘米，你能计算出它的周长吗？试试看。

2. 6+6+6+6=（ ）×（ ）　　3×4=（ ）+（ ）+（ ）+（ ）
3. （3+5）×2
　=
　=

【设计意图】
考查学生对长方形和正方形特征的掌握，辨别长方形和正方形，理解周长的含义，了解学生根据已有的经验是怎样计算长方形和正方形的周长的，进而在实施教学时应该注意怎样合理分配时间、如何改进教学从而实现有效教学。

2. 分析前测数据，并针对典型错例进行个性化的访谈和梳理，借此来读懂学生的认知基础从而提高课堂效果。

(1) 前测数据分析如下：

水平层次	具体指标	人数	百分比
水平0	对长方形和正方形特征的判断有偏差	4	7.1%
水平1	知道长方形和正方形特征，但是描述不准确	2	3.6%
水平2	带括号的算式计算出错	2	3.6%
水平3	计算长方形周长时只算了一条长和一条宽	3	5.4%
水平4	全部正确，没有任何问题	45	80.4%

水平0和水平1：这6个学生出现问题的主要原因是对长方形和正方形特征的认识比较肤浅。换言之就是对长方形和正方形的本质特征没有准确清晰地理解或者不会用准确的语言进行描述。该问题占班级问题的10.7%。

水平2：有2个学生在计算带括号的混合算式时，运算顺序出现了错误。

水平3：有3个学生在计算长方形的周长时只算了一条长和一条宽，也就是只计算了长方形周长的一半。对于这些学生，只需结合长方形图形让他们指一指、说一说即可解决他们的困惑。

水平4：针对没有任何问题的学生，我进行了专门的个性化访谈，从学生的回答中我了解到学生对长方形和正方形周长计算方法的思维过程主要有以下几点：①知道长方形的长和宽，就能根据长方形和正方形的特征知道每条边的长度，再根据周长的含义就可以计算出它们的周长。②不会用简便的方法，比如长方形的周长＝长×2+宽×2或者（长+宽）×2。

（2）典型错例分析如下：

> 如果长方形的长是3厘米，宽是2厘米，你能计算出它的周长吗？试试看。
> 3×4=12（厘米）
> 12+2=14（厘米）
> 答它的周长是14厘米。

针对该生出现的问题，我进行了专门的个性化访谈。从该生的回答中我发现她出错的原因有以下几点：①不知道长方形的特征；②不理解周长的含义；③不会读取有用的数学信息和问题；④基础比较薄弱，思维比较混乱。

采取的措施：①课前引导复习长方形和正方形的特征以及周长的含义。②示范审题方法，并让学生模仿，逐步在课堂中渗透审题方法。③在学生独立解决问题的时候，教师特意对此生进行单独辅导。

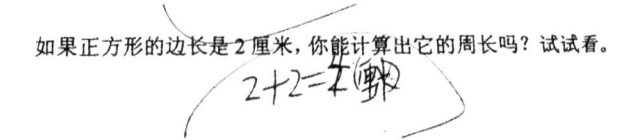

> 如果正方形的边长是2厘米，你能计算出它的周长吗？试试看。
> 2+2=4（厘米）

该生出现这种问题的主要原因是忘记正方形有四条长度一样的边，也忽略了周长的含义——封闭图形一周的长度。

采取的措施：课前复习长方形和正方形的特征。

如果长方形的长是3厘米，宽是2厘米，你能计算出它的周长吗？试试看。 3+2=5(厘米)

该生的问题是水平3层次学生的问题，依据分析结果进行教学即可。

采取的巩固措施：在学习长方形周长的时候多次提问它有几条长、几条宽，多次重复周长公式。

(3) 课题组全体成员针对同一节课进行详细研讨，从而设计出指向性明确的关键问题和有效的教学活动，同时采取有效的回答方式回应学生提出的问题，为有效教学做充分的准备。

教研片段：

在李沙沙老师上完第一次课后，课题组全体成员聚在一起共同评课学习。首先李沙沙老师针对自己本节课的优缺点进行了讲述，同时提出困惑。李沙沙老师不知道如何回应学生，于是就出现了无效提问。

李沙沙老师：在课中已知长方形长和宽的和，求周长这个问题，当时学生的答案有两个：7×2和（7+7）×2。面对第二个答案，我该如何引导学生进行学习呢？

王艳珍老师：首先要问学生第一个7表示什么，再问题中的7表示什么，用这种方法启发学生的思考进而解决问题。同时再次追问，那对于求长方形的周长是不是必须知道长和宽是多少才能求出来？这时学生会发现，原来对于长方形的周长即使不知道长是多少，宽是多少，只知道长和宽的和这一个数据也能求出长方形的周长，从而让学生体会整体思想。

(4) 以"后测"为手段，借助目标达成量表的数据，对比发现：实施课堂前测的学情分析，读懂了学生的起点，目标达成率明显提高了，课堂教学也更高效。

下面结合《长方形和正方形的周长》一课的目标达成统计量表的具体数据展

示读懂学生起点的价值。

①课堂教学的目标达成量表

学习目标	达成方式	达成情况描述
1.结合长方形、正方形的特征及周长的含义探索长方形、正方形周长的计算方法，感受解决问题策略的多样化。	口头描述	70%完成目标达成
2.根据周长的计算公式解决简单的实际问题。	口头描述 纸笔检测	69.64%完成目标达成

第一次

学习目标	达成方式	达成情况描述
结合长方形、正方形的特征及周长的含义探索长方形和正方形周长的计算方法。	口头描述	60%完成目标达成
通过对比交流，感悟解决问题方法的合理性，感受解决问题策略的多样化。	口头描述	92.88%完成目标达成
根据周长的计算公式解决简单的实际问题。	口头描述 纸笔检测	78.42%完成目标达成

第二次

②具体数据对比分析

对学生进行前测后，教师调整了学习目标，计算长方形和正方形的周长已经不是本节课的教学重点，重点是让学生通过对比观察优化方法和用语言描述长方形和正方形的周长公式，特别是长方形的周长公式。同时，教师授课注重对学生小组合作和倾听能力的培养，这比第一次学习目标有了很大的进步。

目标达成情况也有所改变，针对前测情况调整了教学的重点和难点，能用正确语言描述长方形和正方形的周长公式的学生比例由原来的 70% 增加到 92.98%，能用公式解决实际问题的学生比例由原来的 69.64% 增加到 78.42%。解题正确率增加得不多，通过和学生的交流发现有大部分学生因为没有读清楚题目（长和宽的和为 5 米）而出错，再次询问学生能否选出正确答案。

针对前测情况，教师适当调整教学设计，使学生很好地完成教学重点知识的掌握。

③课后后测访谈的结果对比

经过第一次后测，随机访谈班内 10 个孩子，问他们长方形和正方形的周长公式，发现有 5 个孩子能正确答出来，有 2 个孩子说得不是很清楚，但是会做题，还有 3 个孩子不知道，题目也不会做。通过统计发现班内有 69.64% 的学生能正确运用公式解决问题，有 17 个孩子出现个别错误，于是对这 17 个孩子进行归类访谈，发现这些出错地方有以下几点：第一，单位带错；第二，得数算错；第三，读错题目而出错；第四，不会运用长方形和正方形的周长公式而出错。通过和学生谈话，发现部分因读错题做错的孩子再次读题进行选择就能做对，但还有个别学生不会，而不是读错题意。

第二次后测后，随机访谈班内 10 个孩子，问他们长方形和正方形的周长公式，发现他们都能正确说出公式，特别是长方形的公式。通过统计发现有 78.42% 的学生能正确运用公式解决问题，有 13 个学生出现个别错误，于是对这 13 个学生进行归类访谈，发现出错的地方有以下几点：第一，单位带错；第二，得数算错；第三，读错题目而出错；第四，不会运用长方形和正方形的周长公式而出错。针对出错最多的题目，通过和学生谈话，老师发现因读错题而做错的孩子再次读题、做题时只有1个学生出现错误。

两次后测对比发现，教师调整教学重点后，学生对长方形和正方形的周长公式的语言描述有较大的提高，在公式运用中，学生都能采用优化的公式去解决问题，但是学生提取信息的能力有待加强，题目给的是长和宽的和，一些学生误认为是长和宽各是5米，学生读题失误造成的错误仍然较多。

④针对课后后测第4题选择题的第（1）题访谈片段

师：你确定这个选A吗？再读一遍题目吧。

生：写错了，该选B。

师：为什么呢？

生：题目说的是长与宽的和是5米，我刚开始看成长和宽都是5米了。

师：为什么选B呢？

生：黑板是个长方形，长方形的周长公式是长加宽的和乘以2，现在长和宽的和已经知道是5了，所以直接乘以2就可以了。

师：你说得真好，希望下次你读题再认真点！

随着"以人为本"的教育理念逐渐深入，教师对学生的关注与研究也越来越多。新课程改革的深入推进，数学课堂教学也越来越强调通过专业的研究学生实现有效的"以学定教"。这就要求教师重视读懂学生的认知基础，通过课堂前测对学生进行学情分析，读懂小学生数学学习的认知基础，从而确定准确的教学目标、预设明确的关键问题、进行有效的课堂追问，让学生的思维外显，真正构建一种师生对话的学习方式，提高课堂教学的实效性。

第二节　读懂学生的思维[①]

在教师眼中，学生是不成熟、不谙世事的个体，教师习惯用成人的眼光去看待他们，其实学生的思维是一个富于变化而精密的体系，有着自己的价值、观念。读懂学生的思维，教师也就掌握了打开学生内主的一把钥匙；读懂学生的思维，教师才能解读学生学习行为背后所蕴含的思维密码；读懂学生的思维，教师才会真正地"认识"学生。

学生数学学习的逻辑起点是静态的，而现实起点是动态的。在课堂教学展开之初，教师可能先选取一个点切入教学，但随着课堂教学的展开以及师生、生生间的多向互动，就会不断生成许多预设方案中的偏离，造成教师无法一直按照自己事先设计好的方案进行教学。因此，在实际教学中，教师需要根据课堂教学实际，读懂学生的思维，解读学生学习行为背后的思维密码，探索学生的认知难点，在此基础上灵活调整教学进度。在学生需求和教学目标之间找准切入点，丰富学生的感性认识，提高学生的认知水平，开启学生数学学习的"新

[①] 节选自石巧丽老师在"读懂学生"专题研讨会上所作的《在师生对话中读懂学生思维的研究》报告，内容有删减。

航道",成就数学课堂的精彩。读懂学生的思维需要我们具备足够的教育智慧,学生思维的内隐性和年龄特征使"读懂学生"成为一个复杂的命题。作为教师,要有这样的意识:不同的学生需要不同的介入指导,有些介入指导可能是无效的,不当的介入指导甚至可能还会阻碍学生的发展。数学学习是思维的旅行,把数学探索的历程浓缩成一节课,学生在数学世界里探索前行,这样学到的数学才是真正意义上的数学,才会在今后的生活中真正去用数学。数学教学是学生的思维活动过程。数学教学中,要把学的权利还给学生,把想的时间交给学生,把做的过程留给学生,把说的机会让给学生,让学生学习自己的数学,构建有效的数学课堂。为此,课堂上教师要善于倾听和善于发现,敏锐捕捉学生思维方式和成人的差异,做到真正的"顺学而教"。

一、读懂学生思维的理论背景

《义务教育数学课程标准(2011年版)》指出:数学教育要面向全体学生,适应学生个性发展的需要,使得人人都能获得良好的数学教育,不同的人在数学上得到不同的发展。因此,我们提出教师要智慧地通过师生对话,关注学生的情感和态度的形成和发展,读懂学生的思维过程,了解学生解决问题的真正困惑,以促进学生数学思维的发展,实施有效教学,提升教育教学的总体质量。

二、读懂学生思维对教学的价值

有效的师生对话能引导学生积极思维,探索解决问题的途径,获取知识,提高学生学习数学的能力。教师要真正体现对话教学的有效性,就要处理好互动形式与教学的关系,恰当运用策略,形成师生有效互动,营造和谐的课堂教学氛围。当前的对话教学，从管理者到一线教师，都比较关注学生的外在行为表现，忽视学生的思维认知发展；关注教师语言的生动性，忽视其语言对学生思维发展的引导性和训练价值。这种重形式轻本质，内容浅显，逻辑性、系统性不强的对话教学，并不能真正培养学生的高级思维能力。其实，对话教学的价值绝不仅仅限于培养学生的独立人格、自主意识和对话精神，如果设计合理、实践得当，对话教学可以有效培养学生的思维能力。这不仅是对话教学的价值内容，也是对话教学价值充分实现的重要条件。因为思维能力与对话精神是学习心理学中认知因素与情意因素的具体表现，二者互为前提、互为手段、互为目的。所以，学生思维能力的培养应该成为对话教学的重要目标。

三、读懂学生思维的具体策略

《义务教育数学课程标准（2011年版）》指出：数学教学是数学活动的教学，是师生之间、学生之间交往互动和共同发展的过程。数学课堂上的任何教学活动，都离不开师生双方的互动，数学课堂没有了互动，也就没有了课堂教学的活动和师生的对话与沟通。由此看来，积极有效的互动是课堂教学成功的关键。

1. 和谐的师生对话，促进教师读懂学生的思维

弗莱雷说："没有了对话，就没有了交流；没有了交流，也就没有了真正的教育。"因此，课堂不应该成为教师单独表演和学生被动听的场所，而应该成为师生间进行交往、对话、沟通和探究学问的互动的舞台。课堂对话应建立在相互尊重、信任和平等的基础上。因此，和谐对话的课堂，要营造民主、和谐的气氛，让学生真正享有充分表达的权利。

不同的学生在认知水平上处于不同的层次，在教学对话中会提出各种各样的认识甚至是一些错误认识，老师不能一味地批评，要耐心地倾听，运用和谐

的师生对话读出学生的认识和思维，错误也会给课堂带来新的认知。在学习《分数的意义》时，有一个学生说："$\frac{1}{2}$和$\frac{1}{2}$千克是一样的。"其他同学都笑了，这位同学顿时低下了头。我没有批评这位学生，而是微笑着说："这位同学你来说说你的想法，你为什么觉得是一样呢？"学生说："对于1千克的饼干来说，它就是一样重的；对于大于1千克的饼干来说，$\frac{1}{2}$就比$\frac{1}{2}$千克重；相反则小。"班级里立即响起了热烈的掌声，这位同学脸上露出了灿烂的笑容。

事实证明，和谐的对话中不仅有信息的传输，更有思维的升华；不仅能增进学生的理解，更能促进教师读懂学生的思维水平，真正能体现学生的主体地位，进而提高教学效率。

2. 平等的师生对话，促进教师读懂学生的思维

低年级学生活泼好动，课堂注意力短暂，但学生好奇心强，容易受外界条件的刺激而激动、兴奋。俗话说：好的开始，是成功的一半。这就要求我们在课堂一开始把学生的注意力吸引过来，把他们带入课堂教学。

平等的师生对话，能拉近师生关系，激起学生的学习欲望，引发学生说出自己的思维过程，为进入学习高潮做准备。例如在林州市公开课上执教《数学广角——推理》这节课时，我这样导入新课：

师：小朋友，你们认识我吗？(不认识)想和我交朋友吗？(想)谁来猜猜我姓什么？(王、张、李……)

师：我来提示大家：我可能姓赵，也可能姓石。(赵、石)我不姓赵。学生异口同声地说：老师，你姓石。

师：你们是怎么知道的？(先猜测，然后根据你的提示推理的)

师：说到推理，我要向大家介绍一位小侦探——柯南。今天你们想不想走进柯南侦探营，做一名小侦探？

生（异口同声）：想！

老师和学生交朋友，体现了平等、亲密的师生关系，这无疑会大大激发学生探求新知的欲望。从平等的师生对话中读出了学生的学习兴趣和思维，我便趁热打铁，组织引导，逐步导入新课。

3. 质疑的师生对话，促进教师读懂学生的思维

学起于思，思源于疑。质疑是开启学生创新之门的钥匙。在教学过程中，教师要给学生创设宽松的氛围，引导学生质疑，使学生善于质疑，敢于质疑，从而培养学生的认知能力和思维能力。

"学贵有疑，小疑则小进，大疑则大进。"要将质疑引入课堂。教师要不断更新观念，认识到提问与质疑不仅是教师的权利，也是学生自我发展的需要。教师在设计教学内容、教学环节时，要以儿童的兴趣为出发点，有意创设质疑氛围，使学生因趣生疑，因疑生奇，因奇生智。

例如：教《万以内笔算减法》时，在教学进入练习作业之前，教师留下一定时间让学生质疑问难。一个学生突然举起手来："老师，四位数的减法，可不可以从高位减起？"这是大家都意想不到的问题，全班学生都向发问的同学投去了惊异的目光。面对学生质疑的问题，教师首先让大家猜一猜"从高位减起"是不是可行。当学生的意见不一致产生矛盾冲突时，教师为学生提供三道计算题作为新的探索材料。接着教师耐心地等待大家的研究和探讨。在组织交流时，教师启发学生充分发表意见，其过程是循循善诱、步步到位。学生经历了"猜想（假设）—论证—实践—结论"这样一个认知过程，体现了"最有价值的知识是关于方法的知识"。最后，教师通过问题"课本上为什么选择了从个位减起"来小结，引导学生对两种方法进行比较，使学生认识到有些方法尽管可行，但由于操作烦琐，效率低下，一般不可取。这样的结果，既使学生认识到这段学习的收获和意义，又没有给质疑的同学造成心理伤害。

科学家爱因斯坦说:"提出一个问题往往比解决一个问题更重要,因为解决问题也许仅仅是一个数学上或实验上的技能而已,而提出新的问题,却需要创造性的想象力。"质疑是思维的开端,也是培养学生创新思维能力的源泉。质疑的师生对话,可以使教师读懂学生的认知状态和思维状态,使学生每节课都能以最佳的学习状态投入到学习中。

总之,在小学数学课堂教学中感悟学生、读懂学生是教学的基础。有效的数学课堂建构更需要我们去研究学生、读懂学生。读懂了学生,我们对学习目标的把握会更准;读懂了学生,我们对教学环节的设计会更优秀;读懂了学生,课堂教学效率会更高。让我们运用自己的智慧,从师生对话中读懂学生!

推荐阅读

读懂学生思维，让教学更有效[①]

郑州市金水区纬五路第二小学 刘英杰

教师作为学生学习的促进者，在帮助学生建构自己的数学知识结构时，要依据学生已知的内容，而不是教师预先设定学生应做的目标。换句话说，教师的教学决策和课堂教学是根据教师对学生思维水平的了解，然后再实施于教学的。因此，读懂学生思维，才能让教师实施有效的课堂教学。

一、搭建展示平台，读懂学生的思维运转

数学教育家弗赖登塔尔说："优秀教师课堂上的注意中心始终是学生的思维。"只有读懂了学生课堂学习过程中的思维，才能与学生展开深度互动，从而进行有效教学。数学教学是数学活动的教学，是师生之间、生生之间交往互动与共同发展的过程。在课堂教学中，教师要学会倾听与观察，倾听学生对于问题的讲解发言，观察学生的实践与操作，寻找学生思维的异同点。让数学课堂真正成为学生"思维行走"的舞台。

以《分数混合运算（二）》一课为例：

[①] 节选自刘英杰老师在名师工作室"读懂学生"专题研讨会上所作的《读懂学生思维，让教学更有效》报告，内容有删减。

分数混合运算（二）

六（1）班有学生40人，其中女生人数占全班人数的五分之二，男生有多少人？

组织学生画出示意图，并说一说解题思路。

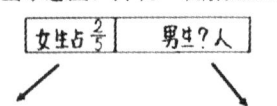

| 女生占 $\frac{2}{5}$ | 男生?人 |

思路一：先算女生有多少人　　**思路二**：先算男生占全班人数的几分之几

$$40 - 40 \times \frac{2}{5} \quad 与 \quad 40 \times (1 - \frac{2}{5})$$

学生在讲解自己的思路时，呈现出两种解题方法，并分别列出了综合算式。因此，在回答问题的过程中，许多孩子都举手要求发言。通过观察，我选择了平时不怎么发言的一名学生回答问题。在课堂上，教师要善于观察学生的学习状态，而在选择发言对象时，要注意选择不同层次的学生，这是一种了解学生学习状况的最佳做法，更易于读懂学生的思维。在学生回答完毕之后，我又接着问了一个问题——"观察这两种思路的解题算式，你发现了什么？"这是基于本节课的学习目标（体会分数混合运算的运算顺序与整数混合运算完全相同）而设定的问题追问。此时，学生出现了长时间的沉默，不知如何回答。无论怎么引导和鼓励，仍没有一个人想要发言。此时，我很想出面行使教师的"权力"，但是最后还是忍住了，我选择等待。此时，我多么期待有人能够大胆地站起来回答这个问题，同时，我也在考虑如果没人回答，又该怎么引导。

实践证明，这样的等待是值得的。一名学生高举起手："老师，我知道。这两种计算方法的算式之间有联系，就是乘法分配律。"经过这样的提醒，其他学生也有一种豁然开朗的感觉。对于学生课堂学习中的沉默，或跃跃欲试但不敢发言的同学，作为教师，我们除了要思考问题设置的难度和深度，更应该学会等待。既然搭建了学生的展示平台，我们不妨耐心一点，多给学生一些时间，这样，学生才能收获更多，他们的精彩发言才能更加充分地反映出学习过程中的思维运转。

二、抓住错误根源，读懂学生的思维困惑

真实的课堂不可能完全是教师预设的实施，而是充满变数的生成。这些生成可能在预设之中，也可能是意料之外。此时，教师要及时捕捉学生在学习中产生的问题、思维受阻情况、错误解答情况等。对于意料之中的要及时给予学生帮助指导，充分发挥主导作用；对于意料之外的，要积极思考，用心反思，及时调整教学。

请看案例"百分数的认识"：

百分数的认识

在一场足球比赛中，猛虎队获得一次罚点球的机会，他们准备派三名队员中的一名去罚点球。右面是这三名队员近期罚点球情况统计。

● 你认为该选派哪名队员？与同伴交流。

队员	罚球数/个	进球数/个
淘气	20	18
奇思	10	8
不马虎	25	21

在罚点球情境中，学生已经对数据进行观察，在积极思考"该派哪名队员罚点"之余，已经达成了统一意见——先求进球数占罚球数的几分之几，然后进行分数大小的比较。一名学生汇报了自己比较分数大小的过程，他将三个分数通分为分母是50的分数。结果引发了一些学生的窃窃私语，不是应该通分成分母是100的分数吗？可是通分成分母为50的分数看起来也不算错。

根据题目，分母是20、10、25的分数，其最小公倍数是100，所以应通分成分母是100的分数。通分成分母是50的分数，虽然可以理解，但是严格来说是错误的。学生为什么会出现这样的错误呢？抓住这样的问题，我们要逐步分析，找到其错误的根源所在。

首先，分数的通分，要用到公倍数的知识点，它属于倍数与因数的知识体系。而我们只在自然数（0除外）的范围内研究因数与倍数。题目中的20不是50的因数，50也不是20的倍数。因此，将20、10、25通分为分母是50的分数，显然是错误的。学生出现这样的错误，是对因数和倍数的认识不够清晰。

这样，读懂学生在课堂中的问题困惑，我们才能够追根溯源，找到学生学习出现问题的根源，由此才能加深我们对学生的认知。

三、设置对比延伸，读懂学生的思维误区

在课堂教学过程中，学生思维的变化是主动参与学习过程的反馈。捕捉学生在学习活动中的思维与思路，为我们了解学生的学习过程、分析学习过程中的问题与困惑奠定基础，这有助于帮助教师进一步了解学生的课堂需求。

例如，在《分数混合运算（一）》的课堂学习中，学生 A 在做例题的时候，画图表示了航模小组、摄影小组与气象小组的人数关系：

他讲述了自己的思考过程：先将气象小组的12人平均分成了12份，然后根据"摄影小组人数是气象小组的 $\frac{1}{3}$，航模小组的人数是摄影小组的 $\frac{3}{4}$"进行了作图。在此之前的巡视过程中，我发现有许多学生也使用了同样的线段图表示，将气象小组平均分成了12份。

我意识到此时会是一个很好的切入点，能够根据学生的画图分析来引发学习理解的思维冲突，从而有效引导学生思维的正确发展。接下来，我出示了一道对比练习题。题目如下：

实验小学合唱组有120人，美术组的人数是合唱组的 $\frac{3}{5}$，科技组的人数是美术组的 $\frac{2}{3}$。

(1) 画图表示科技组与美术组、合唱组之间的人数关系。

(2) 算一算科技组有多少人。

学生 A 开始了画图操作。我注意到，他仍然是将120平均分成了12份，像他这样"中招"的学生还有好几个。将表示合唱小组人数的线段平均分为12份，怎么表示其中的 $\frac{3}{5}$ 呢？以此和上一个例题进行对比，再与其他学生的画图进行比较，

学生终于发现了问题。

在这一过程中，有的学生表示，应当将表示合唱小组人数的线段平均分成5份，而不是12份。有的学生则提出认真读题审题的重要性，我们必须要先读懂题中的数学信息，做到心中有数才行。

作为教师，我们要及时抓住学生在课堂学习过程中的思维与思路，智慧引导并及时做好应对。在本节课的学习中，我不仅避开了直接指出学生思维错误带来的影响，而且在后续的对比过程中让学生自己提出、发现问题，进而在思维的冲突、课堂的交流与质疑过程中及时地反馈与改进，最终巧妙且有效地消除了学生在用画图的方法表示等量关系时存在的思维误区。

总之，教师只有读懂学生的思维，才能创造性地利用和开发教学资源，为学生营造一个广阔的思维空间，为他们主动构建认知结构奠定基础，也才能在教学中有机地渗透思想和方法，提高学生的数学素养。

在倾听中读懂学生思维，让课堂焕发生命光彩[1]

安阳市殷都区教研室　程丽华

学生是学习的主体，了解学生是教学活动顺利开展并取得实效的起点。而了解学生最简便、最直接、最有效的方法就是倾听。

倾听是教师必备的基本技能。新课标倡导的是"倾听着的教育"，强调不仅让"学生倾听教师"，更强调"教师倾听学生"。

---

[1] 节选自程丽华老师在"读懂学生"专题研讨会上所作的《在倾听中读懂学生思维，让课堂焕发生命光彩》报告，内容有删减。

课堂教学中，随着学生主体性的增强，教师再也不是绝对意义上的言说者，学生发表意见、提出问题、质疑反驳的机会越来越多，学生被赋予了更多话语权。教师倾听学生是对学生话语权的尊重。教师倾听学生，虽然听到的可能只是一些零碎的、简单的、幼稚的观念和看法，但这些却是构成学生未来发展的现实基础。"一旦教师转向学生开始倾听，就意味着一种迎接和承纳：不是把学生作为学生来接纳，而是把学生作为一个鲜活的生命来接纳。这种接纳也表明了一种真诚的平等和尊重，这是生命与生命之间的平等，是一个生命对另一个生命的尊重。"

人们常常把数学形容为"思维的体操"，由此可见数学课对培养学生思维能力的重要性。叶澜教授说："教师要学会倾听孩子们的每一个问题、每一句话，善于捕捉每一个孩子身上的思维火花。"作为一名教师，我们在课上要读懂学生的学习过程，即学生在课堂中的思维过程。

一、在实际教学中，教师在倾听学生方面还存在不少问题

1. 教师本位思想

学生是课堂的主体，教师是课堂教学的引领者。现在，虽然多数教师都能够意识到这一点，但课堂教学中还会自觉或不自觉地"掌控"课堂，教师一言堂现象并没有消失。

如在《倒数》一节课中，顺利引导学生完成本节课的目标，看似效果良好，但在和教师交流环节，我得知学生已经预习过本节课，还有个别学生就一些不太理解的问题向老师请教过。我便提出，《倒数》这节课不难，况且学生已经预习过，为什么不能放手让学生自己交流收获呢？"那怎么行？万一他们说不到点子上呢？""学习是谁的事？""我知道学生是主体，但是……"

2. 没有时间听

许多教师能够认识到倾听的重要性，但又觉得这样做的结果常常是浪费时间，影响课堂效率。

如"三门峡苏邦屯工作室"杨雪老师在执教研讨课《鸽巢问题》中的教学例1时，让4人小组合作，探究4支铅笔放进3个笔筒。不管怎么放，总有一个笔筒里至少有2支铅笔。杨老师要求学生边摆边完成表格。几分钟后，教师指名学生交流，并相机板书，总结——列举法和假设平均法。但学生真正理解了"总有"和"至少"的含义了吗？（"鸽巢原理"是一类比较抽象和艰涩的数学问题。我上过这节课，课上就有学生提出：老师，至少是0支呀）我认为，既然是小组合作，就应该让一个小组上台交流本小组的意见，其他小组质疑补充。这样，老师在学生的对话中，能听到学生发自心灵深处的声音，从而读懂学生的思维。读懂了学生的思维，也就真正了解了学情。

在后续的第二次教学活动中，教师给学生自主探究的时间同样很少，学生理解不深刻，交流谈论其实只是一人言，师生之间、生生之间缺少思维的碰撞。

学生两次谈"我的发现"即总结"鸽巢原理一"和"鸽巢原理二"时，其实都是老师的"告诉"，老师担心学生的"讲"会影响教学进程。整节课教师"听"得太少，又怎能"读"懂学生的思维呢？

3. 虚假倾听

所谓"虚假"，是指一种虚假的姿态，即教师摆出一副倾听的姿态，打开了一只耳朵，接纳学生的声音，却让它从另一只耳朵流出，未能让这声音在自己的内心之湖激起任何涟漪，未能使教师的言行和态度发生任何与这倾听有关的改变。这与其说他在倾听他人，不如说是在倾听自我。这种倾听只停留在表面，不是真正意义上的倾听，不能了解并促进学生的思维发展。

如教学《梯形的认识》时，老师问：请同学们举出生活中见过的梯形的例子。生：爬楼的梯子是梯形。师：嗯，好，还有谁来？生：车前盖是梯形。师：哦，你还知道"车前盖"，我都不知道，还有吗？这样对话的实质是老师听而不闻，虚假倾听。梯子的形状是梯形，而不能说梯子是梯形。车前盖是立体的不是平面，也没有一组对边是平行，因此，更不能说车前盖是梯形。

4. 有选择地倾听

教师只倾听那些能满足其自我需要（如维护自己的形象和尊严，产生自我成就感）的声音，对那些可能对自我构成威胁的声音加以排斥和压制。还有，教师有意无意地诱导和强迫学生发出能使他愉悦的声音，这些声音并非从学生心中自然产生，充满了欺骗和谎言，它们既扭曲了师生的心理，也扭曲了教育本身。

一位教师执教人教版三年级上册的《分数的初步认识》。教师首先创设生活情境——"分苹果"。她拿出4个苹果，问："我要平均分给我们班两位小朋友，该如何分？"学生不假思索地回答："1人两个"。然后老师去掉两个，问："现在我把这两个苹果平均分给两位小朋友，又该如何分呢？""1人1个。"接着，教师又去掉其中的一个，问："现在只剩下这一个苹果，如果把它再平均分给两位小朋友，怎么分呀？"学生们七嘴八舌，"从中间分开""一人一半""一人一块"……"一人二分之一个"，一个与众不同的声音突然响起。寻声望去，声音来自一位坐在第二排的小女孩。面对杂乱的声音，教师要求"请举手回答"，学生们争先恐后地举起小手，那位小姑娘也把手高高举起，但教师始终没有叫到她。教师接住一位学生的回答，说："对，一人一半，用以前学过的数没法表示，今天我们就来学习一个新数——分数（边说边板书）。"教师接着说："请大家拿出一个圆形纸片对折……"

教师真的没听见小女孩的回答吗？不是的，她肯定听到了，因为小女孩的声音好大，我坐在听课席上都听得清清楚楚，而且今天就是讲分数，教师肯定对这个"二分之一"是很敏感的，但教师为什么偏偏装着没听见呢？我想教师的脑子里装的只是自己的教案，她只想把自己精心设计的教案顺顺利利地讲下来。因为这毕竟是区中心教研组的一次活动，也算是一节公开课吧，估计她不想让小姑娘的"标准答案"成为她顺利执行教案的障碍。

5. 不能准确把握学生的"发声"

对于学生声音的内涵、方向和潜在意义，教师未能准确把握。要么将"不是"听成了"是"，要么未能听出这些声音中的象征意义。教师只听出了"所指"，但未能听出"能指"，他只满足于把那些能激起情感和思维泡沫的声音，错过了泡沫掩盖下的真实的东西。

如一位教师在教六年级上册《分数乘法》时，遇到这样一道题：

这个大棚共480m²，其中一半各种萝卜，胡萝卜地的面积占这萝卜地的 $\frac{1}{4}$。

胡萝卜地有多少平方米？

老师带领学生阅读题目，分析题意，画图（折一折）后，让学生列式解答，指名回答算式，老师在黑板上板书出两种方法：

$480 \times \frac{1}{2} \times \frac{1}{4}$ $480 \times (\frac{1}{2} \times \frac{1}{4})$

师：请大家思考每个算式，第一步求的是什么？第二步求的又是什么？

生1：第一个算式第一步算萝卜地占大棚的 $\frac{1}{2}$……（生只说了一句）

师：坐下，又白坐了一节课。（孩子闷闷不乐地坐下）

师：谁知道第一个算式第一步先求的是什么？

生2：第一个算式第一步求萝卜地的面积，然后再求胡萝卜地的面积。

老师满面笑容地说："说得真好，掌声鼓励！"

课后，我让那位被老师无情打断思路的孩子给我讲一遍第一步求的是什么。

他说："萝卜地占大棚的 $\frac{1}{2}$，所以 $480 \times \frac{1}{2} = 240$（m²），先求出萝卜地的面积；胡萝

卜地的面积又占整块萝卜地的 $\frac{1}{4}$，再用 $240 \times \frac{1}{4} = 60$（m²）。"我们能看到学生的思路非常清晰、有条理，只不过他想说清楚依据，但第一句表述得不够准确罢了。

6. 倾听后没有反馈

一方面是没有相应的反馈和评价技巧，另一方面可能是教师考虑时间的问题。

二、读懂学生，需要倾听

课堂教学具有随机生成性，教师要对学生进行细心的观察，学会有效倾听，从而根据学生的情况与状态随时调整教学进度，甚至改变教学策略，使教学有效地进行。

1. 倾听学生的回答、提问、质疑与争论

倾听学生对教师提问的回答，能够帮助教师及时、准确地了解学生对学习内容认识、理解和思考的程度，这对于课堂教学来说是至关重要的。能否在这个基础上及时对教学内容、教学难易程度、教学思路、教学环节等做出合理的取舍和调整，是衡量一个教师教学机智与否的主要指标，也是衡量一次教学活动是否具有针对性和有效性的重要指标。

善于倾听、思考，从而发现学生提问中有意义和有价值的一面，细心体验学生的情绪，这也是教师能否组织好动态生成中的课堂教学的重要条件。如果教师在提问的时候，仅仅提问学生的答案是什么，其余的一概不管，这对于学生的心理会造成不好的影响，对他掌握该知识点也会有不必要的阻碍。所以，教师的倾听不仅可以了解学生前进的方向，明确他们思维受阻的原因，同时这也是师生交流与沟通的必要手段。

在教学进程中，学生面临疑难困惑能够自己提问是值得珍视的好现象。学生提问是他们独立思考、自主学习的开始，也是他们思维走向敏捷、思想走向深刻的过程。教师要善于倾听并且筛选出其中有代表性的，将之充分利用、整合为独特的教学资源。对于学生提出的知识性问题，一般只需进行知识层面的释疑解惑，涉及教学内容理解的问题，我们就要相机灵活对待，或适当补充材料，或课内外合理迁移，或设置前后勾连的系列问题来启发。

有时候，学生还会针锋相对地提出和教师、其他学生截然不同的个性化见解。这些见解价值不一，有的浅薄幼稚缺少深度，有的片面偏激缺乏认知储备，有的却闪现着学生的灵感和智慧。这时，就需要教师耐心真诚地倾听，并对这些见解做出正确的判断和应对，以便去伪存真、去粗存精地纳入自己原先的教学计划，从而调整、补充、拓展教学内容。

一千个读者就有一千个哈姆雷特。全班几十个学生各有差异，各具个性，对于一些学习问题，他们都有自己的思考方法和想法。在课堂中，要让孩子们畅所欲言，发表自己的不同见解，甚至鼓励他们"百家争鸣"，教师则要用心地倾听，听其全部，不管是响亮的还是轻微的，正确的还是错误的，理直气壮的还是胆怯的。

教师充分允许学生发表意见，"百花齐放、百家争鸣"，讲错了也不批评、指责，而是组织学生自由讨论，这不仅实现了各学习个体对知识的即时建构，也让学生自由地变化着、成长着。

2. 倾听学生的思想、需求与情感

学生的目光往往流露出内心的真实情绪，教师应注意捕捉并体会学生目光所传递的信息。学生的目光或期待、急切，或困惑、茫然、游移不定，或心领神会，或疑虑重重，教师要及时捕捉这些信息，判明原因，并及时调整教学策略。例如，在讲解例题的时候，由于例题往往需要用到刚总结出来的新知识，很多学生，特别是接受能力较差的学生，往往会露出困惑的眼神，这就需要教师在应用新知识的时候，多加解释新知识应用的条件，并指明该题中已符合的条件。

教学活动中，教师要注意观察学生的各种面部表情，并理解所传达的学习心态方面的信息。学生困惑时经常会眉头紧锁，嘴唇闭拢，神情焦虑不安；理解了学习内容时则双眉舒展，面露微笑，频频点头；思考问题时常常面色沉重，双眼微合，双唇紧闭，有时口中还念念有词；专心听讲时目光凝视，神情专注，嘴唇微张；心不在焉时目光游移，表情木然，眉头时开时合；不耐烦时或双眉紧锁、频吐烦言，或焦虑不安、左顾右盼……只要教师注意观察，就能了解学生在课堂上的学习状态。

学生的身体语言也会透露出学生在学习过程中的心理感受。教师仔细观察学生的体态语，细心体会，会收获一笔不可小视的教学信息。这种形体动作观察，在数学课堂上尤为适合。例如：一道练习题，会做的学生往往在老师布置以后，马上埋头演算；而不懂的学生，要么摇头挠首，要么左顾右盼，表现出烦躁不安的体态，教师应对此多加留意，并适当地予以辅导。

3. 倾听学生最真实的声音

学生在课堂教学中的欲望和需求往往是通过声音来表达的，声音渗透着学生的需求。善于倾听、理解、回应这些声音，是教师倾听的重要任务。善于倾听的教师，还要对学生的情感动向和课堂状态有细致入微的观察和把握，能够准确地从学生发出的各种声音中听出不满、厌烦、快乐或喜悦等情感，然后在教学过程中及时协调和引导。

三、通过倾听读懂学生思维的策略

1. 课堂上做个"懒"老师，做个"慢"老师，给足学生独立思考、尽情交流的时间与机会。

著名教育学家苏霍姆林斯基曾说："教育的艺术基础在于教师能够在多种程度上理解和感觉到学生的内心世界。"学生是学习的主体，了解学生是教学活动顺利开展并取得实效的起点。了解学生最简便、最直接、最有效的方法就是倾听。如果教师想听到学生最真实的心声，那么就必须赋予学生更多的话语权和独立思考的时间与机会。学生的许多习惯都能从教师身上找到影子，因此无论孩子们的发言是对还是错，是流畅还是吞吞吐吐，教师都要认真倾听每一位学生的发言，不能因为学生的发言"破坏"了教师原先设计或怕控制不住课堂的"正常秩序"、完不成"既定"教学任务等原因就拒绝倾听。

课堂上，教师要尽量做个"懒"老师，给足学生独立思考、尽情交流的时间与机会。

(1) 课堂上要给学生"留白"，"逼"着学生独立思考。

爱因斯坦在《论教育》一文中写道："学校的教育目标应当是培养独立行动和独立思考的人"，"发展独立思考和独立判断的能力，应当始终放在首位"。课堂上要给学生"留白"，"逼"着学生独立思考。一堂课热热闹闹，学生情绪高涨并不代表他们的数学思考就高涨。给孩子独立思考的空间，只有有了独立思考，才能有合作交流的收获。

教师在提问之后，注意停顿，留给学生足够的时间去思考，尽量避免提一些只需用"是"或"否"回答的问题。用"是"或"否"回答的问题，往往难以诊查学生的思维活动过程。在学生给出答案后，老师要追问"为什么"，或者把该答案交给其他同学讨论，以了解学生的思维过程。老师要尽量提一些开放性问题，这些问题有利于学生从自己已有的知识出发，多角度地探究解决问题的策略和方法；课堂上要尽量避免集体同时的言语应答，集体回答不利于了解学生个体的学习状况。

(2) 课堂上要让学生尽情交流，"逼"着学生主动合作。

为实现高效的教学，作为一名教师，我们在课上要读懂学生的学习过程，即学生在课堂上的思维过程。"语言是思维的外壳"，因此教师要真正地"把课堂还给学生"，让学生在独立思考的基础上尽情地交流，充分地发表意见、提出问题、质疑反驳等。尤其在课堂教学中，某一个学生的发言本身也是其他学生借鉴、学习的内容。因此，教师在课堂上要让学生充分交流。也只有学生充分交流了，教师才能在倾听学生声音的基础上，读懂学生的思维。

比如在解决问题的教学中，对于同一道题往往会有多种解决问题的方案，但学生是否能把这些方案都想到呢？有的学生能想到几种，有的学生只能想到一种，有的学生根本找不到解答问题的方法。那么在这个时候，合作学习就显得很重要了，教师可根据教学内容组织学生通过个人独立思考、同桌交流、小组交流、全班交流、师生交流，运用相互倾听、相互评价、相互学习等多种学习方式，使学生获取多种思考问题、解决问题的策略，提高学生的思维水平，开拓学生的思维广度。

在多向交流中，学生自己可以听取本小组乃至其他小组成员思考、解决问题的方法，学习他人好的解题策略，汲取别人先进的思维方式和方法。同时可以把自己的思维方式讲述给本小组成员听，让他们对你的解题策略和思维方式进行评价，使自己的思维得到完善，弥补个性思维的局限，拓展思维空间，使得彼此的思维方式在合作探讨的基础上不断得到调整和优化，在教学过程多向（师生、生生）交流互动的平台上，最大限度地弥补个性思维盲区所造成的不足。

又如，课题组李莉老师教四年级上册《角的分类》一课时，考虑到学生在二年级已经初步认识过角，加上教材对直角、平角、周角的概念描述得很清晰，所以李老师以表格的形式，把内容全部展现给孩子，让孩子们通过自学达到学习效果。

名称	画出图形	度数
锐角		
直角		
钝角		
平角		
周角		

（   ）角＜（   ）角＜（   ）角＜（   ）角＜（   ）角

学生们完成表格，老师开始点评，李老师拿起活动角开始旋转。"锐角"，"锐角""锐角"当她一点一点地逆时针旋转角的一条边时，孩子们几乎同时喊出了这些角的名称。"锐角的度数固定吗？"李老师抛出问题。"不固定"，"只要比90°小的角都是锐角",学生回答。"不对",这时教室里响起不大的一声反驳。"为什么不对,能说说你的理由吗?"下面有些同学开始小声嘀咕,有的甚至笑起来。看到同学们的反应,她有点儿慌乱:"我也不知道。"听到她的回答,笑的同学更多了。老师示意大家安静。"比90°小的角是锐角,你觉得不对,那你认为怎样说是正确的?""我昨天在家预习的时候,看到电脑上说,比90°小、比0°大的角叫锐角,我也不知道对不对。"0°角对于主要以具体形象思维为主的四年级孩子来说还是较难理解的。所以李老师借机把"0°"板书在黑板上,然后把问题抛给孩子们:"对于0°角,你们怎么看?"大部分孩子都一脸茫然地摇摇头。"我觉得0°角就是没有度数的角。"一个孩子试探着说。"没有度数还能叫角吗?"另一个孩子反驳道。听了他的发言,其他孩子纷纷赞同。听到孩子的反驳声,李老师没有急着下结论,而是把活动角两条边由锐角的度数渐渐变小,直到两条边重合到一起。"这是一个角吗?""是""不是",孩子们各持己见。"它有一个顶点,两条边,只是两条边合到一起了。"在学生充分表达的基础上,老师把握住了孩子思维的认知盲区。然后利用直尺上的0刻度帮助学生理解0°角,就是角的边开始旋转的准备阶段,因为还没有旋转,所以0°角不属于锐角,也就是说锐角的确切定义是0°＜锐角＜90°。

"这个知识是谁给我们提出来的呢?"老师借此进行评价,来鼓励一下那个不太自信的小女生。"请大家用掌声谢谢她让我们了解到了更准确的知识!"听到热烈的掌声,女孩脸上露出了开心的笑容。

倾听不仅仅是要用耳朵来听说话者的言语,还需要一个人全身心地去感受对方在谈话过程中所表达的言语信息和非言语信息。在课堂上,老师要想及时地了解孩子的思维动向,对知识掌握的程度,必须依靠"倾听"。试想,如果不是李老师在课前让学生充分预习,或老师"掌控"了整个课堂,能出现这一不同的声音吗?如果不是李老师在课堂上做了个"慢"老师,让学生尽情地交流,学生能真正理解0°角吗?

2. 课堂上，教师在倾听中读懂学生的思维，并利用自己的教育机智转化成有效的教学资源，及时调整教学预设，实施高效的课堂教学。

预设好的教学预案，是为了在课堂上得到完美展现，但"人们无法预料教学所产生的成果的全部范围，没有预料不到的成果，教学也就不成为一种艺术"（布卢姆）。这必然要求教学活动突破预期目标和既定教案的限制，而走向生成、开放的创造天地。对于课堂教学中的生成资源，特别是"意外生成"资源，我们应该有效利用。例如教条形统计图时，零乱的数据怎样能清楚地表示出每种天气各有多少天？导学案上提示除了用统计表，还让孩子们尝试用自己的方法来表示。孩子们有画三角表示天数，有画太阳云朵表示的，还有画圆圈表示的，孩子们按照自己的小想法完成了要求。很快有同学发现一个问题并提出："为什么晴天和多云都是9天，可是高度却不同呢？"所有同学的目光一下子都聚焦到这一点上。老师的眼睛一亮，书上也提到了用象形图表示的方法，但是电脑排版所有的图形大小都一样，那天数一样的自然排的高度就一样，可是导学案上孩子们徒手画，肯定不那么精准，来看看孩子们怎么解决吧。"为什么会出现这样的情况呢？""因为画的图形大小不一样。"孩子们纷纷回答。"那怎么解决这个问题呢？"一个孩子拿着自己的直尺说："这个尺子有圆圈、三角、椭圆，可以描着画每个图。""哦，借助工具，不错。""画线段吧，让每条线段长度都一样。9天就画9段。肯定标准。"

这时有个同学来到黑板前，指着象形图的左边从上向下画了一道儿说："在这儿分成相等份数，打上格子，每个圆圈都画在格子里。"这下，条形图的雏形就出来了。孩子们在课堂上出现的问题恰巧成为学习新知识的一个起点，孩子们的精彩想法成为突破重点的桥梁。因此，课堂上教师要学会观察，学会倾听，随时捕捉新信息，在倾听中读懂学生思维，并利用自己的教育智慧将课堂意外转化成有效的教学资源，及时调整教学预设，进行生成性学习，实施高效的课堂教学，使我们的课堂充满灵动，焕发生命的光彩。

又如范献军老师执教《分数除法》(练习课)时,首先引导孩子们进行独立整理。学生从分数除法的意义出发,通过具体的、典型的算式,再次呈现并总结了分数除法计算的基本法则。第三小组板书呈现的是这样两个算式：$25÷\frac{2}{5}$,$25÷\frac{5}{2}$；第四小组呈现的是 $48÷\frac{3}{4}$,$48÷\frac{4}{3}$。两个算式被除数不变,除数互为倒数,孩子们不约而同地做了相同的选择。范老师便改变了原来的设计思路,借势引导孩子们探索一个数除以分数,结果和原数的大小关系。当超杰发出"这不是早就学过了吗"的质疑声时,老师有一点生气,也有一点小小的期待,因为老师从这质疑声中读到了学生的思考。"好吧,既然学过,你就来给大家讲讲吧。"老师心中疑惑,超杰说的"学过"是跟什么建立了联系？超杰站起来,竟然大踏步走向黑板,指着第一组算式："分数和小数是可以互化的,这里的除数是分数,都可以转化成小数,$\frac{2}{5}$ 等于 0.4,$\frac{5}{2}$ 等于 2.5,这样就成了我们学过的小数除法。小数除法中,一个数除以一个比 1 小的数,商比原数大；一个数除以比 1 大的数,商比原数小。所以,$25÷\frac{2}{5}$ 就大于 25,$25÷\frac{5}{2}$ 就小于 25。"超杰话音刚落,教室里响起了一阵雷鸣般的掌声！范老师的大胆鼓励给了超杰自信和勇气,也让所有孩子的思维得到提升,收获了意想不到的精彩。

3. 课堂上,教师在读懂学生思维的基础上,及时点评、追问、设疑,借此培养学生思维的概括性、逻辑性、灵活性、深刻性、独创性、批判性和敏捷性。

数学是思维的体操。数学教学就是开发、培养学生思维品质的过程,是学生以思维的方式去获取知识的过程。注重学生思维品质的锻炼,促进学生思维品质的发展是我们数学教师培养学生数学素质的重要任务之一。

我们遇到一个问题,往往会有多种解决问题的方案。教学中,教师应尽量引导学生从不同角度、不同侧面去探索问题的解答方法，产生尽可能多、尽可能新、尽可能独特的解题策略，强化学生对问题的深度和广度的认识和思考，使学生感受到用不同的方法可以解决同一个问题，促使学生学会从不同的角度去分析、思考问题，以达到对事物的全面认识，使学生思维品质得到进一步优化。

如魏忠秀老师在课堂上，通过观察学生的表情，捕捉学生在课堂教学中表现出来的每一个细节，读懂学生的情绪变化、原认知等，及时、准确地了解学生对学习内容的认识、理解、思考程度，从而引领他们的思维走向敏捷，思想走向深刻，并在这个基础上及时对教学内容、教学难易程度、教学思路、教学环节等做出合理的取舍和调整。

她的课程《怎样使游戏变得公平》，使得一年级的同学们脑洞大开。且看示例：

4.这个游戏公平吗？

说一说怎样才能使这个游戏变得公平。

很明显，这一题主要考查的知识点是：会数数，认识3、5；会比较3和5的大小；会进行基本的移多补少。

显然，前面两个不是问题，第三点似乎有点难度。移多补少其实是求平均数的一种常规方法，但由于数据比较小，孩子们也具备一定的生活经验，所以，运用移多补少的方法使游戏公平应该不会成为多大障碍。

果然，如何实现公平的问题一提出，一排排小手高举，自信满满。

"右边的5个人派1个人到左边，两边都是4个人，这样就公平了。"

"对，对……"一片赞同声！

魏老师让孩子们用学具摆一摆，一边摆，一边说。这样借助直观图形来感知会更直观形象。

"这5个人都是一（5）班的，谁愿意去一（4）班呀？"一个男孩小声嘟囔着，从五个图片中拿起一个放到对面，又拿回来，再换一个放到对面又马上拿回来，反反复复好几次，似乎都觉得不妥。刚才引入时，老师说："一（5）班和一（4）班展开了一场拔河比赛，右边是我们一（5）班，左边是一（4）班。"看来，这孩子当真了。

"老师，我们班的同学不借给他们班，但是允许他们班加人，可以吗？"那个男孩喜上眉梢，问道。一石激起千层浪，短暂的安静后，"对，对"的叫喊声开始此起彼伏。

"他们可以加两个人，两边都是5人，这样也公平!"

"他们也能加1个人，我们班去掉1个人，这样也公平!"

孩子们一边说，一边摆弄着手中的学具，语言表述加上直观的感受，等式的意义也在悄然之中有了更清晰的认识。

魏老师表扬了孩子们思维的灵活，并板书了算式：

3+（2）=5　　　　3+（1）=5－（1）

直观的图形加上算式的辅助，思维的过程也呈现得更加清晰。

谁知，刚写完第二个算式，突然有人喊："怎么都是加呀，减法可以吗？"

"是呀，减法行不行呢？"老师重复了这句话，并指着黑板上的左边表示"3"的图片。

"左边去掉1个人，右边去掉3个人，这样都是两个人，公平!"一个孩子马上站起来说。

老师马上写出算式：3－（1）=5－（3）。

"左边去掉2个人，就是3－2，右边去掉4个人，就是5－4，两边都是1个人，这样也公平！"

好样的！连算式都能够说出来了！魏老师向学生竖起了大拇指。

"左边去掉3个人，就是3－3，右边去掉5个人，就是……"话音未落，一阵哄堂大笑：都没有人了，还比赛什么呀。

"我就说不要去人，还是加人吧"，有个男孩神气地说，"也能左边加3个人，我们班加1个人。"他自信地走上讲台，写了算式3+（3）＝5+（1）。

孩子们使劲儿为他鼓掌！

老师及时指着算式追问："左边只能加3个人吗？"同时用欣赏和鼓励的眼神望着孩子们问道。

"也能加4个人，这样右边加2个人，算式是3+（4）＝5+（2）"，"也能加5个人，这样右边加3个人，算式是……"，"左边加6个人，右边加4个人，算式是……"，"左边加7个人，右边加5个人，算式是……"，"左边加8个人，右边加6个人，算式是……"

"加人"继续上演，但是因为数目变大，速度明显慢了下来。

老师把算式有顺序地排列整齐，并把左右两边相加的数用红笔表示，等写到3+（11）＝5+（9）的时候，有一个孩子迫不及待地站起来："老师，我有一个大数，3+（100）＝5+（98）。"

"哇！我也会！我也会！"课堂又活跃起来：3+（98）＝5+（96）、3+（85）＝5+（83）、3+（200）＝5+（198）……

根本停不下来的节奏！

"我知道了，一（4）班可以随便加人，愿意加几个人就加几个人，我们班只要比他们班少加两个人就行了。因为我们原来就已经比他们多了两个人，这回让他们比咱多两个人，这样一抵消，就一样多，就公平了。"

孩子们的小脸红红的，是胜利的喜悦，是思维放飞的舒畅，更是思维火花碰撞的速度与激情!

因势利导,老师指着黑板上的算式再次抛出问题:"想要公平,原来有这么多种好办法!我们还能有几种好办法?"

"有15种吧!"

"比15种多多了,至少有三十几种。""五十多。""六十多。""一百多。""二百多。""一千多。"

谁知,又一个声音传来:"比一万还要多,很多很多,就是无数多!"

"我觉得不是无数,"一个男生一脸愁苦,"我们班只有五十个人,就没有那么多人。"

"对,就是呀!"同学们的意见再次涌起。

"就算有那么多人,可是没有那么长的绳子啊。"

"如果不是拔河比赛,就可能有无数种。但这是拔河比赛,所以人数不能太多。"

需要根据实际情况取值,学生都有所悟、有所思了。

…………

魏忠秀老师的这堂课效果极好,不仅完成了教学目标,更让同学们在自主探究的学习中极大拓展了数学思维的深度和广度。正是因为教师一贯坚持"学生是课堂唯一的主人"这一理念,相信孩子、会听孩子心底最真实的声音并温暖评价,才有了孩子们课堂上的精彩!

第三节　读懂学生的眼神[①]

苏联作家费定说："眼睛的表情，远比人类烦琐不足道的语言来得丰富。"眼睛素来被人喻为"心灵的窗口"，人们内心的思想感情可以通过这个"窗口"折射出来。它是一种非常复杂、深刻、微妙、富有表现力的语言。从不同的眼神和目光中，人们可以读到快乐、悲伤、惊讶、恐惧以及渴望等种种含义。因此眼神是我们常常用来表达情感、传递信息、交流沟通的重要方式。于教师而言，课堂上有时一个眼神就会对学生产生神奇的效果。同样教师也可以从学生不同的眼神中，捕捉其所传递的微妙而独特的信息和情感。当我们读懂了一个个平淡、琐碎、真实的瞬间，我们才能真正地读懂学生，才能给学生恰到好处的引导，进而唤起学生对数学学习的信心与美好的期待，让学生以愉悦的方式满怀欣喜地走进数学世界。

美国心理学家艾伯特·梅拉比安通过实验得出了一个结论：信息表达的总

[①] 本文根据于艳艳老师在"读懂学生"专题研讨中所作的《读懂学生的眼神，提高课堂教学的实效性》的报告整理而成，内容有删减。

效果＝7%的文字+38%的声音+55%的表情，这表明人们获得的信息大部分来自视觉印象。美国心理学家爱德华·霍尔也曾十分肯定地说：无声语言所显示的意义要比有声语言多得多。由此可见体态语言在人类传递信息的过程中所处地位之高。体态语是一种表达和交换信息的可视化符号系统，它由人的面部表情、身体姿势、肢体动作和体位变化等构成。在一般的课堂教学活动过程中，老师和学生之间知识的传递大多是以有声语言为载体，有声语言占据绝对的优势地位。但除了有声语言，教师还需要体态语来辅助教学和交流情感。眼神作为体态语的一种，对学生的影响是重要的，而且是多方面的。在课堂教学中，有的教师上课时两眼不看学生，什么也不留意，只管按照自己设计的程序讲课。学生在下面听得如何，他一概不知，这种"有眼无珠"的讲课方式无法掌握学生获取知识的程度，更无法与学生进行信息的沟通与交流。学生在听课时，眼睛往往是注视着教师的，如果教师以一种和蔼的目光一边讲课，一边巡视学生，用眼神来询问、了解学生，学生就会自觉地心领神会从而集中注意力认真听课。如果学生在回答问题时，教师用亲切的眼神注视他，学生就会有一种被鼓舞、信任的感觉。如有学生做小动作，教师用关注的眼神看他一下，眼神就是提醒暗号，学生会自己主动改正。因此，在课堂教学中，教师要注意以一种亲切、关怀的目光巡视全班同学，随时把握学生的动向，及时沟通信息。

一、读懂学生眼神的意义

目前，我国学校教育评估的形式主要是考试。这种以统一尺度进行的评估使学生的语言智能、数学智能等几种可以通过问答测试的智能得到了长足的发展，而其他的各项智能基本被忽略甚至被限制发展。但是，多元智能理论认为，"除了非正常的人，智能总是以组合的方式运作的。任何有经验的成年人在解决问题时，都会运用多种智能的组合"。加德纳认为，教育的最主要目的不在于知识的传授，而在于发掘并引领人体多种智能的协同发展。这种理论和实际的矛盾，给我们一线教师提出了新的问题。我们怎样才能做到既培养学生的考试能力，又开发学生的多项智能呢？课堂体态语的运用可以很好地解决这一难题。教学中的表情语、眼神的应用可以开发学生的人际智能和内省智能。

二、读懂学生眼神的价值

1. 读懂学生喜悦的眼神，保持课堂良好的学习氛围

当学生能够很高效地接收老师所传授的知识，并且对于之前预习中所存在的疑惑有了解答的方法时，心里就会感到满足和自信，整个人会是一种舒适的状态，体现在眼神中则是充满了喜悦和满足。这类眼神往往出现在一些学习能力较强、掌握知识较快、学习成绩很好的学生身上，这样的学生大多时候都可以让老师放心。

当我看到这一类型的眼神时，就可以分析出此时的学生已经很好地接受了所讲的知识，因此可以适当地加快进度进入下一个知识点，也可以在这个时候进行提问。一方面，根据学生眼神所反映出来的，他们大多希望老师给予表现的机会，眼神仿佛在说："老师，我可以，我掌握了，我会。"让他们在回答问题时更加肯定自己的理解，加强他们的自信心。另一方面，在课堂中，总有一些学生接受新知识的能力较差，需要不断地引导和解释，而同学之间的思想更容易产生共鸣。在提问过程中，他们的想法可能会带动更多的学生，达到双赢的效果。

2. 读懂学生求知的眼神，使学生体验成功的喜悦

这类眼神往往来自学习成绩较优秀、勤奋上进的学生。著名教育家萨特曾经说过："没有一种普遍的学科能指示你该如何做，要自己去努力。"对这些学

生我常常鼓励他们自己去探索，自己去实践，体验成功的喜悦。当学生取得成功，我会及时给予肯定，并引导他们向更高的目标奋斗。如此便使学生的求知眼神更加强烈，学习的热情更加高涨了。

3. 读懂学生胆怯的眼神，帮助他们建立学习数学的自信心

这类眼神往往来自一些成绩中下等、性格较为内向的学生。他们往往表现为目光躲闪，不敢直视老师的眼睛。这些学生的状况往往是因为老师在教学过程中使用了不恰当的方法，他们的自尊心受到伤害，进而失去自信心，不愿在众人面前说话，害怕自己犯错误。如果教师长期在教育过程中不关注这类问题，便会造成这些学生不自信、瞻前顾后，唯恐自己做错事。

教育这些学生时，教育学家马卡连柯给我们的忠告是尽可能多地用表扬，少用甚至不用批评。我在教育教学中，对这类学生时刻保持微笑的表情，时刻留意他们的眼神，只要他们有一点闪光点我就及时给予表扬、鼓励，慢慢地使他们养成大胆说话、做事笃定的好习惯，此后也会不断发现他们的优点、放大他们的优点并且当众表扬他们，鼓励他们走出自卑，大胆地发表意见，逐渐重塑他们对学习的信心，唤醒对学习的兴趣。

例如，在开学一段时间后，我发现班上有个孩子上课时回答问题不积极，我提问后其他同学都积极发言，他想举手发言时但又总躲避我的眼神，有时候看见他举手举得很低，我一看他，他手又放下，但我发现他的作业做得很好。有几次他身体不舒服，我跟他父母打电话了解情况，了解到他上课不积极回答问题是因为来到一个新的环境，又是第一次离开父母，对住校生活不习惯。之后，我和他交谈了几次，在课堂上有意地展示了他的作业，上课也提问了他几次。过了一段时间后我发现他课上变得活跃了，能积极主动发言，也不再躲避我的眼神了。

4. 读懂学生疑虑的眼神，做学生喜欢的良师益友

疑虑的眼神往往来自那些成绩较差、接受能力较慢的学生。这些学生经常愁眉不展，表现不积极。我在教学中对这类学生有过这样的比喻：学生学习就好像吃一顿大餐，求知欲强的学生首先品尝丰盛的菜肴，而困惑的学生只能吃剩菜残羹了。在对待这些学生时，我在内心并没有把他们看作是无药可救的孩子。学习有先后之分，并没有优差之别，他们只是接受能力较差罢了。在实际工作中，我会专门给这类学生制订计划，给他们分配任务时难度一点一点地增加，只要取得一点点成绩就及时给予表扬，即使错了也要给予鼓励，反复讲解直到完成教学任务。

有一次，我在上课的时候，发现一位平时很认真的女生有些走神，从她的眼神中，我猜测她应该有心事，并且对她的影响也比较大。我通过其他途径到侧面了解到，原来是她的爸爸妈妈吵架，影响了她的心情。我开始找她谈话时，她不仅不愿意和我说，还对我产生了警戒。后来我利用班会课分析了一些自己亲身经历的家庭矛盾，分享了我的一些解决办法。一次课后，她主动找到我，跟我讲了一些她的想法。通过交流，她慢慢地走出了阴霾，而且通过这件事，她对我执教的数学课也更感兴趣了。

5. 读懂学生迷茫的眼神，帮助他们分析原因，提高学习效果

在课堂上，如果学生听不懂，他就会显得焦躁不安，六神无主，两眼茫然不知所措，甚至连简单的问题也不能回答。教师若发现多数学生紧锁眉头、眼神愣怔时，则可能是教师讲得不清楚，学生没有听懂，或者教师讲得太快了，学生跟不上，或者是板书没有记下来就被教师擦掉了，这时教师应及时变换知识传授的角度和教学手段。

这种情况发生的原因主要有：①讲授的知识点十分难，不好理解；②讲得太快了学生跟不上；③老师所讲的知识模糊不清等。他们通常是目不转睛地看着老师，但是眼神表现出来的是无神和惆怅。

面对这种情况，若老师能及时发现，及时调整教学方式，进行重复讲解，他们就会很好地接收知识。这就好比"书读百遍，其义自现"。老师每重复一次，就会对学生大脑进行一次冲击，极大地提高他们对新知识的认知。反之，教师若是没能及时发现或发现却置之不理，就会使这些学生与优生之间的差距越来越大，好的愈好，坏的愈坏。这项工作需要老师细致的观察和极大的耐心，细心耐心地对待学生，让他们一点点地进步。

例如，在一次数学课上，我准备讲的知识点内容比较少，不过难度较高，学生不好理解和接受，所以课前我积极钻研教材，和同级同科的教师详细交流，认真备课，精心写教案，目的就是让学生在课堂上更容易理解和掌握。到了课堂上，我自认为讲得非常成功，可是看到大部分学生迷茫的眼神时，我知道我错了，尽管我提前做了很多工作，学生还是没有听懂。我又开始讲解第二遍，第二遍结束了，我还是没有看到学生自信的、喜悦的眼神，他们还是那种一知半解的迷茫眼神，我急得差点哭出来。我就细心地询问学生哪儿没有听明白，通过与学生的交流，我找到了问题的症结。重新开始讲第三遍，在学生不懂的地方讲得更加详细了。最后当我看到学生们喜悦的眼神时，我知道他们应该是学会了，通过做练习题，证实了我的猜想。

6. 读懂学生散漫的眼神，提高课堂教学效率

在课堂上，当学生闪现出浮躁的目光，左顾右盼或跟同桌低语，这就说明课程内容不紧凑，进度太慢，或是学生嫌教师过于重复。此时教师要提醒学生端正学习态度，用设问方式提出问题或紧凑地解决问题，以便集中学生的注意力，引导他们从纵深开掘，从而改变被动局面。

一些性格倔强的学生，在听不懂或者注意力分散时，会通过讲话、做一些小动作甚至搞一些恶作剧来引起关注。老师如果看到这种行为，切不可意气用事，

也不可开门见山追根究底。最好的办法是"冷处理",让他来回答最简单的问题,表扬他的优点,让其明白老师不仅没有遗忘他,还非常关注他、喜欢他。课后再对其晓之以理,动之以情,表现出老师的宽容大度,让其自觉地认识到自己的错误,并主动改正错误。

教师过多的批评语言对学生只能起到反作用,他们会得寸进尺,课堂很容易失去控制,不但浪费时间,而且不能很好地完成教学任务。此时提问几个活跃的同学回答简单的问题之后马上进入新的内容,既可以使学生的注意力重新集中,也不会耽误课堂正常的教学进度,更便于大家重新投入到课堂中去,大大地提高教学效率。

7. 读懂学生游离不定的眼神,帮助他们提高学习数学的兴趣

在学习小数乘法的简便运算时,$3.2×2.4+6.8×2.4$这道题要求用简便方法计算,为了考验学生是否掌握乘法的分配率,我让学生独立计算。在同学们开始计算的时候,我开始观察他们的眼神,有的学生的眼神很坚定,有的学生的眼神却游离不定。于是我有意识地站到了一位眼神游离不定的学生身后,看他的解题步骤,我才了解到他并没有掌握小数乘法的分配率。然后我把这个题讲解了一遍,又把正确的答案写在黑板上。我让做正确的同学举手,没想到他也把手举了起来,于是我让他把自己的做法与黑板上的正确做法相比较,这时他才意识到虽然自己的结果是正确的,但是步骤是错误的。课后我与这位同学进行了交流,他说他因为基础不稳,对课堂知识也是一知半解,渐渐地就失去了学习数学的兴趣,课堂上开始不注意听讲,平时的作业也是半抄半做。听了他的话,我便让他制订一份学习计划,在学习过程中,我安排学习成绩好的学生对他一对一帮扶,在课堂讲题的时候对他也格外关注,帮助他重新建立了学习数学的信心。

班上还有一位男生,入班的时候数学成绩就不好,考试成绩五十多分。上

数学课的时候，我发现他要么低着头，要么抬头看黑板的时候眼神游离不定，我断定他没有掌握课堂知识点，所以经常在课堂上提问他，结果证实了我的猜想。课下，我找他交流，并采取了一系列策略，找学习好的学生对他进行帮扶。后来还和他的妈妈交流了这个问题，他妈妈对他的学习也比较重视，晚上也开始辅导他做数学作业，讲解不会的知识点。慢慢地，我发现上课的时候，他的眼神开始聚焦到黑板上了，听讲更认真了，有时候还会主动举手回答问题，建立了学习数学的信心。

第四节　读懂学生的错误

在日常教学中，学生会犯各式各样的错误，面对这些错误，很多教师缺乏对待错误的正确观念，没有利用错误的意识，同时也缺乏课堂应变的能力。在数学教学活动中，学生是活动的主体，而学生犯错的过程就是一种尝试和创新的过程。学生在学习过程中所犯的错误，细加分析，或理解有偏差，或思维不够深刻，或看待问题的方式不同，等等。如果教师能够很好地利用这些错误，把错误变成一种资源，让学生在纠错、改错中感悟道理，领悟方法，不仅能够发展学生的数学思维和学习能力，而且能够很好地提高课堂教学效果。

一、读懂学生错误的意义

在大多数学生眼里，错误代表的是失败、耻辱，他们担心上课发言出错受同学歧视，这种情况所占比例往往随着年级的升高而变大。错误的存在有其合理性，课堂是学生出错的地方，出错是学生的权利，帮助学生不再犯同样的错误是教师的义务。可怕的不是学生犯错误，而是教师错误地对待学生的错误。

我们要给学生出错的机会。特级教师华应龙老师说过：正确的可能只是模仿，错误的可能是创新。我想也许只有孩子在思考时才会有这种创新。华老师还说：只有精心预设了错误的人，才有资格谈论差错；只有真正尊重学生的人，才会有机会享受生成的差错。我想对待学生的差错自己不仅要有精心的预设，还要在学生生成错误的同时去运用它。这就需要在对待学生的思维结果时，不能只着眼于是对还是错，而要着眼于有价值还是没有价值。

教学中的错误资源具有隐蔽性，教师需要敏锐的判断力和识别力。很多教师在课堂上只关注学生的答案和自己的答案是否一致，而很少去观察、去揣测学生说出正确答案的过程和表情，这样就错失了发现错误资源的机会。除此之外，也有部分教师，虽然有利用错误资源的意识，但是缺少利用错误资源的能力，不会去挖掘、引导，在课堂上也失去了利用错误资源的机会。

《义务教育数学课程标准（2011年版）》指出："数学课程的内容应该是现实的、有意义的、富有挑战的。"学生的错误是一种来源于学习活动本身，并且直接反映学生学习情况的生成性教学资源。读懂学生的错误可以改进教师课堂教学的实效性，促进教师成长，也可以改变学生的学习方式，为学生主动建构知识提供可能，从而促进学生核心素养的提升。

错误是通向成功的阶梯，学生犯错的过程应看作是一种尝试和创新的过程，是他们朴实思想真实暴露的过程。教师只有读懂学生的错误，把它作为教学的起点，站在学生的立场去"顺应"他们的意识，掌握其出现错误的思维过程，才能对症下药，进而改变教学策略，提高课堂教学实效性。

二、读懂学生错误的路径

在读懂学生的错误时，我们应当从哪些维度来读懂学生的错误呢？

1. 读懂学生的审题错误，提高课堂教学的实效性

审题是正确解题的关键，是解题者对题目进行分析、综合、寻找解题思路和方法的过程。波利亚说过："对你所不理解的问题作出答复是愚蠢的，为你所不希望的目标工作是悲哀的。"在数学学习中，学生因为粗心看错题目或未看全题目，导致解答失误的现象不胜枚举。学生在审题的过程中，需要经过独立的阅读、提取数学信息。在审题过程中，会出现各种错误。例如，学生在审题过程中，是丢了某个关键词，还是把某句话理解错了，又或是数量关系搞错了？是属于概念理解不正确，还是属于方法正确而计算错误？只有深入读懂学生的审题错误，才能有效提高课堂教学效率。

我们做过这样一道习题：在"保护地球，爱我家园"的主题活动中，王晶和张欣共收集废纸7.85千克，已知张欣比王晶多收集1.85千克，两人各收集多少千克？

学生读完这道题之后，不知道该从何处下手。有的学生囫囵吞枣，对题意一知半解就胡乱写出一个算式，结果就出现了这样那样的错误。面对学生的错误，我认真分析了学生出错的原因，首先学生没有沉下心来认真阅读题目，没有真正理解题意。其次是不会画出直观的线段图，没有找出数量关系、梳理做题思路，结果就出现了模棱两可、不求甚解的错误做法。

在读懂学生的审题错误后，再次把这道题抛给学生，引导学生画线段图，让学生从直观的线段图中认真分析题中的数量关系，让学生在线段图的引领下，理清自己的解题思路。课堂上面对学生的错误，教师要站在学生的立场、以学生的认知去顺应学生的错误认识，亲近学生，关爱学生，倾听学生的诉求。让他们敢说、敢讲、敢担当，进而才能读懂学生的审题方法。掌握学生出错的思维轨迹，摸清错误的源头，将错就错，把错题抛给学生，让学生在纠错中明白道理，提升思维能力。

例如，五年级某班男生人数是女生人数的 4/5，女生人数是全年级人数的（1/5），男生人数占全年级人数的（4/5）。对问题中的单位"1"没有认真分析清楚。仔细分析，这道题目写得非常清楚，就是女生人数占全班人数的几分之几，这里很明显是把全班人数看作单位"1"，而且根据男生人数是女生人数的 4/5，可以得出全班人数一共是 9 份，所以可以得出女生人数占全班人数的 5/9。很多学生还没有学会根据男生人数占女生人数的 4/5 而发现可以将男生看作是 4 份，女生看作是 5 份这样一个规律，所以不知道从何处得出全班的份数，从而不知道这里的单位"1"如何表达，进而出现了审题错误。

读懂学生的审题错误后，在平时的教学中一定要加强画图策略、读题策略的指导，使学生养成通过画图反思自己的解题过程的习惯。如果学生能够学会画图，就会读懂题目的真实意图，那么就会很清楚地表达出男生和女生人数之间的一种关系，然后就会从图中找到全班人数就是男生与女生的份数之和，对于学生理解单位"1"有很大的帮助。

审题能力是一种综合性的数学能力，抓好审题对于学习者起着至关重要的作用。有效的、高效的审题可以使学生尝到学习的趣味，来充实解题的正确与高效。学生的审题错误是一种现实的、有价值的教学资源。在数学课堂上及时捕捉学生出现的错误，巧妙地挖掘错误的问题所在，把错误化为一次新的学习，使学生在识错、析错、纠错中增长知识、增加智慧，这样的课堂教学就会因学生的错误而更加精彩。

2．读懂学生的操作错误，提高课堂教学的实效性

读懂学生的操作错误，启发学生用眼观察，动脑思考，动口参加讨论，用耳辨析同学们的答案，让学生运用多种感官参与学习的全过程，提高课堂教学的实效性。

如在执教《确定位置（一）》一课时，教师让学生从图上找一找和熊猫馆有

关的角，然后用量角器量一量这个角的度数，再在小组内描述一下熊猫馆的具体位置。

当孩子们分组进行操作的时候，教师发现有的学生竟然不会使用量角器。有的学生拿着量角器来回比画，不知道量角器上的 0 刻度线该和方向标的哪条边对齐。还有的学生甚至连中心点和谁对齐都不知道。学生使用量角器量角的技能太生疏，这是教师课前对学生了解的疏忽。从他们那茫然无措的眼神中，教师读懂了他们的需求，从他们错误的操作中，教师读懂了他们对于老师指导的渴望。

于是，教师请出了电子白板上的量角器，让学生观察正确的量角方法，一步步引导学生如何去正确操作，唤醒了学生的回忆，帮助学生纠错，让学生在短时间内掌握正确的量角方法。这样操作虽然耽误了一些课堂时间，但是接下来的量角活动，学生出错的情况就少了很多。

课堂上学生的操作错误，真实反映了学生学习的缺陷和不足，是学生最朴实、最"笨"的思想和学习行为的真实暴露，是我们读懂学生的一种隐形资源。课堂上从学生的操作错误中读懂他们、了解他们，让错误成为教学的契机。读懂学生的操作错误后，我为学生提供了自主学习的时间和空间，静心地等待一下，让学生在"观察—操作—交流—归纳—应用"的实践探索中，在动手操作的基础上，通过自主探究、合作交流，亲身感受知识的形成过程。在读懂学生操作错误的基础上，有针对性地改进教学模式，不仅提高了学生的动手操作能力，还提高了课堂教学的时效性。

3. 读懂学生畏惧错误的心理，改善学生学习心态

学生面对自己的错误往往采取逃避的心态，总认为"出错"就是"出丑"，于是采用一种"事不关己,高高挂起"的消极学习态度。课堂上从来不回答问题，做题从来不让老师和家长看，总是用手遮住本子做题，害怕被老师和家长发现

自己的错误而受到批评，老师让到黑板上演板总是找借口不去。

我们班基础比较弱的一位同学，有一次我让他到黑板上演板，他竟然对我说："老师，我的手被小刀割破皮了，不能拿粉笔。"我想既然孩子手受伤了，就不让孩子演板了。但是等我回头一看，他举起的竟然是自己的左手。

于是，课下我和他谈话，说："你那是左手，不耽误你右手拿粉笔写字。"这时候他对我说："老师，其实我刚才是骗你的。我给你说实话，是因为我不会做，我害怕同学们会笑话我。"从与这个孩子的对话中，我读懂了他的真实想法。关注学生的所思、所想，也是我们读懂学生的一条途径。

害怕出错，逃避错误，也是学生的一种真实想法。特别是高年级学生，他们自尊心特别强，要面子，注重自己在老师和同学心目中的形象。于是，他们就把自己包裹起来，不让自己的错误暴露出来，更不敢正视自己的错误，不善于剖析自己的错误。从这个方向读懂学生之后，我调整了教学策略，让学生先从心里接受自己的错误，让学生明白出错是我们每个人成长过程中都必须经历的一个过程，没有一个数学家没有算错过习题，没有一个人没经历过错误的过程，更让学生明白课堂上出错总比试卷上出错要强得多。

作为教师，我们要在课堂上通过及时提问、追问或者让学生到黑板上演板等形式，让他们充分暴露自己的错误，然后提醒大家他的错误为我们提供了一次学习的机会。因为我们可以从这些错误中吸取教训，不再犯类似的错误，所以我们要感谢他们，感谢他们为我们提供了这么宝贵的学习资源。大家对犯错误的同学不要有歧视、瞧不起的态度，而是真诚地感谢他们。这些同学面对自己的错误不再自卑、难过，而变得敢于正视自己的错误，不再畏惧错误，并且在听同学们帮助他纠正错误的时候，也会欣然接受的，而不再是破罐子破摔。

课下有学习一帮一互助小组，让学习能力强的同学每天帮学习基础差的同学检查作业，及时帮助他们订正错误。不懂的地方及时讲解，这样就减轻了他们的一些课业负担，慢慢地也提升了他们的学习能力。

4. 读懂学生不良习惯造成的错误，让学生经历找错、纠错的过程

学生的不良习惯主要包括学生在做题过程中注意力不集中、经验主义、思维定式等。为了读懂学生因不良习惯造成的错误，我们收集了许多日常活动信息。从学生出现的错误中我们发现学生独立做题的时候不够踏实认真，读错题、算错数、看错运算符号等现象比较常见。从这些错误中进一步读懂学生的不良做题习惯，并有针对性地提出合理化的改进策略，纠正学生的一些不良习惯。[1]

(1) 注意力不集中

小学生年龄小、好动，易受周围环境的影响，多因注意力不集中而出现抄错数、抄错符号的情况。此外，横式竖式的整体意识不强，往往写完竖式就认为做完了，总忘记在横式上写得数，中低年级的学生经常不写单位名称。

(2) 经验主义

一些学生拿到一道题一看，这么简单，这不是我们经常做的吗，因而思想上不重视，没有认真读题，不看清题目要求就做题，殊不知一不小心就掉进了陷阱。最典型的错例就是选择题中题目要求选择错误的答案是什么，往往学生会去选择正确的答案而导致出错。还有的题目是要求按从大到小的顺序排列，有的学生凭经验，就按从小到大的顺序排列。

(3) 思维定式

学生在接收新的知识时，不可避免地将其与已有的知识进行联系，在这个过程中，已有的知识经验和生活经验形成思维定式负迁移，有时会干扰小学生对新知的接收，从而出现错误。比如 $200 \div (5+20) = 200 \div 5 + 200 \div 20$，这种错误就是受"乘法分配律"的思维定式的影响，认为除法也可以用分配律。又

---

[1] 选自商丘市虞城县实验小学黄春丽老师所作的报告《借助错例分析 读懂学生思维》。

如 2+5 = 10，2+4 = 8，3+3 = 9 等计算错误，除了看错符号，还受熟悉的乘法口诀的影响，看到这样的两个数的算式就习惯地以为是乘法，从而出现错误。

学生易受心理因素的干扰，用大数去减小数。如下面这道题，第二步 14 − 6，学生一看 4 减 6 不够减，直接去拿 6 减 4 得 2，导致计算错误。

$$2 \times 7 - 6$$
$$= 14 - 6$$
$$= 12$$

受特殊数或凑整的影响，学生的关注点转移，在进行运算时运算顺序错误。如，在计算下面这两题时，学生错误的解法：

64+36×3	100−72÷3
= 100×3	= 28÷3
= 300	= 8……4

当问其为什么会错时，有的学生还不够明白，有的学生会很快知道是自己把运算顺序弄错了。这种类型的题目有一定的迷惑性，学生就是受凑整的影响，形成了一种思维定式，一看 64+36 = 100，算得多快呀，根本就不去考虑运算顺序，因此出现错误。我就追问学生要想让你的计算正确可以怎么办，他们会很快说加上小括号。师生互动让学生能够主动去比较，通过比较发现其中的不同之处，来提高其判断能力。

再如，在学生的思维定式中，只要是题目中给的信息，都得用上，否则就不对。如图所示：

80 16×5	11×8 88
98 14×7	4×30 120
88 22×4	15×6 90
120 3×40	49×2 98

课堂上在做这一题时就有学生提出疑问：老师这两道题的得数不一样怎么连线呢？我当时并没有直接回答他们的疑问，而是鼓励他们想办法。有的学生悄悄地说："这是陷阱题。"很多学生很快就意识到了应该不连线，但有的学生虽然计算出来，知道 16×5 和 15×6 的得数不同，还是把这两道题连起来了，他的理由就是只剩这两道题了，那不得把它们连起来吗？这其实就是受思维定式的影响——得把所有的算式都连起来。

数学课堂中的错误是美丽的，错误是孩子们最朴实、最真实的思想、经验的暴露。面对"节外生枝"的错误，教师若能有效调整教学策略，让学生热烈讨论，大胆发言，充分阐述，就会引出一次次精彩、一个个高潮。这样的课堂，受鼓励的并不是错误本身，而是其背后的独立思考以及不人云亦云的勇气。那些精彩的课堂生成的出现，与教师对每一个学生的错误艺术的利用与评价是分不开的。无疑学生们也认识到了错误的价值，教师对错误宽容而不纵容的态度、开放而又严谨的治学精神影响了学生，同伴的支持与鼓励使真诚而又深入的课堂对话成为可能。只有如此，才能实现错误价值的最大化。

因为有了错误，课堂才更显生机和活力；因为有了错误，师生才更具灵性和个性。让我们珍惜这些"美丽的错误"，最大限度地发挥数学错误的作用，在错误中捕捉、挖掘、积累和培养，变错误为促进学生发展的生成性资源。让我们的课堂因错误而精彩！

推荐阅读

读懂学生，智慧教学[①]

郑州市郑东新区春华小学　黄春丽

《义务教育数学课程标准（2011年版）》指出："数学教学活动必须建立在学生的认知发展水平和已有的知识经验基础之上。"强调教师在教学设计时要"读懂学生、读懂教材、读懂课堂"。匈牙利数学家波利亚曾经说过："教师讲什么不重要，学生想什么比这重要一千倍！"他的话道出了读懂学生的重要性。我们只有读懂学生，课堂教学才能最终达到直面学生现实、整体全面把握教材、生成动态课堂的目标。作为教师，如果对自己的教学对象一无所知，而只顾自己在讲台上侃侃而谈，就像一艘没有风帆的船只，虽然能前行，但最终难逃搁浅的命运。教学是一项典型的双向活动，要使师生之间的互动关系成为良性的互动关系，必须做到师生心理相通、相容，即读懂学生。读懂学生，不仅要读懂学生的想法，读懂学生的心理，还要读懂学生的错误，读懂各个层次学生的特点，读懂他们面对某些事情的情感，读懂他们的学习基础等。

从学生的错误中读懂学生是教师工作中不可或缺的一部分，可是究竟如何才能读好、读准，却是令老师头疼的问题。很多老师每天都在解读学生的错误，但是并没有采用合适而又理想的方法，特别是在重要的课堂教学中，很多老师面对课堂上回答问题出错的学生，经常会表现出一种急躁的态度，甚至摆出一副生气的表情。这时候老师最常用的做法就是换另一个同学进行补充，说是补充，其实就是让另外

[①] 本文根据黄春丽等老师所作的专题报告整理而成，内容有删减。

一个同学进行正确的回答，如果这个同学也没有回答正确，然后继续让另外一个同学回答，直到说出老师精心设计好的标准答案为止。还有的老师为了赶教学进度，等不及让学生回答，干脆自己直接说出正确答案。面对出错的学生，老师很少分析学生产生这种错误想法的根源是什么，学生错在哪里，为什么会错。这些都是老师读懂学生的途径。但是法很多老师都欠缺透过错误读懂学生的做法，因为在课堂上很多老师都有这样的顾虑，如果将学生的错误展开来一一解读，就会浪费很多课堂教学时间，这样就会导致自己的教学任务不能按时完成。所以现在课堂上很多老师还是让学生按照自己的教学设计路线走，对学生的错误只是简单利用正确答案纠正一带而过，不深入分析。有的老师对学生的错误采取回避的方式，视而不见，并没有让学生知道自己到底错在哪里，光靠死记正确答案，不足以让学生心服口服，更不能让学生对自己的错误知其然更知其所以然，最后导致学生对新知似懂非懂，模糊不清。

学生出错最多的地方就是作业和试卷。在这些地方，老师对学生的评价往往是用对号和错号进行区分。通过这些评价可以让学生明白在某些数学知识或能力方面所存在的不足，也能看出自己的成绩如何，但是无法帮助学生理解正确的答案应该是什么，如何去纠正这些错误。如果测试后没有反馈，没有沟通，老师依然不能够读懂学生到底是怎么想的，到底是什么原因导致学生出现这些错误的，学生错误的根源是什么。

从张春莉和吴正宪老师主编的《读懂中小学生数学学习错例分析》中，我了解到读懂学生在国外称为学生研究，其前提就是要知道学生的思维、主观认识，已经掌握和尚未掌握的知识，已经拥有和尚未拥有的生活经验。在我国常被称为"学情分析"，通常又称为"学生分析"或"课前调研"。这里的"学生分析"既可以分析学生对学习的认知，也可以分析学生的情感因素；调研的对象既可以指学生，也可以指学习内容。北京教育学院季平教授说："学生研究就是关注学生，能够帮助教师把主观认识接近客观现实,实现教与学的和谐,真正落实学生的主体地位,让学生在学习中获得真正的快乐。"深入了解和分析学生,能够帮助教师增强教学的针对性和预见性,使教学方法及过程建立在客观的、符合学生实际的基础之上。研究表明,当制约学习的其他因素如教材内容、教学手段、施教技巧变得相当稳定时,学生的认知水平和知识经验对教学效果的影响会变得越来越重要。

教师只有读懂学生,才能设计出符合学生学情的课堂教学设计,才能真正让我们的课堂教学更加具有吸引力,才能真正让学生成为学习的主人。只有让学生集中精力去认真听讲的课堂教学,才是真正的高效课堂。

美国著名教育家保罗韦地博士花了40年时间,收集了9万名学生写的信,了解他们喜欢怎样的教师。保罗韦地博士概括出好教师的12种素质,将"友善的态度",即爱学生、善待学生,放在第一位。读懂学生首先要关爱学生,用和善的态度,真正放下身段,蹲下身来去亲近学生。老师要懂得换位思考,多站在学生的角度去思考问题,才能真正走进学生的内心世界。

教师要善于从一个学生的外在表现来分析学生出现错误的原因,而后采取正确而行之有效的措施。相反,假如教师只着眼于表面的一些数据,而忽视了产生结果的原因,那最后教与学的双方就会陷入"越教越无力,越学越没劲"的怪圈。

学生的错误不仅包括学习的慢热,也包括能力的欠缺,尤其是学生犯了错误本来就害怕被批评的时候,教师更要耐住性子和学生平等交流,借助一切机会寻找学生隐藏在行为背后的原因,请不要忘记有时候学生的错误就是我们的行为导致的。

读懂学生的错误,要抱有平和的心态,懂得包容学生。要相信学生犯下任何错误的原因都是多方面的,有时是主观有意的,有时是主观无意的,有时是客观的。我们必须蹲下身来,和孩子们平等交流,获取真正的原因。唯有这样,才能让我们的教与学向正确、有效的方向前行。

20世纪60年代初美国学者尼尔森·布鲁克斯(Nelson Brooks)出版专著《语言

和语言教学》,他把学习和出错比喻成罪与善的关系,强调了差错就像原罪一样难以避免。从60年代到80年代,纠错观研究的发展变化与教学理论与实践密切相连。从早期"防错如防川"到"以宽容态度对待错误",从"能避则避,遇错就纠,学正确东西,养成正确习惯"这种极浓的行为主义纠错观到"对某些错误采取宽容态度,从而减少学生心理障碍"的人文主义的教学观,纠错观的演变经历多次飞跃。数学错误的研究经历了两个阶段,即"系统诊断错误并分析原因及提出纠正措施阶段"和"发现错误的合理性并研究错误的教育功能阶段"。

在"系统诊断错误并分析原因及提出纠正措施阶段",研究者主要从学生的计算错误诊断入手,出现了有关学生错误的专著,其中比较著名的有《数学推理中的错误》。这本书不仅选取了小学到高中的82个错误,将这些错误分成六类,列为六个不同的章节,而且还对错误原因进行了分析,并给出正确的答案。后来对错误的分析不仅仅局限于计算,范围也在不断扩大,错因分析也从数学知识的本身扩展到学生的教育和心理因素。在"发现错误的合理性并研究错误的教育功能阶段",人们更强调错误的合理性。他们认为,很多错误是有规律的,不是偶然的,错误是学习者构造自己特有的概念与程式造成的。因此错误是不可避免的。将错误的合理性应用于教学,德国在教育的规模性研究和将错误例子作为资源研究等方面已经有所尝试。例如埃里克(Erica Melis)教授很注重错误的教育功能,指出错误案例的正确运用会激发学生的元认知,并且还可以引起学生自我解释、反思、探究、批判性的思考。

国内学者对数学错误研究的重点主要集中于学生具体的数学知识上,大致可以分成三类:从解题角度分析错误,从教育或者心理角度分析错误,承认错误的合理性并利用错误进行教学。从解题角度分析错误,属于解题分析的一种,是针对一道题或一类题进行分析,主要是针对错误的具体原因,这种分析主要侧重于知识本身,而不考虑学生心理方面的因素。从教育或者心理角度分析错误,这类研究对学生学习错误中的分析扩展到了"教育心理"角度,有些文章还给出了避免和矫正错误的具体措施,这是研究的一个跨越。承认错误的合理性并利用错误进行教学,这类研究使利用错误的意识得到了增强,认识到合理利用错误对促进学生思维品质和意志品质的成长、对知识的理解以及端正教师对学生错误的态度等方面都有益处。其实不仅仅是学者,许多学校和一线教师也提出自己的观点和看法并进行研究。

经过一段时间的研究后,我懂得了学生的错误范围很广泛,并不仅仅局限于学生容易出现的几道错题中,我发现自己读懂学生错误方面的认知实在过于狭隘,没有从各个方面去读懂学生的错误,也没有认真分析过学生产生这些错误的根源。平时根据错题对学生的分析往往过于偏重知识层面,很少关注学生的心理方面。有些孩子出错是由于考试时过于紧张,平时课堂回答问题的时候也是由于自己语言表达能力太差造成错误,这些错误往往都被老师武断地打断,或者被粗暴地用正确的答案代替了,所以就失去了读懂学生的机会,也失去了让学生展示自己的错误想法的机会。错因并没有被老师真正读懂,老师也就失去了可以利用的宝贵教学资源。

华应龙老师研究的"容错、纠错、融错"为我们进一步研究"如何在错误中读懂学生思维"提供了一定的实践基础。"课堂因错误而精彩"更是让我久久不能忘怀。很多学生眼里的差错代表的是失败、耻辱,他们担心上课发言出错受同学歧视,我们平时教学中要给学生出错的机会。华老师说:只有精心预设了的人,才有资格谈论差错;只有真正尊重学生的人,才会有机会享受生成的差错。对待学生的差错,自己不仅要有精心的预设,还要在学生生成错误的同时去运用它。这就需要在对待学生的思维成果时,不能只着眼于是对还是错,而要着眼于有无价值。

对待学生的错误,我们教师不要总认为是自己没有本事,没有经验,其实不是自己的教学不成功导致学生出错。学生出错是应该的,而怎样把这些错误资源利用起来才是我们教师需要做的,也是专业教师应该提高的素养。可怕的不是学生犯错误,而是教师错误地对待学生的错误。课堂是学生出错的地方,出错是学生的权利,帮助学生不再犯同样的错误是教师的义务。一道题老师讲了三遍学生还不会,我们老师应该调整讲课方法，换一个方法。学生发言时我们要考虑的是学生是从哪个角度来考虑的，学生出错的原因是什么，我们要有若干个预想，才能更好地去帮助他们。从错误中可以进一步了解学生的思维，促进教师的教学向更好的方面发展。

对学生的作业进行分析，特别是对学生作业中的错误进行分析，即"错例分析"，是广大教师非常熟悉的一种读懂学生的方式。对学生作业的错误进行分析，是教师了解学生思维，读懂学生的最好途径和方法。

读懂学生的错误，要在分析学生出错原因的基础上主动挖掘其中蕴含的教育价值，并巧妙地加以利用，因势利导，将其转化为促进教学的资源。给学生留有更多的思考时间和活动空间，让学生自己去反思、去探索。学生出现错误，这是我们读懂学生的一种途径，这些错误折射出我们教学中的一些失误，让我们主动反思自己的教学行为。例如，课堂上学生回答问题出现较大的偏差时，教师要反思自己的设问是否合理，是否超出了学生的认知水平；批改作业时发现学生在某个问题上普遍出错，教师应反思自己对教学目标与重难点的把握是否准确，施教是否到位。

读与懂之间必须有"想"这座桥，老师要善于根据学生的错误多问几个为什么。

分析错误症结，巧妙利用错误[①]

濮阳经济技术开发区实验学校　张晓娟

在教学过程中，我发现很多教师会直接指出学生的错误并告知学生正确答案，或者将出现错误的原因片面地归结为马虎、粗心等，把出错的原因完全归结于学

[①]节选自张晓娟老师在"读懂学生"中期专题研讨会上所作的《读懂学生错误资源，提高小学数学课堂教学实效性》报告，内容有删减。

生,或者归结为学生的习惯和态度,而不深入分析错误原因,只知道学生的错误所在,却不知道学生错误的原因所在,这样学生就会一错再错。所以在分析学生的错误时,既要从认知规律角度分析,又要从心理学角度分析。比如,基础知识不扎实、知识衔接断裂、新旧知识干扰而导致的数学错误需要从认知规律的角度分析,视觉信息量过大、视觉负迁移、思维定式而导致的数学错误需要从心理学角度分析。

随着读懂学生的深入开展,课题组的教师越来越重视"错误资源"在教学中的利用。教师在处理课堂错误资源时,提出了利用错误资源的对策。我们在利用错误时,需从以下几方面入手:

1. 诱发错误

在教学过程中,教师可以在备课时设置一定的"陷阱"诱导学生犯错,当他们兴高采烈地朝着老师预设的方向走时,老师通过设疑、提问的方式,引导他们知错。通过这样的方式,学生不仅印象深刻,而且能使知识高度内化,课堂效率从而提高。

2. 敢用错误

真实的课堂并不是完美的课堂,由于学生认知水平、年龄特点等原因,学生出现错误很正常,无法避免。作为一名教师,要努力创造民主的课堂氛围,要有容错的雅量,学生才有敢于改正错误的胆量。只有在这样的环境中,学生学习才没有压力,思维也最为活跃。如果教师对于学生的错误视若豺狼,那么学生就不敢回答问题,师生关系也会恶化。反之,学生在充满尊重和民主的学习氛围中,他们敢于表达自己的意见,保持良好的学习心态,这样就可以激活孩子的思维,错误也会得到有效利用,从而提高课堂效率。

3. 巧用错误

在巧用错误时,要根据错误的性质,合理选择适当的方法。

(1) 预测性错误,寻找切入点。无论在课堂教学还是课下作业,学生总会出现一些可预见的错误，教师可以借助自己的教学经验，根据学生发生错误的规律，认真钻研教材，预测学生下节课学习可能出现的错误，而这些错误正是学习新知的切入点。

(2) 借助数学错误，突出重点，突破难点。一节数学课的重难点是一节课的关键所在，但是很多时候，重难点并不是靠教师精心细致的讲解孩子就能掌握的，需要设疑、质疑、释疑，这样才能对新知进行构建。所以在课堂中，教师引导学生发现错误，并对错误展开反思，能很好地突破难点。

总之，作为教师，我们在日常教育教学中，面对学生犯下的各式各样的错误，应有课堂应变能力，合理利用这些错误，把错误变成一种资源。

读懂错误　培养能力[①]

平顶山市新华区新程街小学　彭现花

课堂上，我们经常会问学生"你们听懂了吗？""听懂了。""你明白了吗？""明白了。""大家对今天所学的内容能不能理解？""能！""这种类型的题会不会做？""会！"学生的回答整齐响亮。然而，学生写作业时，出现的错误是形形色色，五花八门，甚至简单的题也会有错，如此多的错误让老师苦恼。但我们细细想来，学生毕竟是学生呀，如果都不出错，何须老师？学生的错误可以反映出我们教学的问题或学生认知的特征，所以不必为学生的错误而苦恼，把这些错误当作一种优质的教学资源，积极读懂学生的错误，分析错误原因，从而制定出一些相应的对策，对学生及时引导、点化，充分调动学生的探究意识和反思能力，让学生从错误的认识中巩固知识，提高能力。

[①]节选自彭现花老师在"读懂学生"专题研讨会上所作的《读懂学生错误，有效利用错误资源》报告，内容有删减。

在新课程的背景下，新课堂呼唤学生"自主、合作、探究"的学习方式，而真正的探究必然伴随有大量错误的生成。华罗庚说过："天下只有哑巴没有说过错话，天下只有白痴没有想错过问题，天下没有数学家没算错过题的。"学生出错是正常现象，我们要正确对待学生的错误，同时要认识到在教学中学生出现的种种错误有其存在的必然性和合理性。

一、善待错误，让学生展示思维

教育家教育成功的秘诀之一，就是宽容、理性地看待孩子的一切，包括错误。对学生数学学习中的错误，应当持一种宽容的态度，善待学生的错误。当学生出现错误时，不要大声呵斥，不要用大红的叉和讽刺的语言扑灭学生学好数学的希望之火，而应持平等、信任的心态帮助他们，以一颗宽容心正确对待学生学习中的错误。通过典型错例的分析，还原学生真实的思维。学生在宽容、理解、和谐的环境中，数学思维才能更活跃，学习效率才会更高。

错题记录：$140 \div 30 = 40 \cdots\cdots 20$

学生解释：我不看被除数和除数末尾的0，用14除以3等于4写在十位，再用0除以0等于0写在个位，140减120等于20，所以商40余20。

教师分析：学生受到口算除法的影响，把$140 \div 30$想成$14 \div 3$。14除以3等于4，学生对这个4表示"4个30"的意思不理解，只是简单地认为14除以3除到十位，所以商就写在十位上。同时，学生没有掌握0不能作为除数的性质，出现了$0 \div 0 = 0$的错误。

错题记录：$140 \div 30 = 4 \cdots\cdots 2$

学生解释：我是想乘法口诀三四一十二，所以商是4，12写在14下面，14减12等于2，把0落下了。

教师分析：学生受到口算除法的影响，把$140 \div 30$想成$14 \div 3$。他知道商是4写在个位，但检验时还是用4乘3等于12，漏掉了0。说明学生不理解4

乘30是表示4个30，而不是4个3。学生已经对商不变的性质有了初步的感知，会把末尾的一个0同时去掉。但已有的知识经验又不足以正确处理余数的问题，于是经验与新知产生了冲突，同时学生对余数十位上的2表示20不理解，所以造成了余数的错误。

同一道题，学生出现不同的错误，这几种错误从表面上看好像各不相同，但通过认真分析，反思教师的教学过程，我们认为它们出错的原因可以归结为以下几点：

①教师的教学没有注意"数形结合"，学生对算理的理解不够透彻。虽然教师也让学生看图圈一圈，但学生的认识仅仅停留在通过画图找到答案的层次，没有结合圈的过程理解个位与十位的不同含义，所以会出现商写错位置、除数和余数漏掉0的错误。②教师没有为学生充分提供交流、讨论的机会。"商的位置"是本课的难点，教师只让学生个别回答，没有让全班学生充分参与，且教师没有注意引导商的意思，所以难点没有突破。③学生受到行为习惯的影响。"0作为除数没有意义"是过去学过的知识，但学生已经忘记了。

针对这些问题，我提出以下几条对策：①教师在计算课的教学中要注意"数形结合"，加强学生对算理的理解。②加强学生对表内除法口算能力的训练。③教师要给学生提供充分的讨论时间，让学生学会相互学习。

当学生在课堂上出现错误或产生问题时，作为教师，首先要本着以人为本的主体教育观，尊重、理解、宽容出错的学生，不斥责、挖苦学生。教师要让学生坦陈自己的想法，教师要学会耐心等待、耐心倾听他们的表述，不轻易否定学生的答案，错了允许重答，答得不完整允许再想，不同的意见允许争论。让学生主动把自己的错误说出来，大胆地说"我和他的不一样"，学生在民主的气氛中学习，思维活跃，敢说、敢做、敢问，勇于创新，以健康的心态投入学习，体会学习的乐趣。

二、关注错误，让学生善于思辨

课堂教学中，学生对知识的理解会出现各种各样的错误，有的老师在学生出现错误时，采取"马上制止"或"立即纠正"的方法，这样做却不能达到防止错误的目的，也忽视了错误的价值。我们要习惯让学生通过"尝试错误"的活动，把解决问题的主动权还给学生，引导他们辨析比较，让他们自己明晰产生错误的原因，知道改正的方法，并能及时改正，避免再犯类似的错误。

例如，在五年级下册《分数的意义》一课教学后，经常会出现这样的练习题：3米长的绳子平均分成8段，每段占全长的（　　），每段长（　　）米。目的是考查学生对分数意义的理解以及用分数表示计算结果的能力。对于此类题目，有的到了六年级还会出错，因此很有必要进行研究。

在与学生交谈后，我将学生的错因进行分析，归为两类：①由于题中两个问题非常相似，学生分不清哪个是求具体数量，哪个是求分率，要么都当成量，要么都当成率，或者思维混乱，分不清谁除以谁。这也就是老师常说的"量""率"不分。分数既可以表示具体数量，还可以表示部分与整体的关系，这是分数所具有的"量"和"率"的双重功能，和之前学习的整数和小数都不同，学生在建构上会存在困难。②学生受到思维定式的影响。在学完"分数的意义"后，学生在做"每份是总数的几分之几"这类题时，正确率很高。在学完"分数与除法的关系"后，学生在做"每份是多少"这类题目时，正确率也很高。但当两个问题综合在一起时就会出现大量的错误。这说明学生对如何根据题意区分两类问题缺少方法，做题时无从下手，凭感觉行事。教师在教学时往往只关注了本节课的重点，忽视了知识之间的联系，不重视指导学生从整体上把握知识结构。随着知识的增加，题目综合性的增强，原本隐蔽的问题就会逐渐暴露出来。读懂了学生的错误，教学研究就能有的放矢。

对此，我的建议是，分阶段进行教学。第一阶段，克服思维定式，重视对分数具体量的认识，帮助学生将其纳入知识结构中。在学完《分数与除法的关系》后，可以设计这样的题组练习：

(1) 6米长的绳子平均分成3段，每段长多少米？

(2) 6米长的绳子平均分成4段，每段长多少米？

(3) 6米长的绳子平均分成10段，每段长多少米？

让学生通过计算比较，三个问题的数量关系是一样的，但结果有的是整数，有的是分数，有的是小数。这样设计有利于沟通整数、分数、小数之间的联系，让学生明白整数、分数、小数都可以表示具体的数量，也就是求数量。

第二阶段，重视在变化和辨析比较中抽象出分数的本质。在练习中可以设计这样的练习：

6米长的绳子平均分成4段，每段占全长的几分之几？

然后提出问题：和第一阶段的练习比较，什么变了，什么没变？怎样列式？你发现了什么？让学生归纳得出求"每份占全长的几分之几"和总量没有关系，不管总量是多少都看成单位"1"，只需看"平均分成几份"，就用单位"1"除以份数，求部分与整体的关系，也就是求分率。

第三阶段，加强对比练习，培养学生的思辨能力。可以设计如下练习：

6米长的绳子平均分成4段，每段长（　　）米，每段占全长的（　　　）。

把上面的两类题综合起来，量和率出现在同一题中，着重引导学生在叙述方式上区分两个问题，并比较解题方法的异同。哪个问题求数量，哪个问题求分率，让学生反复辨别，反复练习，提高学生的辨析能力。

三、面对错误，让学生自主纠错

面对错误，教师要引导学生从不同角度审视问题，让学生在纠正错误的过程中，自主地发现问题、解决问题。如教学中发现学生有错误时，老师没有回避学生的错误，而是巧妙利用错误这一资源，让学生经历了一个自我发现错误、自主纠错、自主建构的学习过程，培养了学生发现问题的意识。

在教学"平行四边形面积推导"时，就出现了下面的一幕：我拿了一个长方形框架，并标出长5厘米，宽3厘米（如图1），让学生说出图形的名称并计算面积。再把长方形框架稍微一拉，变成平行四边形（如图2），引出课题"平行四边形的面积"，并向学生发问。我话音未落，一位学生就急于回答说："平行四边形的面积也是5×3＝15(平方厘米)。"其他学生也随着这位学生说是5×3＝15(平方厘米)。很明显，这个学生把全班学生都带到沟里了。怎么办呢？我急中生智，告诉学生不要急于给答案，老师继续拉成图3，问：这个平行四边形的面积还是15吗？同学们纷纷摇头，还窃窃私语地说："图3的面积很明显比图1、图2的面积小很多呀！"学生已经发现了面积的变化，认识到了平行四边形的面积不是长乘宽的积。我顺势引导："平行四边形的面积到底该怎样计算呢？这就是我们今天学习的内容。"学生带着好奇心走进了课堂，在课堂学习中，学生就会对刚才的错误进行探讨和交流，自主找出正确计算平行四边形面积的方法。

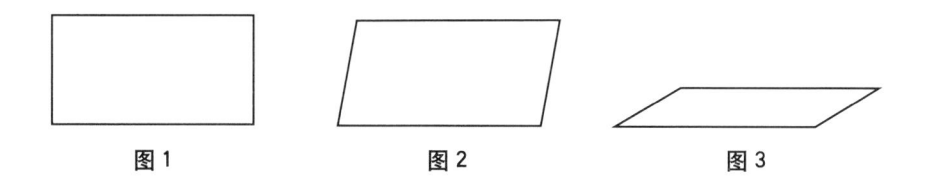

图1　　　　　　　　图2　　　　　　　　图3

当学生试图利用旧知识解决新知识出现错误时，教师给学生创造机会，让学生发现错误、纠正错误，学生的错误在教师的巧妙引导下会收到意想不到的效果。

四、巧用错误，让学生养成验算的习惯

学生在完成数学作业的过程中，普遍缺乏自觉验算的习惯。比如在课堂上，经常会看到学生一旦做完就举手喊道"老师，我做完了"，而不会主动检查自己的解题过程。学生出现错误不全是因为不会算或者不会做，很多是由于缺乏验算的意识和习惯。教师要巧用学生学习中出现的错误，给学生假设一个自主探究的问题情境，让学生在纠正错误的过程中培养验算意识。

在解决"按比例分配问题"时，经常会出现这样的题目：一个长方形，周长是

24厘米，长与宽的比是2∶1，这个长方形的面积是多少？

看到题目后，绝大部分学生解答：

$24 \div 2 = 12$（厘米），$12 \times \frac{2}{3} = 8$（厘米），$12 \times \frac{1}{3} = 4$（厘米），

$8 \times 4 = 32$（平方厘米）。

少数学生解答：

① $24 \times \frac{2}{3} = 16$（厘米），② $24 \times \frac{1}{3} = 8$（厘米），③ $16 \times 8 = 128$（平方厘米）。

少数学生对题目中的"周长是24厘米"和"2∶1"这两个条件缺乏真正的理解，而把"24厘米"当成了"2∶1"这个比的总数量。

在讲评时，出现了"公说公有理，婆说婆有理"的局面，我决定让持两种不同意见的学生分别通过验证来说明解法的正确性。通过验证与反馈，充满硝烟味的局面得到了彻底转变。让学生分别把求出的长和宽代入到长方形的周长公式中，看看哪种解法能求出周长24厘米。因为通过计算得出只有长是8厘米、宽是4厘米时，长方形的周长是24厘米，与实际相符。此刻，少数学生尚处于似懂非懂的迷惑状态：正误两种解法的关键差异在哪里呢？我及时抓住这个最佳时间，在引导学生领悟算理的同时，使他们感受到验算的重要性。很多学生都发出了感慨，尤其是解法错误的学生："我一直以为自己的这种解法是绝对正确的，通过这次辨析、验算，我想我以后不会再犯同样的错误了。"令我意想不到的是做对的学生也发出了如此的感慨："其实我在争论时也是底气不足，现在我才真正明白自己这种解法的理由，真是'不识庐山真面目，只缘身在此山中'啊！"正是因为学生深刻地体会到了验算的重要性，才说得那么坦然、诚恳。

学生通过分析错误原因，找出自己学习中的薄弱环节，养成自觉纠错的良好学习习惯。学生在做完题后学会了自主检查，如检查数字、符号是否抄错，方法是否正确，是否还有其他方法等。如果发生错解，更要进行反思：错题的根源是什么？

以后要注意什么？怎样克服？怎样才能避免重复犯错？可喜的是一部分学生为避免再犯同类的错误，还自己设计题目来检测自己。可见，学生的思维水平、辨析能力在不断地提高。通过课题的实施，学生做题的准确率得到大幅度提高，数学能力也得到一定的提升。

读懂学生错误，有效利用错误资源[①]

孟津县双语实验学校　杨晓燕

作为一名教师，每天都在和学生的错误打交道。错误一向受到教育者的重视。但是教育者却不喜欢错误，过度地防错、避错，甚至用死记硬背的方法来解决课堂上的错误。从平时的听课活动中我们不难发现大部分教师都在回避错误，课堂上不敢让普通学生回答问题，更不敢让学困生回答，生怕出错影响教学节奏，最终完成不了教学任务。一些教师没有将错误看成一种重要的教学资源，对学生出现的错误没有做出正确引导，往往命令其坐下再想想，而不让其陈述理由，或再提问其他同学，直至得到教师自己认为是正确的答案为止。久而久之，学生不敢随意表达自己的观点，教师也无从获得课堂上的真实信息，很多问题在课堂上没有暴露，但课后却错误一片。这些其实还是由于老师从内心里缺乏对错误的接纳与欣赏，因此减少了学生扩展认知范围、接触新发现的机会。学生天然的好奇心、求知欲以及大胆尝试的探索意识和成就感被压抑乃至被扼杀。

新课程改革的今天，我们教师不应该再视错误为"洪水猛兽"，不应该再小心

[①] 节选自杨晓燕老师在"读懂学生"专题研讨会上所作的《读懂学生错误，有效利用错误资源》报告，内容有删减。

翼翼地防错、堵错，而应该把错误看成是学习过程中的正常现象，有研究者已经建议把"错误概念"称为"替代观念"。然而，对错误的处理依然存在各种不同的方式，不同的处理方式所产生的效果大相径庭。布鲁纳曾说过："学生的错误是有价值的。"错误是学生探究的标志，也是一种学习经验。以人的发展为本的数学教学，要求教师重新审视数学课堂，出错是学生的权利，课堂就是学生出错的地方，是师生逐步认识错误、利用错误，实现师生共同成长的空间。作为教师应当善于利用课堂上的错误资源，把这种错误变成课堂的突破点，当作孩子成长教育的契机，用发展的眼光来看待学生学习中的错误，教学的天空会更广阔、更精彩。

一、利用错误，显露学生思维过程

课堂教学是一个动态生成的过程，学生的错误具有不可预见性。学生的学习应该是一个不断"出错—认错—改错—完善认知"的过程。出现错误其实是学生思维的真实反映，蕴含着宝贵的"亮点"。在课堂上，老师被视为高高在上的知识占有者，这样的课堂，学生体验到的是"老师很棒"，与之相对的是"我不行"。聪明的教师会向学生示弱，让学生充分展示其错误，显露出学生的思维过程，并探求其产生错误的内在因素，更有利于学生认错、改错和完善认知结构。

在《轴对称图形》一课的教学中，在给出的众多图形中，学生经常在平行四边形的认知上出错，以为沿对角线对折两边图形能完全重合。出现这种现象的原因是小学生对图形的形状、位置关系缺乏一定的空间观念，这是很正常的。但在学生学习的过程中，也有少部分学生认为不是轴对称图形，和大部分学生的意见不同。针对这种情况，我采用了让学生动手来试一试的办法。实践是检验真理的唯一标准，把你做的结果展示给大家看，尤其要重视错误产生的结果的展示。在展示的过程中，学生不仅显露出自己的思维过程是对还是错，而且错误也得到了根本性的纠正。

在有关多边形的教学中，孩子们对各种图形进行动手操作实验，得出结论，平行四边形、梯形、三角形、正六边形可以密铺。这时，又有一个声音冒了出来——正五边形也可以密铺。问题出现后，同学们先是一愣，然后开始了激烈的辩论，并要求该生上去铺一铺。原来该生只铺了一行在纸上，这样看来这些五边形既没有空隙，也没有重叠。这样的答案马上导致个别孩子"变卦"，然而其他孩子却学会利用错误进行争论辨析了。

二、利用错误，引导学生辨析理解

在数学教学活动中，学生是活动的主体，而学生犯错的过程就是一种尝试和创新的过程。学生在学习过程中所犯的错误，细加分析，或理解有偏差，或思维不够深刻，或看待问题的方式不同。教师如果能对症下药，针对问题引导学生分析原因，寻求正确解决问题的方法，许多错误都能得到纠正。

在有关多边形密铺的课堂上，当孩子的错误思维展示出来以后，孩子们马上抓住这个错误点开始了争论辨析。生A："你只是铺了一行啊。"生B："书上没有说不能铺一行啊。"学生争论不休，感觉自己说的有道理，这便是需要老师适时引导的时候了。这时，我就插话说，用形状、大小完全相同的一种或几种平面图形进行拼接，彼此之间不留空隙、不重叠地铺成一片，这就是平面图形的密铺，又称平面图形的镶嵌。鼓励学生寻找到老师话里的关键词。"不留空隙、不重叠""铺成一片"……学生们开始回答。这时生C开始进行辨析了："要不留空隙、不重叠地铺成一片，只铺一行是不行的。"生B有些委屈地说："关键是书上没有说啊，其实我也想着密铺不能是一行，要不怎么解释'密'呢？"学生在辨析中知识得以完整构建，辨析能力也得到了发展。

在执教《圆的认识》一课画圆的环节时，我先让学生在练习本上尝试画一个圆，学生各施其招。巡视时，我发现有的学生很快就画出比较漂亮的圆，有的同学拿着圆规却无从下手。等学生操作完后，学生都想来展示，而我有意识地安排了几幅有代表性的作品（有首尾不相连的、弧线粗细不均匀的、纸头被圆规脚弄破的）来展示。学生看了这些作品,都不由自主地笑了。我微笑着让学生来评析这些图的优与劣,学生你一言我一语地评论起来。错误一个又一个地被学生找了出来,而我只在一旁听着学生精彩的辩论。最后,很自然地,当我提出怎样才能画出一个漂亮的圆的时候,有学生很快总结出了画圆的方法。我适时进行示范,并让学生来解说,然后再让学生动手画,结果可想而知,学生都出色地完成了任务。

三、利用错误,拓宽学生思维空间

数学教学应最大限度地满足每一个学生的需要,最大限度地开启每一个学生的智慧潜能。新课程的实施,使越来越多的教师意识到:教学过程、教学内容的不确定性对教师提出了更高的要求,特别是学生在学习过程中,经常会有许多意想不到的错误发生。如何利用好这些错误,并且化弊为利,是我们每一位数学教师应该考虑的问题。同样是在这节密铺的课堂中,学生动手操作解决密铺之后,有个学生却突发奇想,说他发现了新大陆。边数是偶数的就可以密铺,边数是单数的就不能密铺。话音一落,马上就有孩子开始反对,"三角形可以密铺呀。这个结论不对,不能以边是奇数还是偶数来判断这个图形能不能密铺"。有的学生紧跟着提出:"有没有什么办法可以很快判断一个图形是否可以密铺呢?如果每次都要剪那么多的图形,再通过拼来判断,那太麻烦了。"一石激起千层浪,这个问题马上激起了学生极大的兴趣。有的说,既然不能从边上去判断,是不是可以从角上去想一下呢?一个新的点子一触即发,孩子们画着、观察着、分析着、讨论着……下课了,他们意犹未尽,依然孜孜不倦地研讨着。直到第二节下课,同学们依然和我理论着:生活中常用长方形、正方形来密铺(出示他们画的图片),通过拼贴知道平行四边形、梯形也能够密铺。这些图形都是四边形,我们认为四边形的内角和是360°,所以才可以密铺。正五边形不能密铺,因为它的每个角都是108°,不能拼成360°。正六边形每个角是120°,可以拼成360°,所以也可以密铺。正七边形和正八边形不能密铺。圆形因为没有角,所以不能拼成360°。这时,更有深入研究的孩子有了新的发现，兴冲冲地说："正八边形每个内角是135°，135°×2+90°＝360°，所以边长相等的正八边形和正方形搭配起来也可以密铺。"同学们的认知居然从一个图形的密铺发展到两个图形的拼接密铺了。

在课堂上，我没有因为这个错误的问题而避之不理，而是让学生自己辨析、研讨，在师生不断"识错""思错"和"纠错"的过程中，新的问题不断被发现，新的资源不断被生成，课堂教学也更加精彩。解题中的错误，其价值有时候并不在于错误本身，而在于背后的创新过程，实现了错误背后的创新价值，才真正使课堂中的错误变成重要的课程资源。

四、利用错误，优化学生思维过程，培养学生良好的学习品质

数学教学中经常有一题多解的题目。在倡导解法多样化的今天，很多老师常常弄不清楚要不要让学生学习最优化的解题方法。其实，从解法多样化到解法最优化的路并不难走，恰恰能通过学生的错误认知进行辨析，进而优化学生的思维过程，让学生悟出最优化的解题方法，既能很好地解决错误，又能对学生的思考过程进行优化，同时为学生以后的学习打下基础，培养了学生认真思考、尽量优化解题方法的好品质。

比如，马云老师执教的《数图形的学问》一课，学生在老师的引导下最终通过讨论交流得出了两种数线段的方法，一是按线段长短数，二是按出发点数。接下来开始的练习时间里，按长短数的学生不停地出错，老师只是指出了错误，没有进一步的剖析。如果此时老师能抓住这个错误，让学生来比较两种数线段的方法，不难得出，以线段长短数时，线段上的点越多，难度就越大，就容易漏掉一些。而按出发点数，从A点出发去数，一去不返，接着再以B点为出发点，一样的过程，很容易找到更简单的方法，这样既不重复，又不遗漏，既帮助学生有效地解决了问题，又能掌握更好的解题方法。

对于多种解题方法，只要老师善于用合适的方式呈现孩子们的点滴问题，孩子们往往能从复杂的解法或错误的解法中一步步抽丝剥茧，通过展示思维过程、辨析

错误问题、反思提升几个环节，解析出最优化的解题方法。在这个过程中，学生的学习能力得到了进一步的提升，思维过程得到了优化，以后可借鉴最优化解题方法来思考问题，触类旁通，很多题都可以迎刃而解。

新课程下的课堂是具体的、动态生成的，它不是教师完全预设的，教师不可能再牵着学生进入自己设计的轨道。数学课堂中的错误是美丽的。错误是孩子们最朴实、最真实思想和经验的暴露。面对"节外生枝"的错误，教师若能及时调整预设教案，让学生热烈地讨论、大胆地发言、充分地阐述，就会引出一次次精彩、一个个高潮。这样的课堂，受鼓励的并不是错误本身，而是其背后的独立思考以及不人云亦云的勇气。那些有趣的质疑的出现，与教师对每一个学生的错误艺术的评价是分不开的。无疑，学生们认识到了错误的价值，而教师对错误宽容而不纵容的态度、开放而又严谨的治学精神影响了学生，同伴的支持与鼓励使真诚而又深入的课堂对话成为可能。只有如此，才能实现错误价值的最大化。

因为有了错误，课堂才更显生机和活力；因为有了错误，师生才更具灵性和个性。让我们珍惜这些"美丽的错误"，发挥数学错误最大限度的作用，在错误中捕捉、挖掘、积累和培养，变错误为促进学生发展的生成性资源。让我们的课堂因错误而精彩！

读懂学生错误，培养学生反思能力[1]

濮阳经济技术开发区实验学校　史海兰

数学家乔治·波利亚说过："数学问题的解决仅仅只是一半，更重要的是解题

---

[1] 节选自史海兰老师在"读懂学生"专题研讨会上所作的《读懂学生错误，培养学生反思能力》报告，内容有删减。

之后的反思。"在平时的教育教学过程中,我们发现大部分学生在解决问题时都不善于反思,只是把解决问题当作一种任务,只求快速完成。大家普遍关注的是问题解决了没有,而很少有人去关注解决问题的策略。另外,解决问题后,学生自觉检查的意识差。学生做作业老师批改,学生做作业家长检查。很多学生数学作业做完便大功告成,至于检查作业对错那是老师和家长的事情,似乎和他们没有关系。在调查中,我们发现当他们知道题目做错时,会毫不犹豫地擦去原来的做法,立即重做一遍,而不去思考错在什么地方,为什么错了。这种错误思想和做法,像蛀虫一样严重蛀蚀着学生的思维品质,影响学生学习能力的提高。

小学时期是学生思维由形象到抽象、由具体到逻辑思维发展的重要阶段,尤其是小学中、高年级学生已经能够初步用批判的、审慎的目光去看待周围事物,他们的思辨能力逐步增强,具备培养反思能力的基础。教师应善于利用课前预设错误资源,善于捕捉课中错误资源,善于课后反思错误资源。在新课程实施中,教师要成为反思型教师,学生要成为反思型学生。

一、利用错题集培养学生反思能力

(一)建立错题集

数学知识不可能单独依靠正面的示范和反复的练习得以巩固,必须有一个自我否定、自我纠错的过程。因此,在教学过程中,我们要精心着意于学生出现错误的研究,让学生对照错误进行学习过程的反思,从而真正把错误作为课堂资源。善待错题,也是促进学生"立志向,强意志"的重要举措之一。即使出现错题,高明的老师也会点石成金,让错题"坏事变好事",成为教师教学的宝贵资源。为了减少学生数学作业中的错题,学生面对错题能够自己找出原因,我们对待错题就应该像对待例题那样,把它的来龙去脉研究清楚,避免以后再犯同类错误。让错题真正成为引导学生进行再度探究的学习资源,成为教师反思自己教学得失的载体。为了达到这种教学目标,我们课题组要求孩子们有切实可行的错题集。

一本好的错题集就是自己知识漏洞的题典，平时要注意及时整理与总结。复习时，错题集就是重要的复习资料，最初的复习一定要多回头看，以后隔一段时间再看，这样就能够起到很好的复习效果。如何整理出高效的错题集成了我们研究的重中之重：①把平时练习或考试中的错题进行整理、分析、归类，分析错误的原因，明确是答题失误，还是思维方法错误、知识错误、运算错误等，这是整理错题集的关键步骤。②错题整理要有的放矢，不是所有的错题都要整理下来，对于一些识记性的错误和一些应试技能技巧导致的失误，就在试卷或作业纸上进行订正。要重点对易出错的知识点和容易思维阻塞的知识点进行整理。③错题集不是简单的错题改错本。要对错题的错因进行重点诊断，注意老师对错题的分析讲解，该题的引入语、解题的切入口、思路突破方法、解题的技巧、规范步骤及小结等，并在该错题的一边注释，写出自己解题时的思维过程，暴露出自己错误产生的原因。④对于错题集中的错题，还要查找资料或课本，找出与之相同或相关的题型，并做出解答，确保掌握这一知识点，同时也可以尝试去改编错题。

(二) 错题集的运用

学生在老师的指导下，把平时作业或考试中的错题整理在自己的错题本上，整理自己的错题集。整理的方法按错误原题、错解、错因、正解、同类型问题的格式进行整理。最后，一定要充分利用好错题集。要做到"四勤"：勤整理，平时的错题要及时整理与总结；勤阅读，每天都要翻看自己的错题；勤反思，反思自己出错的原因；勤借鉴，每位同学的错题集不尽相同，要注意相互之间的交流，借鉴其他同学错题集中的优点。

二、帮助学生分析错误原因，培养学生的反思能力

学生对自己能够胜任的往往会表现出极大的兴趣与热情，反之则会消极对待。学生能否乐于进行错题的反思，关键是是否掌握了错题归因的方法。因此，教师必须教给学生错题分析的方法，使学生乐于反思。学生错题成因是有类可归、有章可

循的。课题研究后，我们班相当多的学生能够正确认识到出错并不可怕，可怕的是不能知错就改，同样的一道题屡次出错。可见课题研究让学生从根本上改变了害怕出错露丑的错误思想，将学生从对错误的恐惧中解放出来，化消极情感为积极情感，使学生"敢"出错，从而激发学生的归因意识，培养了学生错误归因的能力。

（一）思维定式的影响

所谓思维定式，就是按照积累的思维活动经验教训和已有的思维规律，在反复使用中所形成的比较稳定的、定型化了的思维路线、方式、程序和模式。在环境不变的条件下，思维定式能够使人应用已掌握的方法迅速解决问题。而在情境发生变化时，它则会妨碍人采用新方法，束缚学生的创造性思维。

小明家原来每年的电费是 m 元，现在每年节省电费 150 元，当 $m = 900$ 时，现在每年的电费是多少元？

学生的错误做法：$m-150 = 900-150 = 750$（元）。

分析：求含有字母的式子带入求值时，求得的结果是不需要加单位的，但是我们好多学生总是习惯性地在最后求得的结果后面加上单位，这就是受了思维定式的影响。这种思维定式很难使学生摆脱以前所学知识对后学知识的干扰，使学生不能顺利地按照正常的方法分析问题和解决问题。

（二）基础知识掌握不牢

基础知识，最基本的知识技能，包含运算、法则、各种基本规则等。学生只有把这些知识牢记在心，才能更方便的去学习新知识。如果基础知识掌握不牢，势必会影响到学生以后的学习。

4个十、6个十分之一、2个百分之一和8个千分之一组成的小数是（　　）。

学生的错误解法：4.628

分析：个位上的数是0，这是一个隐含的条件，很多学生都忘掉了这个0，从而导致了出错。这道题涉及的是《小数的意义和性质》这一课里的最基础的知识，学好这个知识点，能为以后学习其他小数知识奠定良好的基础。

（三）数学能力的欠缺

在小学数学教学过程中，我们不仅要教会学生如何学习，而且还要培养他们的数学能力，进而提高学生的数学素养。数学能力的欠缺，直接影响到学生的思维和成绩的提高。

一个等边三角形，周长是60厘米，它的一条边长是多少厘米？

学生的错误解法：（180°－60°）÷2＝60（厘米）

分析：这道题考查的知识点是三角形的周长。三角形的周长和内角和是两个不同的概念，这道题出错的重点原因就是学生不能正确区分三角形周长和内角和的含义，思维混乱，数学能力缺失，导致出错。

（四）概念不清

如果一个学生概念不清，就无法掌握定律、法则、公式等，就不能在千变万化的问题中应对自如。比如，在学完角的初步认识后个别学生做的填空题：一个20°的角放在放大十倍的放大镜下看，这个角是（200°）。学生填错的原因是对"角的大小与什么有关"的认识不够清楚。由于"角的大小与角的两条边叉开的程度有关"，而与"角的两条边的长短无关"，在放大镜下，边发生了变化，但角叉开的大小没变。分析以上学生发生错误的原因，我们得知在教学中要抓住概念特点，提供丰富的感性材料，遵循小学生学习概念的特点，纠正学生常犯的错误，在错误中训练学生积极分析、思考的方法。

（五）理解不深

比如，在学完商不变规律后解决一组题时，有学生的解法是：

$80 \div 4 = 2$ $800 \div 40 = 2$ $8000 \div 400 = 2$

我先不做判断而是及时展示了这一组试题，先让学生自己讲"我是用商不变的规律求的，谁知道少写了一个0"，我追问为什么会少写一个0呢，学生又说："我不该用商不变的规律。"到这里其实学生还没找到错误的真正原因。我再次让学生仔细观察第一题，这时他们才恍然大悟："我知道了，因为我第一题少写了一个0，所以后面的题都少写了一个0。"在这个案例中，其实学生用商不变规律来算并没有错，错的是第一个题算错后面的都跟着错，形成了"连环错"。像这样的错误在班上还有很多。仔细分析其错误原因，真的是忘记写这个0了吗？并不是，表面上看好像是自己的粗心和马虎造成的，但隐藏在背后的还是对为什么要添加一个0的算理不够清楚。又如：

$8 \times (7 \times 125)$　　　　　　　　$8 \times (7 \times 125)$

$= 8 \times 7 + 8 \times 125$　　　　　　$= (8 \times 7) \times (8 \times 125)$

$= 1056$　　　　　　　　　　　　$= 56000$

学生出现错误的原因其实还是对乘法结合律理解得不透彻，与乘法分配律混淆。

（六）注意力发展不完善

小学生的注意力不易集中，有意注意总是让位于无意注意，并且注意到的范围也比较狭窄。有的学生做完一题再做另一题时，注意却还未转移，仍停留在前一题上，以致张冠李戴，把前一题的数据或符号抄了下来。还有的学生明明是在做加法，突然想到乘法问题便把加法做成乘法，造成计算错误。他们在分析题意、观察算式时往往只注意到一些孤立的现象，缺乏整体性思考，不善于分配和转移自己的注意，往往犯顾此失彼、丢三落四的错误。例如计算时把"+"看作"×"，把"÷"看作"+"，把"45"写成"54"，等等。对相似、相近数据或符号的感知失真，也是注意力分散和阅读能力障碍的一个方面。

三、让学生在经历"试误"过程中培养反思能力

（一）在计算教学中经历"试误"过程

小学数学课程标准指出：运算能力主要是指能够根据运算律正确进行运算的

能力。培养运算能力有助于学生理解运算的算理，寻求合理简洁的运算途径解决问题。计算能力的培养是低、中年级教学的重要任务之一，计算能力的培养要经过一个懂理、会算、熟练、灵活的过程。但是在平时的作业中，学生在掌握这些算法和理解算理的基础上，往往还会出现一些由粗心、马虎导致的错误。如何让学生经历计算中的"试误"过程，从而培养学生反思能力呢？我设计了一节特殊的计算课，分三步进行：

第一步：让学生进行第一轮计算，能简算的要简算：

(1) 4.23+5.81+2.89　　　　　　(2) 82.18+19.98

(3) 7.6×9.9　　　　　　　　　　(4) 8.9×3.2

(5) (3.5+7.8)×1.5　　　　　　　(6) 6.42×2.5+15.4

要求：1.不能在演草本上列竖式。2.不能检查。3.计算时间5分钟。4.每题10分。满分者免写当晚作业。

第二步：第二轮计算，能简算的要简算：

(1) 7.5×3+75.8　　　　　　　　(2) 9.6×2+12.5

(3) 1.2×2.5+2.8×2.5　　　　　　(4) 25.8+4.2×0.2

(5) (2.5+1.8)×0.4　　　　　　　(6) 1.5×(4.32－0.8)

要求：1.在演草本上列竖式。2.一步一检查。3.计算时间5分钟。4.每题10分。满分者免写两天作业。

第三步：对比两次的得分，小组讨论下面的问题：

第一次不能得满分的原因是什么？第二次得满分的原因是什么？

在教师精心设计的"试误"情境中，学生经历了计算"试误"的全过程，在第三步就自然而然地感受到验算和检查的重要性。

(二) 在概念教学中让学生经历"试误"过程

数学概念是现实生活中某一数量关系和空间形式的本质属性在人的思维中的

反映,是小学生掌握数学基本知识和基本技能的基石。数学概念一般比较抽象,小学生难以正确而又深刻地理解,而数学概念的理解与否将直接影响到以后的继续学习及思维能力的发展。那么在概念教学中如何让学生真正理解概念发展思维能力呢?在教循环小数的概念时,我让学生经历如下的"试误"过程:

先出示几组算式的商:1.2…,5.3636…,98.502502…

引出概念:小数部分有一个或几个依次不断地重复出现的数字的小数就是循环小数。请说出以下两个小数不是循环小数的理由:

出示:3.3333333, 123123123.183476…

学生判断 3.3333333 不是循环小数,因为小数的位数是有限的,循环小数是无限小数;123123123.183476…不是循环小数,因为小数部分一个数字或几个数字依次不断重复出现的小数才是循环小数。这样,学生在经历错误中对概念达到真正的理解。

概念教学既是落实双基的前提,又是学生发展智力、培养能力的关键。教师巧设概念"试误"情境,让学生经历错误过程,促使学生更深刻地理解概念,在理解概念的同时也培养了学生自我反思的能力。

(三)在问题解决教学中让学生经历"试误"过程

《义务教育小学数学课程标准(2011年版)》指出:为了适应时代发展对人才培养的需要,数学课程还要特别注重发展学生的应用意识和创新意识。应用意识有两方面的含义:一方面,有意识地利用数学的概念、原理和方法解释现实世界中的现象,解决现实世界中的问题;另一方面,认识到现实生活中蕴含着大量与数量和图形有关的问题,用数学的方法予以解决。这里所说的解决问题的能力就是学生的应用数学的能力。在教学中,如何在解决问题中让学生经历"试误"过程,培养学生的反思能力呢?

在教学下面的问题解决时,我是这样引导学生经历"试误"过程的:

制作一幅长方形的图画，长是60厘米，宽是40厘米，如果每平方分米的材料需要3元钱，这幅画一共需要多少钱？

学生解题出现了以下错误的算式：

(1) $60 \times 40 \times 3$　　　(2) $(60+40) \times 2 \times 3$　　　(3) $60 \times 40 \div 100 \div 3$

　　$= 2400 \times 3$　　　　　$= 100 \times 2 \times 3$　　　　　$= 2400 \div 100 \div 3$

　　$= 7200$（元）　　　　　$= 600$（元）　　　　　　$= 8$（元）

（没有换算单位）　　（求成了周长）　　　　（理解成了平均分）

对于学生的各种错误形式，我没有表态算式的正确与否，而是引导学生分析题目，并找到每种错题类型的错误原因，继而通过小组讨论，归纳出解决问题时减少错误的方法：一读（题目至少读三遍），二说（说清题目的条件和问题以及条件和问题的关系），三列式，四步单位别忘记，五步不要忘了"答"，六步检查要牢记。

在数学学习的过程中，教师只有时刻注意培养学生的问题意识，引导学生在"试误"中提出问题，并且发现问题让学生积极去探索，去寻找解题方法，学生的数学思维能力才能得到有效发展，学生才能自己走上创造性学习之路。

（四）在审题教学中让学生经历"试误"过程

审题是正确解题的关键，是解题者对题目进行分析、综合、寻找解题思路和方法的过程。波利亚说过："对你所不理解的问题作出答复是愚蠢的，为你所不希望的目标工作是悲哀的。"在数学学习中，学生因为粗心看错题目或未看全题目的错误比比皆是。如何有效创设审题"试误"情境，让学生经历"试误"过程，培养学生反思能力呢？我根据年级特点，设计了下面的审题小卷：

综合练习

1. 请认真读完试卷，然后在试卷右上角写上自己的姓名。

2. 脱式计算：$80+20 \times 8$。

3. 列竖式计算并且验算。

　　$753 \div 7 =$

4. 一个正方形的周长是32米，边长是多少米？

5. 小红和小明两家相距300米，小红每分钟走60米，3分钟后离小红家多少米？

6. 如果你已经认真读完了7道题目，完成两个要求：(1) 完成第1题。(2) 把第4题的"周长"用"○"圈起来。(3) 在第7题的问题下面画"——"。这样就可以得100分了。这样的测试有意思吗？那就笑在心里，等待5分钟的到来，好吗？

7. 一幅长方形壁画的长是30厘米，小红的爸爸想给这幅画加上画框，如果每米框条5元钱，这幅画需要用多少钱的框条？

大多数学生没有认真读完试卷要求，看到题目后就写答案，导致不能在规定的时间内完成任务。当老师揭晓答案时，学生大呼"上当受骗"……学生经历了审题的"试误"过程，在"试误"中，认识到审题的重要性，也总结出一些正确解题的方法：

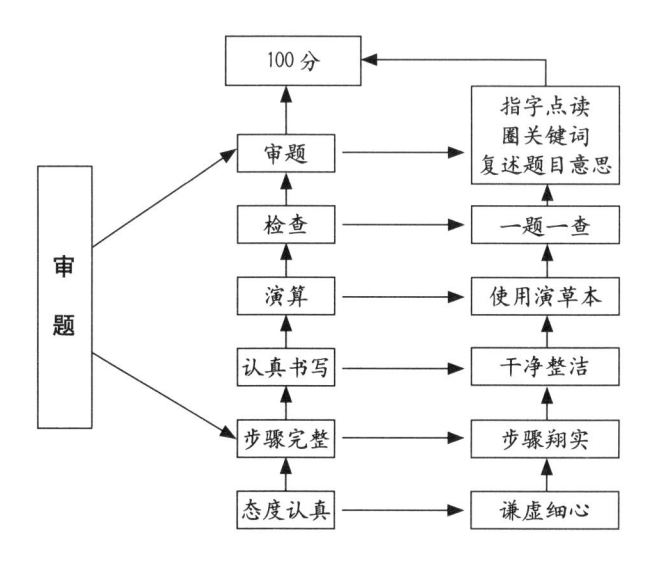

	审题	
	↑	
	100分	
	↑	
审题 →	审题	→ 指字点读 圈关键词 复述题目意思
→	检查	→ 一题一查
→	演算	→ 使用演草本
→	认真书写	→ 干净整洁
→	步骤完整	→ 步骤翔实
→	态度认真	→ 谦虚细心

审题能力是一种综合性的数学能力，抓好审题对于学生学习起着至关重要的作用。有效的、高效的审题可以使学生体会到学习的乐趣。

四、运用错误资源，培养学生的反思能力

(一) 运用改编题目的方式培养学生的反思能力

教师不仅要注重开发错误，更要善于利用错误提高学生的思维能力，让学生在错误中理解知识，纠正不足，让错误在学生身上发挥出最大功效。可以改符号、改文字、改图形。

简便计算是数学教学的一个难点，计算中要运用很多运算定律，学生往往是看到题目就"凑整"，忽视了定律的适用范围。改编题目，也许只是一个数字、一个符号的变化，却能带来意想不到的结果。在这样一个题目里，我就设了个"陷阱"：75+25－25+75，学生看到 75 和 25 能凑成整数，兴奋不已，所以简便成 (75+25)－(75+25) ＝ 0。其实学生是受 75+25-25-75 这道题的影响。从形式上看，这两个题几乎一样，就一个符号的区别，学生往往不看题目，只凭自己的印象就妄下结论。两个题目放在一起比较，他们不难发现，一个是"三加一减"，一个是"两加两减"。通过这样的改编，学生再做这样类型的简便计算，就不会再模棱两可，只要稍作分析，结果显而易见。

错误资源对学生有帮助，学生在错误归因的过程中，反思能力也逐步提高。对老师而言，学生出现的问题也能反映出教师在教学中的不足，教师也应积极反思，及时调整教学思路。

(二) 运用自主命题考查的方式培养学生的反思能力

自主命题是培养学生自主学习能力的需要，也是实现学生自我价值的重要途径，同时在自主命题的过程中，也能培养学生的反思能力。因此，教给学生自主出题的方法很重要。

首先，先让学生参考样卷，划分题型：填空、选择、判断、画图、计算（直接写

得数、竖式计算、脱式计算、简便计算)、解决问题。

其次，每种题型确定出几个题目。比如填空 10 道、选择 5 道、判断 5 道、解决问题 6 道等。

再次，确定出题的内容。基础知识占 70% 左右，提高题占 30% 左右。把自己平时出错的题目涵盖进去。

最后，出题技巧。把自己的错题换个数字或者换个情境，编进题目里面。比如在测试中这样的题目易出错：一个三位小数的近似数是 7.80，这个三位小数最大是（ ），最小是（ ）。那么就可以换成下面的题目编进试卷：一个三位小数的近似数是 5.40，这个三位小数最大是（ ），最小是（ ）；或者一个两位小数的近似数是 6.4，这个两位小数最大是（ ），最小是（ ）。

五、利用正、误对比的方法培养学生的反思能力

在小学数学教学中，运用正、误对比教学的方法可以使整个教学的过程变难为易，变复杂为简单，变抽象为具体，有利于学生对知识的理解，有利于学生在学习过程中思考与探索。比如：

计算 $125 \times 25 \times 8 \times 4$

正：$125 \times 25 \times 8 \times 4$
  $= (125 \times 8) \times (25 \times 4)$
  $= 1000 \times 100$
  $= 100000$

错：$125 \times 25 \times 8 \times 4$
  $= 125 \times 8 \times 25 \times 4$
  $= 1000 \times 100$
  $= 100000$

通过正、误对比，让学生意识到错误就出在没有加小括号上，从而培养学生的错误归因意识。再如：

甲、乙两车同时从同一地点向东行驶，甲车每小时行驶 365 千米，乙车每小时行驶 235 千米，6 小时后两车相距多少千米？

正：$(365-235) \times 6$　　　　　　或者 $365 \times 6 - 235 \times 6$

　　$= 130 \times 6$　　　　　　　　　　　　$= 2190 - 1410$

　　$= 780$（千米）　　　　　　　　　　$= 780$（千米）

答：6小时后两车相距780千米。　　答：6小时后两车相距780千米。

错：$(365+235) \times 6$　　　　　　或者 $365 \times 6 + 235 \times 6$

　　$= 600 \times 6$　　　　　　　　　　　　$= 2190 + 1410$

　　$= 3600$（千米）　　　　　　　　　　$= 3600$（千米）

答：6小时后两车相距3600千米。　　答：6小时后两车相距3600千米。

学生出现错误的原因是把"追击问题"和"相遇问题"混淆，通过正误对比，让学生明确了这两个问题的相同点和不同点，有助于理解题意，并能正确解决问题。

六、采用不同的反思方式培养学生的反思能力

(一) 注重分层反思

课堂教学中，学生不可避免会发生错误。在教学中，我们要及时引导学生利用错误进入积极的思考、探究、倾听与评判状态，让思维"动"起来。对于错解，更要进行反思：错题的根源是什么？以后要注意什么？怎样克服？怎样才能避免重复犯错。为了使学生都能自觉地学会反思，我们关注各个层次的学生。对于学习成绩一般的学生，我们常采用以下方法：①要求重新读题，仔细审题，口头叙述题目要求，从而达到理解题意的目的；②思考错在哪里，为什么错，找出错因，看看是方法错还是计算错；③动手做一做、算一算，要求格式完整；④和原错题相比较，再次反思明确错误原因。对于优生，我们要求他们不仅要完成上面的要求，而且还要给自己提出更高层次的要求：我今天的作业与昨天相比怎么样，进步了还是退步了？我认真检查了吗？我都做对了吗？这道题有没有别的解决办法？如果题目还有其他解法就写在旁边。

一部分学生为避免再犯同类型的错误，还自己设计题目来检测自己。三（6）

班的张小双同学反思了这样一道题：

已经装了10盒蛋糕，剩下90块，每6块装一盒，一共能装几盒？

错解：90÷6＝15（盒）。答：一共能装15盒。

张小双同学改正了错题如下：(1) 90÷6＝15（盒），15+10＝25（盒）。(2) 90÷6+10＝15+10＝25（盒）。(3) 10＋90÷6＝10+15＝25（盒）。(4) 10×6＝60（块），90+60＝150（块），150÷6＝25（盒）。

之后，该同学在正确答案的下面从以下三个层次又进行了分析：

我今天的作业不管是从书写上还是从格式上，相比昨天都有明显进步，而且做完作业以后，我又进行了认真检查，出错的很少。针对这道题我又想出了其他的方法，我觉得好有成就感！及时反思真的提高了我学习数学的积极性，我也感觉我的数学成绩有了明显的提高，我会继续加油的。

看了这个孩子的反思，我感到由衷的欣慰。一分耕耘，一分收获，我们的努力得到了回报。

(二) 典型错题集体反思

有了错题集后，我定期从学生的错题集中选出有代表性的错题，让学生在课堂上进行剖析，充分暴露解题思路，讨论错误原因。在学生常犯错误的关键之处，经常适时地引导学生去反思、回顾，让学生以"错"引"思"、以"错"促"思"，通过错误去体验、去发现、去获得知识，并在此过程中不断提高自身的反思能力。课堂上，我们反思过这样一道题：有一间卧室，长5米，宽3米，每平方米地板砖15元。现在要给这间卧室画上踢脚线，需要多长的踢脚线？如果在卧室里铺上地板砖，需要花费多少元？学生列出了算式：

(1) 5×3＝15（米）；

(2) (5+3)×2＝16（平方米），16×15＝248（元）。

面对以上错误，我让同学们展开辩论。

甲：这道题有两个问题，第一个问题求的是踢脚线的长度，这是要求长方形的周长。正确的答案应该是：5+3 = 8（米）。

师：同学们，你们同意甲同学的做法吗？大家讨论一下。

（同学们争相发言，甲同学也对自己当初的想法有了反思）

甲：我明白了，我忘记乘2了。长方形的周长公式为（长 + 宽）×2，所以正确的算式为 (5+3) ×2 = 16（米）。

（掌声雷动，大家为甲同学的改正竖起了大拇指）

师：谁能说说第二个问题错在哪里？

乙：这个问题需要两步，第一步先求出长方形的面积，然后再求出钱数。长方形的面积＝长 × 宽。所以正确的算式应该是5×3 = 15（米），15×15 = 225（元）。

师：同学们还有什么要补充的吗？

（同学们议论纷纷）

丙：乙同学的单位挂错了，面积单位应该是平方米而不是米。

乙：哦，就是这样，我把单位记错了。下次我一次记住，决不再犯同样的错误。（教室里又响起了鼓励的掌声）

师：同学们，通过今天的反思，你有什么收获？和大家一起分享吧。

生1：我想说，通过今天的错题反思，我发现我对这道题理解得更透彻了，我将永远不会忘记这次反思的经历，我感觉我越来越喜欢数学了。

生2：甲同学说得真好，我要向他学习，以后再遇到错题，我也绝不应付，一定会静下心来好好分析出错的原因，努力找出正确的答案。

（教室里又一次响起热烈的掌声）

师：你们说得太好了。其实，我们在学习中难免会遇见错题，但是如果你能抓住一道错题深入反思分析，就能较好地掌握这些知识点。如果我们不善于对自己的思考过程进行反思,不会分析、评价和判断自己的思考方法的优劣,也不善于纠正自己的错误,不善于对既有的结论进一步反思,我们的认识能力就不能得到充分培养,我们就不可能养成自觉纠错的良好学习习惯。

(三)反思记录袋展示与分享

学生的反思记录袋是一个能反映学生成长过程的档案袋,通过对错题的反思,学生的思想已经不仅仅只是改正错误那么简单了,他们反思的重心已经开始从获取知识,上升到了"如何学会学习"和"掌握学习方法"的境界,这一深度的反思能够培养学生的自我反思和批判性思维,更好地掌握数学知识和技能,从而提高学生的反思水平。附课题组跟踪记录的一位学生在反思能力上的进步足迹。

对学生刘思贤的反思辅导经过记录

  题目:一块长方形菜地,长9米,宽4米。要给这块长方形菜地围上栅栏,需要多长?

  错误:$9 \times 4 = 36$(米)。

  反思:我在读题时不够仔细,只是匆匆看了一遍,没有完全理解题意就开始做题。这道题是求长方形的周长,而我却利用面积公式来求周长了,所以出错了。正确的做法应该是:$(9+4) \times 2 = 26$(米)。通过这道题,我明白了以后做题要多读几遍题目,想明白了再写,千万不可盲目,要逐步养成认真审题的好习惯。

  老师批语:态度决定一切,希望你能吸取教训,养成认真审题、认真检查的好习惯,这样对所做过的事情就不会遗憾。

反思错题已经成了我们学习中一项很重要的学习习惯,卡曾斯说过:"把时间用在思考上是最能节省时间的事情。"表面上看,错题的自我反思是一项作业负担,但学生采用自我的反思学习方法,练习量和以前相比反而减少了,远离了"题海战术"。从长远看,错题的自我反思培养了学生计划、检查和补救的好习惯,促使学生学习更主动、更有效，从简单的"学会"到广泛的"会学"，从根本上减轻了学生的学业负担，提高了学习效率，让学生一劳永逸，终身"减负"。

(四) 勤写反思日记

在新课程实施中，教师需要成为反思型教师，学生需要成为反思型学生。反思是一种习惯和意识，不断反思，才会不断进步。让学生在反思日记中逐渐成长，成为一个自律的学习者。下面摘录两则学生的反思日记，足以说明利用错题进行自我反思对学生学习数学的帮助。

4月12日　　星期二　　晴

昨天老师把单元测试卷发下来，让回家进行自测。回到家之后，我以很快的速度看完了整张试卷，感觉挺简单的，然后很快就把试卷写完了。但是，今天试卷发下来之后才发现，很简单的题，我也出错了。唉！这次数学测验真是惨不忍睹！仔细观察这些错题，我发现整张试卷一共出现了四处错误。第一道题，方法对了，但是抄错数了，所以整道题就全军覆没了。第二道题是计算错了，足足丢了3分！第三道题，用简便方法计算：$9+9\times99$，正确的做法应该是 $9+9\times99=9\times1+9\times99=9\times(1+99)$，我却写成了 $9\times1+9\times99=9\times(9\times99)$，这样做不仅出现了错误，更加大了计算难度，适得其反了。第四道题是意思看错了，题目是求长方形的周长，我却求成了长方形的面积，这样我又白白丢了5分。如果我把这些错题都做对，我就能考100分了。我真是太粗心了，粗心是我最大的敌人。以后，我要认真读题，静心做题，不骄傲。将粗心打倒，我才能赢得胜利，才能在考试中取得100分。100分等着我，我来了！

4月19日　　星期四　　阴

错题：

零件加工厂想聘用一位师傅，聘用哪一位好呢？请你帮忙选一选，并说出你的想法。

工人	工作时间	加工零件
王师傅	40小时	320个
李师傅	50小时	350个

350 > 320

答：聘用李师傅好。

这道题我做错的原因是我只看了两位师傅加工零件的个数，没有看他们所用的时间。两位师傅工作的时间不同，所以不能直接比较加工的零件个数。这道题应该先算他们每小时加工多少个零件，然后再比较大小，这样就可以把问题解决了。

正确的做法：

$320 \div 40 = 8$（个） $350 \div 50 = 7$（个）

8 > 7

答：聘用王师傅好。

通过这道题，我发现我做题时总是没有读懂题意就忙于做题，从而出现本不该出现的错误。我真的很后悔。经过这次教训，我发誓以后一定要仔细，不能有一点马虎，决不能让这样的错误再次出现。

七、评价跟进促进学生的反思能力

《义务教育数学课程标准（2011年版）》指出：评价的主要目的是全面了解学生数学学习的过程和结果，激励学生学习和改进教师教学。应建立目标多元、方法多样的评价体系。评价既要关注学生学习的结果，也要重视学习的过程；既要关注学生数学学习的水平，也要重视学生在数学活动中所表现出来的情感与态度，帮助学生认识自我、建立信心。因此，有效的评价可以促进学生反思习惯的持续保持。

我的做法是对学生进行分类评价。我为学生进行错题分析制作了表格，要求学生按标准完成每次的错题分析，同时，我还为同学们制作了加分表，以进行分类评价。

错误原题	错解	错因	正解	同类型问题

如果学生按上面的要求认真完成，即可以加2分（加分表如下）：

姓名	课前准备（备齐和本节课有关的数学资料）	听课（纪律和发言）	作业（课堂作业和基训）	错题（原题、错因、正解、同类型题目）	午读（主动认真地完成中午作业）	竞赛和同学互助
备注：						

借助错例分析，改变教学策略[①]

郑州市郑东新区春华小学　黄春丽

苏霍姆林斯基说过："每一个孩子都有一个独特的、独一无二的世界。"受先天因素和后天影响，学生在学习兴趣、动机、习惯、方法和效率等方面都存在差异。他

[①] 节选自黄春丽老师在"读懂学生"中期专题研讨会上所作的《借助错例分析　读懂学生思维》报告，内容有删减。

们常常对同一个问题表现出不同的理解，选择不同的解题思路，这些都是正常的差异造成的。虽然是同样的习题，由于学生之间的个性差异，造成了各种不同的错误，我们从学生不同的错误中可以读懂各种不同错误的根源，充分了解学生的个性差异。我们作为一线老师一定要懂得："错误人皆有之，作为教师不利用学生的错误是不可谅解的。"教师要善于用心捕捉学生随时闪现的错误，巧妙地加以利用，把错误转化为新的教学资源。巧借错误，引向深入，推至高潮，用"最廉价"的资源动态生成最生动精彩的课堂，更加有效地促进学生的发展。

在一次期中考试中，我发现学生出错比较多的是几道填空题，这些都是具有代表性的错例。

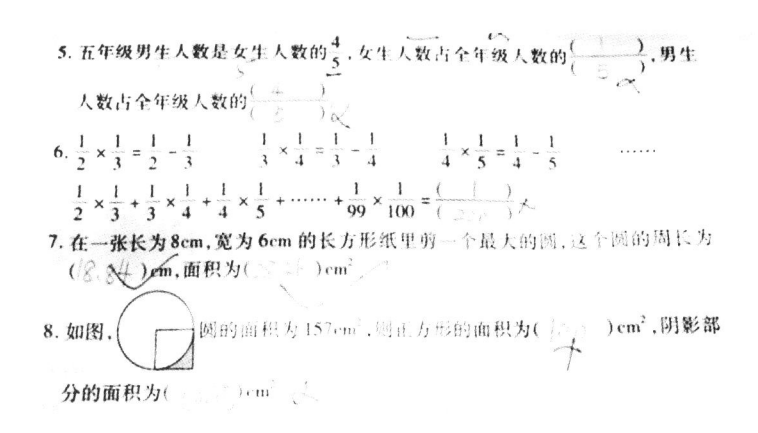

5. 五年级男生人数是女生人数的 $\frac{4}{5}$，女生人数占全年级人数的（　　），男生人数占全年级人数的（　　）。

6. $\frac{1}{2} \times \frac{1}{3} = \frac{1}{2} - \frac{1}{3}$　　$\frac{1}{3} \times \frac{1}{4} = \frac{1}{3} - \frac{1}{4}$　　$\frac{1}{4} \times \frac{1}{5} = \frac{1}{4} - \frac{1}{5}$　……

$\frac{1}{2} \times \frac{1}{3} + \frac{1}{3} \times \frac{1}{4} + \frac{1}{4} \times \frac{1}{5} + …… + \frac{1}{99} \times \frac{1}{100} = （　　）$

7. 在一张长为8cm，宽为6cm的长方形纸里剪一个最大的圆，这个圆的周长为（　　）cm，面积为（　　）cm²。

8. 如图，圆的面积是157cm²，则正方形的面积为（　　）cm²，阴影部分的面积为（　　）cm²。

对于图中的第5小题，学生出错的原因主要是没有认真审题，对问题中的单位"1"没有分析清楚。要求女生人数占全班人数的几分之几，这里很明显是把全班人数看作单位"1"。很多学生没有弄明白"根据男生人数是女生人数的 $\frac{4}{5}$，看作男生是4份，女生是5份"，不知道从何处得出全年级的份数，从而不懂这里的单位"1"如何表达。

针对这种现象，在平时的教学中，我加强画图策略的指导，指导学生利用画图表达题目中的数量关系，使学生养成通过画图反思自己解题过程的习惯。如果学生会画图，就可以很清楚地表达出男生和女生人数之间的关系，然后从图中找到全年级人数的份数，即男生与女生的份数之和，画图对理解单位"1"有很大的帮助。

图中的第6小题是找规律，这类题经常出现在奥数中，但是在奥数题中没有前面的提示。这里的提示非常清楚，算式之间的转化也很具体。目的就是让学生通过观察找到规律，并利用找到的规律解决后面的题。但学生存在懒惰思想，看到这么复杂的一串算式，就很烦躁，不能静下心来思考如何解决这类题。

现在很多学生平时写作业依靠家长指导，在课堂上依靠老师讲解。还有一种普遍的现象就是凑数，特别是在班里写作业的时候，写得慢的同学总是问学习好的，问他们最后得数是几，知道最后得数之后，就开始胡乱填写了。比如一道求圆面积的题，已知圆的半径是2，有些不爱思考的学生从别人那里听到答案是12.56，就直接用$3.14×4=12.56$，也不管意义对不对，凑出这个得数就行。从这道题中，我发现改变学生的学习态度，让学生能够真正学会观察，学会动脑思考，才是学生最重要的学习生长点。

还有的学生思考问题不够全面。如，学习圆的周长之后，知道一个半圆的半径是6厘米，让学生求它的周长是多少？有很多学生都选择了用$3.14×6$计算，根本就没有从问题的本质出发重新考虑解决问题的方法。所谓周长，指图形一周的长度，因此在解决这道题时，我先让学生把半圆的周长指出来，再用铅笔描一描这一周的长度，说一说这个图形的周长是由哪几条线组成的。很多学生在三年级初步认识周长的时候，对周长的概念都模糊不清，到了六年级求半圆的周长时，就忽略了只有封闭的图形才有周长，如果只算半圆的周长，怎么能够把半圆弧进行封闭呢？所以还必须加上下面那条直径的长度。因此，只有指导学生根据实际情况，灵活运用公式，才不会犯上面的错误，才能使学生的思维更加灵活。

图中的第8题不仅考查学生的观察能力，还考查学生根据圆的面积公式进行逆向思维的能力。可以看出，求小正方形的面积，就是求半径的平方。善于观察的学生就会发现，用圆的面积除以π，就可以得出这个小正方形的面积了。有很多孩子纠结于怎样才能求出正方形的边长,通过观察看出了这个正方形的边长就是圆的半径,但是并没有进一步深入思考圆的半径的平方与正方形面积的关系。

读懂学生试卷中的错误,让我的反思越来越深刻。我深刻地感觉到分析学生的错误对改进我们的教学具有非常重要的意义。我们可以站在学生的角度看待问题、理解问题,从根本上寻找解决问题的办法和途径。

为了读懂学生因不良习惯造成的计算错误,我们课题组组织了五年级数学口算比赛活动,从学生出现的错误中我们发现学生独立做题时不够踏实认真,出现读错题、算错数、看错运算符号等现象。从这些错误中进一步读懂学生的不良做题习惯,并有针对性地提出合理化的改进策略,纠正学生的一些不良习惯。

在日常教学中,把学生经常出现的口算错误作为课堂练习,让学生当"小医生",判断对错—找出错误—分析错误—及时改正。这种针对性练习,不仅让学生在找错因、改错中掌握口算方法,还锤炼了学生的思维。

针对学生的粗心问题,我们要注意培养他们细心、认真的态度和习惯。我们课题组经过一年的深入研究,把学生的错误进行归类整理,对学生的错误归因后提出了合理化的建议,现总结如下:

1. 加强学习习惯的培养。通过平时训练,使学生养成认真听讲的习惯、独立完成作业的习惯、积极思考的习惯、敢于表达自己想法的习惯、书写规范字体工整的习惯、认真审题的习惯……

2. 加强基础知识的传授,使学生牢固掌握基础知识,培养基本技能,积累基本活动经验,提高基本的口算能力。

3. 加强计算能力的培养。新学期每天进行口算练习,时常进行笔算练习。更要加强学生对算理的理解和掌握,让学生在明白算理、掌握计算方法的基础上,提高计算速度和正确率。

第五节　　读懂学生的其他维度

　　教育的价值是促进学生的发展,要促进学生的发展,首先就要读懂学生。读懂学生要求我们读懂学生现有的知识水平和学力水平,读懂学生的思维习惯和心理诉求,读懂影响学生发展进步的智力因素和非智力因素。

　　教师为什么要读懂学生?一方面,作为一名教师,我们不仅仅是站在讲台上教书,更多的是需要了解学生的个人情况。毕竟教育不是做产品,教育的对象是学生,是一个人,每个人的情况都不一样。因此在教学过程中最主要的是要学会读懂学生,读懂学生后,才会在教学上有进一步的提高。

　　另一方面,我们不难发现,当代学生获取知识的途径广泛,生活经验远远超过以往,每一个学生都带着自己的经验背景和自己独特的感受,来到课堂参与学习。我们必须深入研究学生,关注学生学习知识的起点,关注学生的课堂生活,赋予课堂以生活意义和生命价值,注重学生在课堂上实现认知、体验、感悟等生活形式的统一,把学生培养成学习活动的主体、个体生活的主体和社会活动的主体。

　　在读懂学生的基础上,才能对教学预案是否符合学生实际做出判断,并及时进行必要的调整；在读懂学生的基础上，才能与学生展开深度互动，有的放矢地促进教学与学生的发展。

一、读懂学生的疑惑[①]

对学生而言，疑惑就是学习的障碍，走出疑惑，就预示着接近了成功。对于学生的疑惑，教师要"知其因，晓其果"，要能迅速地指出学生疑惑的原因所在，并给予恰当的指导。读懂学生的疑惑，教师换来的是对教学的重新认识，对学生而言则是一份"柳暗花明"的欣喜。疑惑的价值，在于它让人在反思与实践中实现了突破与创新。而读懂的价值则在于师生双方在情感上的升华和精神世界的沟通。

在课堂教学中，学生对某个知识或问题存在疑惑不可避免，因为学习正是由不知到知之甚浅最后到知行合一的过程。经过这一过程，学生的认识得到提升，思维得到锻炼。作为教师我们应该积极读懂学生在课堂上表现出来的种种困惑，将学生的疑惑作为一种优质的教学资源。教师要善于用耳朵倾听、善于用眼睛敏锐地捕捉学生隐含的"亮点"，并给予充分的肯定和欣赏。教师要充分发挥教学机智，读懂学生的疑惑点，智慧地处理，通过及时引导点化，组织探究，让学生从疑惑中感受知识的魅力、探究的乐趣，提升学习数学的能力。作为教师，要时刻关注课堂上不同程度的学生存在的种种疑惑，尽量顺势而为引导学生积极探索、思考。在课堂教学中，要留给学生充足的时间，给予他们充分思考的空间，让他们在独立思考、相互启发中集思广益，使学习更具智慧，思维更有品质。

[①] 根据杨红艳老师在"读懂学生"专题研讨会上所作的《读懂学生 演绎精彩》报告整理而成，内容有删减。

教师要善于及时捕捉学生在学习中产生的问题，如思维的受阻情况、错误的解答等，及时给予帮助指导，充分发挥教师的主导作用。

例如池燕彬老师讲的《三角形边的关系》一课的教学中：

（课前池老师给每人发了两根小棒）

师：你们知道发小棒要干什么用吗？

生：可能是摆角用的。

师：现在有两根小棒，一根长5厘米，一根长3厘米，再用一根多长的小棒就可以围成三角形？有几种方法？在纸上画出你需要的线段，并标上长度，然后用两根小棒试一试，围一围。

（学生独立活动，教师巡视）

思考：这里，池老师只给孩子两根小棒，让学生创造第三根小棒，促使学生思考需要一根多长的小棒，从而把三角形边的关系教学变成学生主动探究的过程。在这个过程中，采用的是开放式教学，让学生自己寻找第三根小棒。学生的答案千奇百怪，出错也是必然。我们要正视学生出现的错误，千万不要因为学生做错而有意逃避，借"错"播种，使学生"错"有所获。

（活动后学生汇报交流第三根小棒的长度）

生：配6厘米长的小棒。

（其他学生说出4厘米、2厘米、7厘米、8厘米、3厘米等）

生：还有1厘米、0.5厘米。

生：0.5厘米不行，5厘米和3厘米相差2厘米，0.5厘米怎么可能？

（此时全班学生开始争论）

师：大家说的这些答案中，哪些能围成三角形，哪些不能？谁来说一说？

（学生汇报）

生：2厘米至8厘米都可以。

师：1厘米？（生齐说不行）0.5厘米？（生齐说不行）

（课件演示：当三根小棒的长度是5厘米、3厘米、1厘米时，用3厘米和1厘米的小棒放在5厘米小棒的两端，然后慢慢向下围，直到两根小棒与5厘米的小棒重合，两头都没有围上，并且相差1厘米）

师：1厘米不行，0.5厘米行不行？差多少？1.8厘米呢？1.9厘米呢？2厘米呢？

（对于"2厘米"，学生中有了争论）

思考：在整个汇报过程中，池老师没有急于引导学生寻找正确的结论，而是通过让学生自己发言，暴露问题，引发"矛盾"，从而引起学生自身的思辨和相互之间的辩论。让学生经历自省（发现错误）—寻找错因—纠正错误的思辨过程，学生从而在思辨的过程中学有所获。

有效的数学课堂建构更需要我们研究学生，读懂学生。读懂了学生，我们对学习目标的把握会更准；读懂了学生，我们对教学方式的运用会更新；读懂了学生，我们对教学环节的设计会更优；读懂了学生，课堂教学效率也就会更高。

二、读懂学生的精彩[1]

精彩的生成无须预约，只要善于发现、捕捉。"数学教学是数学活动的教学，是师生之间、生生之间交往互动与共同发展的过程。"我们的课堂不能用少数学生的"知道"掩盖多数学生的"不知道"，更不能用个别学生的想法来代表全体同学的观点。教师要学会倾听，倾听学生的课堂发言，欣赏他们思维的闪光点，赏识学生的不同思路、不同解法和独特观点。倾听时不应只是保持沉默，还要

---

[1]根据杨红艳老师在"读懂学生"专题研讨会上所作的《读懂学生 演绎精彩》报告整理而成，内容有删减。

从学生的发言中听出确切的言外之意；倾听时要努力理解学生见解中的关键点，并进行判断，给予回应；倾听时要及时捕捉学生闪现的创造性火花，并给予强化、宣扬、放大。让课堂真正成为学生迸发思维火花、展示精彩思想的课堂。

读懂学生的精彩不应只局限于课堂上，还应涉及学生的作品，包括学生的作业、数学日记等。这些作品都是学生学习成果的体现，也是他们本真思维的浓缩。这些作品往往都是以静止的结果形态呈现，而教师如果仅对结果简单地给学生一个"对"或"错"、"好"与"坏"的评判，往往会造成资源的浪费，同时也可能失去一个捕捉学生创新火花的机会。因此，数学教师对一些拿捏不准的学生作品要静下心来仔细窥"望"，揣摩他们的解题思路，进而读懂他们的本真想法，如"学生的解答究竟是什么意思？""学生的思路和大家为什么不一样？""学生原来是怎样想的？""学生为什么会这样做？"作为教师不仅要读懂学生的精彩，更要进行有序的引导。激活学生的思维，让每个学生的精彩都得到展示，使得课堂教学真正成为学生绽放精彩的平台。

例如，在教《立体图形的认识》一课时，学生通过推一推、滚一滚、搭一搭，动手操作，对四种立体图形的一些特征有了一定的认识。于是我设计了几个情境练习加以巩固延伸。其中有一个：小白兔要盖房子，它想请小朋友帮忙出主意，该选择什么形状的材料呢？本以为学生肯定会建议选择长方体、正方体的材料，没想到学生的想象力竟大大出乎我的意料："我建议小白兔选长方体的材料，造起房子来比较牢固一点。""那正方体的也很牢固嘛，而且方方正正的一块一块很好看呀。""我觉得在门前立两根圆柱体的柱子，肯定不会倒掉，圆圆的也很漂亮，我们学校门口就是这样的。""我想房顶就用这样的形状吧（他顺手拿出一个三角形的积木），跟城堡的顶一模一样。""老师，我们今天认识了四个圆形朋友，可别把球漏下了。如果用球搭房子是不好的，滚来滚去房子会倒掉，可是我想要是在门前的空地上造个喷水池，喷水池里喷出来的水可以把这个球顶起来的，那是很好看的，上次我和爸爸在宁波看见过。"……

孩子们真是一汪深不可测的泉水啊！望着那一张张因抢着回答问题而兴奋得涨红的小脸，我真为他们丰富的想象力感到骄傲！

孩子是最富有创造性的，他们的探究欲望、竞争意识、自我表现意识非常强，这些品质都应悉心保护，同时教师也应是这些品质得以发展的支持者、帮助者、指导者和促进者。教师应采取丰富多彩、新颖活泼的教学形式，鼓励孩子大胆参与，适时安排一些孩子自由创作的活动，充分发挥孩子的天性，让他们有更多的时间自主学习、自由讨论，最大限度地发挥其创造性思维，让课堂成为孩子们表现的场所。

三、读懂学生的情感[①]

著名教育学家苏霍姆林斯基说："教育的艺术基础在于教师能够在多大程度上理解和感觉到学生的内心世界。"学生只有亲其师，才会信其道。当我们"走进孩子，走进孩子的心灵和情感"，才能真正读懂学生。可是怎样做到了解学生、读懂学生呢？这是长期以来困扰教师的一大难题。学生是活生生的人，是有丰富感情、独特个性的生命体。我想到，情感是人的第二语言，学生的眼神及面部表情中所表达的信息是非常丰富的。喜悦、忧虑、惊讶、疑惑、期待、满足……教师可以通过学生的眼神和面部表情，发现隐藏于其内心世界的丰富情感。因而在教学中，教师要善于读懂学生的情感，给予每个学生最合适的教育。

读懂学生，需要教师用心站在学生角度加以思考和引领。读懂学生的情感，

[①]根据宋君老师在"读懂学生"专题研讨会上所作的《读懂学生　智慧教学》报告整理而成，内容有删减。

向学生倾注情感，能够从内心激发学生学习数学的兴趣和愿望，引导学生投入到学习的过程中，引领学生进行智慧的思考和学习，还能收获学生对老师的高度信任。

记得一天早上，我打开博客，看到了崔格（化名）家长的留言：宋老师，您好！格格（崔格）动作快全是您的功劳。记得有一次，你说她画的画真好看，下午放学回到家她看了一本科幻书，因为我当时没在家，她当时可能有点害怕没有画。晚上十点才想起来画。我说：老师又不是说非得明天要，再说到睡觉时间了，明天再画吧。谁知听完她哭了起来，说道：不行！宋老师说喜欢，我必须画出来。孩子十二点才完成作品。看着孩子露出了笑容，我也十分有感触，作为家长可以放心地把孩子交给宋老师，我再次给你说声：你辛苦了，谢谢！

看到崔格家长的留言后，我很后悔也很心疼，更多的是感动。作为孩子，为了完成布置的作业，熬夜到晚上12点，孩子对老师的这份信任，怎能让我不感动？在我们班这样的事情还有很多很多。

其实，我只是一名普通的数学教师，之所以爱自己班级的孩子，是因为常被他们爱着、感动着。

当我们读懂了学生的情感，就可以借此让孩子投入学习过程，共同享受学习过程带来的快乐，不断在学习中促进学生的成长。

在第二单元测试评卷时，我一疏忽把解基（化名）做错的一道题批改对了。发现这个问题后，我把他原来的等级降了一级。没过多长时间，他就在课堂上痛哭流涕。当时王楠（化名）还提醒我，但我没有及时处理。下课了，同学们都走出教室，到操场上进行体育活动，我走近解基，耐心地问道："解基，你怎么了？有什么要与宋老师说的吗？"当时他只是说："没什么，没什么！"我就半开玩笑地说："男子汉，因为这点小事就哭鼻子……"我还没说完，他就抢着说："不是，宋老师，我觉得我没考好，对不起老师。"我听了心中一下子温暖了许多，我接着说："哦！原来是这样的，这下宋老师就不伤心了。看到你哭，宋老师也很伤心，但听了你刚才的心里话，我很高兴！因为你找到了努力的方向……"想想也是，记得我刚教这个班的时候，解基就连续好几次单元测试中考了满分，特别自豪，而那个学期连续两次没考满分，对他的确是一个打击。但对于每个人而言，人生路上充满变数，不可能事事永远第一，适当的挫折也是一件好事，也许会让他更加理性地认识自我，在以后的人生之路上会走得更好！

也许是心灵的默契，我把这些文字录入电脑，正准备发到班级博客时，收到了解基给我的一封信，信的内容如下：

尊敬的宋老师：

您好！

您看到这封信一定会很惊讶吧！我自己也惊奇为什么会给您写这封信，但我还是写了这封信。老师，今天我对不起您。我非常喜欢数学，可为什么总考不好？是因为我不怎么聪明，还是粗心大意。可是，老师我说实话，我热爱数学，我喜欢不管什么时候都不发脾气的您，您和数学在我心中永远年轻、温柔。如果我长大当老师，我绝对当数学老师，因为数学在我心中的地位很高。老师，昨天都怨我不会说话，但我以后会一心一意地学好数学，用数学的眼光看世界。

您最爱数学的学生　解基
2011 年 3 月 23 日

读着孩子给我的信，我的泪水止不住流了下来。对于一名普通的数学教师来说，收到孩子这么一份信任我怎能不感动呢。感动之余，我更多的是自豪，自豪有这样喜欢数学的学生。

读懂学生需要我们教师将之养成一种意识，当我们真正从内心去读懂学生的时候，我们才能更好地做到以人为本，促进学生的发展，才能够真正行走在智慧教学之路上。

第三章　读懂学生的教学设计

　　研究只有结合教学实践，才能焕发生命的活力。在聚焦"读懂学生"的研究中，我们立足课堂，探索实践，将"读懂学生"的研究成果真正落实在课堂，落实在学生身上。

《用字母表示数》教学设计

◎ 平顶山市卫东区豫基实验小学　郭秋丽

读懂学生核心主张

读懂学生从"倾听"入手。课堂上,学生在教师的不断追问、补问、反问、质问中,积极开动大脑,思考问题,互动交流;教师耐心倾听,读懂学生的理解和困惑。

本课主要看点

本课突出表现了教师对学生的倾听,教师真正把课堂时间和学习权利还给了学生,给了学生充分思考、表达、展示的机会,课堂中所有的核心教学都是在教师、学生的倾听上下功夫。从交流分享中,挖掘学生知识与智慧的生长点,挖掘数学学科的本质。本节课是由"倾听"读懂学生的尝试。

教学内容

苏教版五年级数学上册第 99～100 页例1、例2、例3 及随后的"练一练",练习十八第 1～3 题。

学生分析

本节课是在学生学过的基本数量关系、用字母表示运算律、面积公式等知识的基础上进行的,首次为学生开启代数知识这一新的学习内容,是学生数学思维发展的一次跨越,是学生进一步学习代数知识乃至其他数学知识的重要基础,它看似浅显、平淡,但对学生来说比较抽象、难以理解。

设计理念

《义务教育数学课程标准(2011年版)》指出:"数学教学要从学生的生活经验和已有的知识水平出发,创设积极有趣、富有思考性的情境。"本着对新理念的理解,整节课引导学生探究有价值的数学问题,经历用字母表示数的过程,让学生感受到数学无处不在,激发他们的好奇心和创造力,培养学习数学的意识能力,让知识在课堂上焕发出活力,让课堂充满数学趣味和积极的数学思考,让学生在课堂中不断成长与发展。

学习目标

1. 使学生初步理解并掌握用字母表示数的方法,会用含有字母的式子表示简单的数量、数量关系和计算公式,会根据字母所取的值,求简单的含有字母的式子的值。

2. 使学生了解用含有字母的式子表示简单数量关系和计算公式的意义,感受用字母表示数的必要性,进一步体会数学的抽象性与概括性,发展符号意识。

3. 使学生初步形成用字母表示数的意识,感受数学学习的多样性和挑战性。

教学过程

一、创设情境,引入课题

1. 播放英文字母歌后出示生活中用字母表示某种具体含义的图片,如车牌、停车场、小区等。这说明了什么?(字母和我们的生活密不可分,生活中处处有字母)教师解答字母表示特定的事物。

2. 出示扑克牌J、Q、K,教师提问:这是什么?上面有字母吗?这三张牌哪一张最大?你怎么知道的?在这里字母表示什么?

3. 揭示课题。字母除了表示特定的事物，还可以表示数，今天这节课我们就一起来学习"用字母表示数"，板书课题。

4. 提出问题，确定学习目标。关于用字母表示数，你最想知道什么？这节课我们就围绕这些问题进行研究。

【设计意图：从学生熟悉的英文字母歌引入这一环节的教学，使学生感受到数学与生活的密切联系，体会用字母表示数的必要性，增强探究新知的欲望。让学生从不同角度自然流畅地提出问题，培养学生的问题意识，激发学生积极主动的思维活动，为后面的自主探索打下基础。】

二、探索新知，构建模式

(一) 用含有字母的式子表示简单的数量关系

1. 教学示例1。

(1) 观察图形，探究规律。出示1个用小棒摆成的三角形，教师提问：请看，这是用小棒摆成的三角形，摆1个这样的三角形用了几根小棒？(3根) 几个3根？(1个3根)。教师总结，摆一个这样的三角形用3根小棒，是1个3根，列成算式就是1×3。教师板书：

三角形个数	小棒根数	算式
1个	1个3根	1×3

出示2个用小棒摆成的三角形。教师提问：摆2个这样的三角形要用几根小棒？(6根) 几个3根？(2个3根) 算式是什么？(2×3) 教师随机对应此前板书写下：

2个　　2个3根　　2×3

继续依次出示3个、4个用小棒摆成的三角形。启发学生用相应的乘法算式表示所用的小棒根数，并板书相应的乘法算式。

(2) 用式子表示小棒根数。组织讨论问题：你也能照样子提出问题吗？能提出多少个这样的问题？三角形的个数和小棒的根数有什么关系？同桌互相说一说。

提出要求：如果用字母 a 表示摆的三角形的个数，那么摆 a 个三角形所用小棒的根数怎样表示？生说后师板书（a 个　a 个3根　$a×3$）。

追问：a 个三角形究竟是指几个三角形？可以是5、6、7吗？可以表示10、100、1000吗？可以表示1或0吗？可以表示某一个小数吗？

师指出：也就是说，这里的 a 可以表示任意的自然数（红粉笔板书：自然数），但不能表示小数，也就是用字母表示的数有时是有一定范围的。

（3）进一步追问：如果用字母 b 表示摆出的三角形个数，那么摆 b 个三角形所用小棒的根数可以怎样表示？师板书（b 个　b 个3根　$b×3$）后问：这里的 b 可以表示哪些数？三角形的个数除了用 a、b 表示，还可以用什么表示？

小结：同一个数量可以用不同的字母来表示。

【设计意图：由于这是学生第一次学习用字母表示数，因此教学的着力点应放在两个问题上：一为什么要用字母表示数？这涉及用字母表示数的意义和价值。二是怎样用字母表示数？这涉及用字母表示数的过程和方法。想让学生用具体的乘法算式表示摆几个三角形所用小棒的根数，再顺势提出"摆 a 个三角形要用多少根小棒"这一问题，既凸显了字母表示数所具有的高度抽象性、概括性，又有利于学生在由具体到抽象的演变过程中自主领悟方法。对字母表示的数的范围的讨论，以及用不同的字母表示三角形个数的尝试，有利于学生进一步体会意义，领悟方法。】

2. 教学示例2。

（1）出示例题，要求依次表示行驶 50 千米、74.5 千米、b 千米后剩下的千米数。

追问：这里的 b 可以表示哪些数？b 能是大于 280 的数吗？

小结：这里的 b 可以是 0 至 280 的任意数，可以是整数，也可以是小数，还可以是分数，表示已经行驶的千米数。

（2）引导：根据 $280-b$，你能确定剩下的路程吗？

指出：只要知道"280-b"中b的数值，就可以求出"280-b"所表示的路程。

(3) 出示：如果$b = 120$，剩下的路程是多少千米？

通过交流明确：$b = 120$，说明已经行驶了120千米，将"280-b"中的b替换成120，就可以算出剩下的路程。

追问：如果$b = 200$呢？

小结：根据题意，用字母表示行驶的千米数后，就可以用含有字母的式子表示剩下的千米数；而只要知道字母的具体数值，就可以求出剩下的千米数。

3."练一练"第2题。

指定学生读题，要求学生各自填表。学生填表后追问：这里的a可以表示怎样的数？如果$a = 10$，妈妈多少岁？如果$a = 15$呢？

【设计意图：使学生进一步认识到字母表示的既可以是一个具体的数，也可以是某个范围里所有的数，同时使学生进一步积累用含有字母的式子表示数量及其关系的经验。】

(二) 用含有字母的式子表示简单的数量关系

1. 教学示例3。

(1) 提问：大家还记得正方形的周长和面积的计算方法吗？如果用字母a表示正方形的边长，用大写字母C表示它的周长，大写字母S表示它的面积，你能写出正方形的周长和面积计算公式吗？

指导学生注意不同的写法，练习不同的写法。

(2) 师进一步指出：在数学王国里，具体数字与用来表示数的字母相乘时，通常应采用简便写法。如$a×4$或$4×a$，可以把"×"简写成"·"，写成$4·a$，也可以省略"·"，简写为"$4a$"。（师板书：$C = 4a$）在这里，要注意在省略乘号时，一定要把数字写在字母的前面。

两个相同的字母相乘时，通常也应采用简便写法。如$a×a$既可以写成$a·a$，

也可以写成 a^2。(板书：$S = a \cdot a$ 或 $S = a^2$，其中 a^2 读作"a 的平方")

(3) 指导学生用简便写法重新写出正方形周长和面积的字母公式，写的过程中，写法要规范。

师指出：大家写出的正方形周长和面积公式中使用的字母都是已经约定好的，不能随意用其他字母替换。今后我们还要学习用字母表示其他的计算公式。计算公式中的字母一般都是固定的，都不能随意用其他字母替换。

(4) 讨论：$1 \times a$ 和 $a \times 1$ 用简便写法可以怎样写呢？同桌互相说一说。

师小结：一个字母与1相乘时，可以把1和乘号同时省略。如 $1 \times a$ 或 $a \times 1$，都直接写成 a。

2．"练一练"第1题。

组织交流，教师强调：省略乘号时，要把数字写在字母前面；1和字母相乘，1和乘号可以同时省略。

3．"练一练"第3题。

要求学生用字母各自写出长方形的面积公式，教师进一步明确：$S = a \times b$，也可以简写成 $S = ab$。

【设计意图：学习用含有字母的式子表示计算公式，有利于学生进一步完善对字母表示数的意义和方法的认识。学生对正方形的面积计算方法比较熟悉，先让他们试写公式，再通过对相关式子简便写法的介绍，帮助他们获得规范的字母公式。这样，既为学生提供了必要的自主学习机会，又不失时机地介绍了含有字母的乘式的简便写法，有利于优化教学结构，提高教学效率。】

三、巩固练习，深化新知

练习十八第1题。学生填表后，追问：这里的 a 可以表示什么样的数？b 呢？你是怎样理解 $a \times b$ 的？指出：买 b 本笔记本总价是（$a \times b$）元。这时，$a \times b$ 既表示总价，又表示笔记本本数与单价的关系。

练习十八第2题。先让学生看图说说 x、y 分别表示什么路程,再要求他们各自完成填空。

练习十八第3题。学生各自完成填空后,点名说说填空时的思考过程。

【设计意图:有层次、有梯度地练习,涵盖了本节课的重难点,激起学生更深层次的思考,对这节课的学习内容达到巩固深化。】

四、总结交流,知识延伸

师:同学们,我们一直以为英语才有字母,没想到字母在数学王国里作用这么大,通过这节课的学习,你有什么收获?鼓励学生畅所欲言谈收获。

师总结:马上就要下课了,最后老师把爱因斯坦的一句名言送给大家,我们共勉:$W = X+Y+Z$!大家齐读一遍。意思是只要付出艰苦的劳动,找到正确的方法,再加上少说空话,那么你一定能成功!

【设计意图:既有知识的总结,又有方法的提炼,这样对于学生提高学知识、用知识的意识是有很大的促进作用的。】

五、板书设计

用字母表示数

三角形个数	小棒根数	算式	
1个	1个3根	1×3	$C=4a$
2个	2个3根	2×3	$S=a·a$ 或 $S=a^2$
3个	3个3根	3×3	a^2 读作:a 的平方
4个	4个3根	4×3	a^2 表示:2个 a 相乘
……	……	……	
a 个(自然数)	a 个3根	$a×3$	
b 个	b 个3根	$b×3$	

《倍的认识》教学设计

◎ 安阳市殷都区教研室　程丽华

读懂学生核心主张

认真倾听，读懂学生的思维。

本课主要看点

以学生感兴趣的动画情境贯穿整个课堂，设计圈一圈、说一说、摆一摆等多个层次的活动，让学生经历多次感知、交流、比较和抽象的学习过程，初步认识"倍"的概念。教师在认真倾听的基础上，读懂学生的思维，在此基础上帮助学生建立"倍"的直观模型，加深学生对"倍"的理解。

教学内容

义务教育教科书（人教版）数学三年级上册第50页的内容。

学生分析

学生已经掌握了和"倍"有联系的"几个几"，但是"整数倍"是学生第一次接触，小数倍、分数（表示率）、百分数、比的内容，都可以看成对"整数倍"的扩展。小学阶段属于皮亚杰的具体运算思维阶段，学生思维发展特点是从具体形象思维为主要形式向抽象逻辑思维为主要形式过渡，小学低年级学生的思维虽然有了抽象的成分，但仍然以具体形象思维为主。"倍"涉及两个量之间的比较，十分抽象，对三年级的学生来说不易理解。

设计理念

《义务教育数学课程标准（2011年版）》指出："数学教学活动，特别是课堂教学应激发学生兴趣，调动学生积极性，引发学生的数学思考，鼓励学生的创造性思维；要注重培养学生良好的数学学习习惯，使学生掌握恰当的数学学习方法。"本节课以学生感兴趣的动画情境贯穿整个课堂，设计多种活动，让学生初步认识"倍"的概念。教师帮助学生建立"倍"的直观模型，加深学生对"倍"的理解。

学习目标

1. 通过圈一圈、摆一摆等活动，让学生把"几倍"与"几个几"建立联系，初步建立"倍"的概念。

2. 在多层次的活动中培养学生的观察、比较能力及口语表达的能力，并在此过程中加深对"倍"的理解。

教学过程

一、创设情境，揭示课题

孩子们，今天的数学课上老师请来了几位客人，看你们认识吗？（课件出示动画人物熊大、熊二、光头强）

我们一起看看熊大、熊二今天去干什么了。（课件出示：今天我和熊二一起去森林里采野果，我们采了2个青苹果、6个红苹果）

大家能根据熊大、熊二给出的数学信息提一个数学问题吗？（学生提出和、差问题）

熊大也给大家提了个问题，咱们来一起看看！（课件出示问题）这个问题当中提到了一个我们以前没有接触过的词，你们知道是哪个词吗？这节课我们就一起认识"倍"。(板书：倍的认识)对于这个"倍"你知道了什么？还想知道什么？(板书学生想知道的问题，即共同制定出本节课的学习目标)

【设计意图：创设学生感兴趣的动画情境，激起学生学习的兴趣。通过让学生根据已有信息提出问题，既让学生复习了以前的和、差问题，又与今天要学习的倍数问题形成对比。"对于这个'倍'你知道了什么？还想知道什么？"通过学生的回答，老师能了解具体学情，并根据学生对"倍"的认知层面适当调整下面的教学环节。】

二、新知探究，充分感知

1. 圈一圈、说一说，初步感知。

青苹果有 2 个，如果我把 2 个看作 1 份圈起来，那 "红苹果能圈出这样的几份呢？(教师在黑板上板书：3 份)

也就是说青苹果 2 个看作 1 份，红苹果有这样的 3 个 2，也就是 3 份，我们就可以说红苹果的个数是青苹果的 3 倍。(教师一边说一边板书)

谁能像老师这样说说青苹果几个看作 1 份？红苹果圈了这样的几份？红苹果是青苹果的几倍？(多找几名学生说，师认真倾听，了解学生真实的认知情况)

(出示课件)如果红苹果有 10 个，你知道红苹果是青苹果的几倍吗？在 1 号题卡上圈一圈吧！(生动手圈一圈)

几倍呀？谁来说说，你把几个青苹果看作 1 份？红苹果圈了几份？红苹果是青苹果的几倍？(点名回答、同桌互相交流)

动脑想一想，从图上怎样就能迅速判断出红苹果是青苹果的几倍呢？我们应该重点看什么？

【设计意图：通过动手圈一圈，让学生初步建立几倍与几个几之间的联系，引入"倍"的概念，让学生初步感受谁是标准量（1 倍数），谁是多倍数。此环节让学生充分地说，旨在了解学生的真实思维状况，捕捉孩子身上的思维火花。】

2．对比观察，加深认知。

熊大都会出数学题了，鲁莽的熊二不服气了，也想来圈一圈，我们来看看他们俩谁圈得对。（课件出示）

小组里讨论一下！（学生小组讨论）

谁来说说自己的想法？到底哪幅图是对的？

（点名回答，教师设疑总结：在圈的时候能不能随意圈呢？要根据什么来圈？）

【设计意图：通过两幅图的对比，加深学生对 1 份数也就是标准量的认识，让学生在对比中深刻理解圈的时候要先确定标准量，再根据标准量来分份数，每份的个数必须一致，由此判断谁是谁的几倍。】

3．开放题目，强化认知。

熊二这次圈错了还是不服气，这不，又给大家出了道难题，大家有没有信心解决？（课件出示 12 个草莓）

草莓的数量是樱桃的几倍呢？有什么困难吗？（学生表示不知道樱桃的数量）

看来 1 份樱桃有几个很重要。如果 1 份樱桃有 3 个，你会怎么圈草莓？1 份樱桃有 4 个呢？6 个呢？

那就请大家动手圈一圈，完成 2 号题卡的 3 道小题。

学生独立完成后进行小组交流，并在全班展示。

如果樱桃只有 1 个（出示课件 1 个樱桃），你认为草莓的数量是樱桃的几倍呢？不着急回答，先在你的脑海里圈一圈。

告诉我，你准备怎么圈？草莓的数量是樱桃的几倍呢？（教师课件演示）

如果樱桃也有 12 个，草莓应该是樱桃的几倍呢？在你的脑海里再圈一圈，想好了吗？（教师课件演示）

（出示课件）那我就不明白了，草莓都是 12 个没有变，怎么一会儿是樱桃的 1 倍，一会儿又是樱桃的 2 倍、3 倍、4 倍、6 倍、12 倍呢？这个倍数关系怎么一直在变呢？

（引导学生认识到是因为标准量的数量发生了变化，也就是每份的个数发生了变化，所以草莓和樱桃之间的倍数关系也跟着发生了变化）

【设计意图：本环节设计了一道开放性的题目。首先，通过题目上缺少樱桃的条件，让学生知道倍数指的是两个量之间的关系，缺少一个量就不能形成倍数关系，突出了重点和难点。其次，通过再次让学生动手、动脑圈一圈，强化学生对"倍"的认知，并把倍数关系当中的两种特殊情况单列出来让学生思考，加以巩固认知。最后，设计本环节还可以让学生通过对比观察，感受到虽然草莓的数量没变，但是倍数关系却发生了变化，而之所以变化，正是因为 1 倍数也就是标准量发生了变化。】

三、巩固应用，内化提高

1. 摆一摆。

刚才熊大、熊二跟我们一起学习得这么热闹，一向爱捣乱的光头强早都坐不住了，也想出两个任务考考咱们，敢不敢迎接挑战？

光头强想让我们一起完成的第一个任务：动手摆一摆。（课件出示任务一）

第 1 个要求：第一行摆 4 个正方形，第二行摆圆形，圆形个数是正方形的 2 倍。（同桌合作摆一摆后指名展示，并说一说）

第 2 个要求：摆出正方形是圆形的 3 倍，要求同桌合作完成。（学生动手摆一摆，指名 3 组不同摆法的同学到讲台上摆，同时教师留意有无摆反的同学，就是将正方形是圆形的 3 倍摆成了圆形是正方形的 3 倍）

先摆好的同学可以在四人小组里说说你们是怎么摆的。

请这三组同学来说说他们是怎么摆的。（指名说）

他们摆的都对吗？为什么他们摆的数量都不一样，却都表示正方形是圆形的 3 倍呢？（引导学生发现，因为他们都摆了这样的 3 份）

小结：看来只要确定了1份圆形有几个，正方形摆同样的3份就表示正方形是圆形的3倍了，那么要想正方形是圆形的5倍应该怎么摆？摆几份？10倍呢？

【设计意图：通过让学生动手摆一摆，加深学生对"倍"的理解，尤其是第2次摆一摆，最后让学生在横向的对比中感受到同样的倍数关系，实际数量也可以不一样，因为每份的数量不一样。】

2. 说一说。

再来看任务二（出示课件）。你能根据课件里的这幅图用"倍"说一句话吗？（学生自由发言）

【设计意图：这是一道开放性的题目，通过说一说，让学生感受到选择不同的量做标准，得到的倍数关系就不一样。】

四、全课小结，拓展延伸

1. 回归目标。

师：我们今天和熊大、熊二、光头强一起认识了一个新朋友"倍"。让我们回想本节课开始时我们想要了解的问题，看一看是不是已经解决了。你还有什么疑问吗？

2. 拓展延伸。

今天大家的表现都不错，所以老师要把掌声送给你们，仔细听，老师鼓了几下掌？（3下）

你们觉得老师的表现怎么样？也请大家用掌声鼓励一下老师好吗？请注意，你们鼓掌的次数是老师的3倍，而且能让我很清楚地听出来是3倍哦！（学生一起鼓掌）

你们鼓了几下掌？怎么算出来的呢？（三三得九）

掌声里都有"倍"的知识呢！可见"倍"的知识就在我们身边。课后请同学们找一找生活中还有哪些可以用"倍"来解决的问题，试着用我们今天学到的知识解决问题，好吗？

【设计意图：在轻松的掌声中结束本节课的学习，在让学生巩固了本节课所学知识的同时，也让学生体会到了生活中处处有数学。一句"你们鼓了几下掌？怎么算出来的呢"也为后续的学习做了铺垫。】

五、板书设计

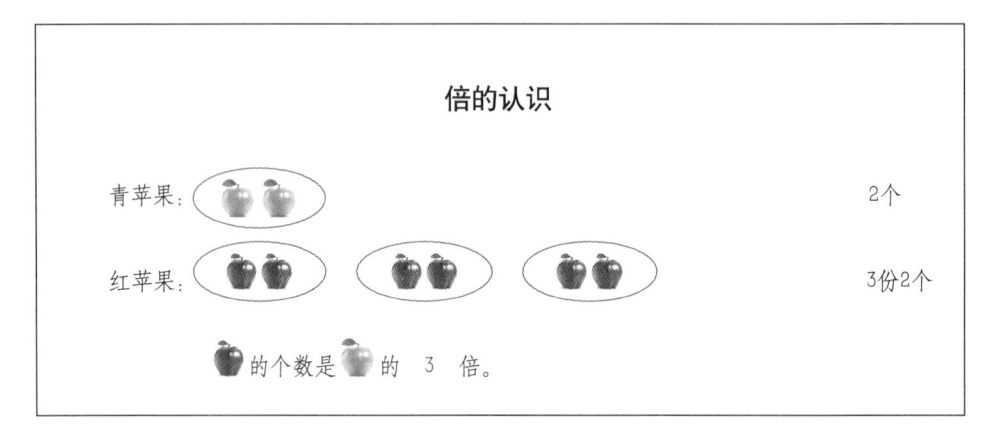

倍的认识

青苹果：🍏🍏　　　　　　　　　　　　　　　　2个

红苹果：🍎🍎　🍎🍎　🍎🍎　　　　　　　　3份2个

🍎的个数是🍏的 3 倍。

《买文具》教学设计

◎ 郑州市金水区丰产路小学　王　霞

读懂学生核心主张

在小学数学教学中读懂学生的错误根源，并进行相关对策的研究。

本课主要看点

学生独立思考，小组交流，读懂错误，在纠错、改错的过程中加深对小数的认识。

教学内容

义务教育教科书（北师大版）数学三年级上册第80～81页的内容。

学生分析

学生在二年级时已经认识了元、角、分，而在日常生活中的元、角、分是小数的一种常见的、直观的、应用广泛的现实模型，学生在商品的价签上都看到过小数，并不陌生。这是学生第一次真正认识小数，与理解整数相比，理解小数的意义并不容易。学生对小数的读法、写法以及如何将几元几角几分改写成小数还有些陌生，对于小数的认识还不够清晰。

设计理念

《义务教育数学课程标准（2011年版）》要求第一学段能结合具体情境初步认识小数，并能读写小数。本节课我想构建以学生自主探索、发现为主，教师相机引导为辅，体现"在生活中学，在合作交流中学"的课堂教学模式，让学生经历"课前调查记录—课上交流展示"的过程，教师适当点拨，引导学生实现对知识的自我构建。

学习目标

1. 结合文具店的具体情境，借助元、角、分初步理解小数的意义，学会认、读、写简单的小数。

2. 结合具体的情境，把几元几角几分的人民币币值用以元为单位的小数表示，也能把以元为单位的小数改写成几元几角几分的形式。

3. 感受小数在日常生活中的广泛应用，体会数学与日常生活的密切联系。

教学过程

布置课前调查商品的价格并记录到表格中。

商品名称	单价	单价
	（　　　）元	（　）元（　）角（　）分
	（　　　）元	（　）元（　）角（　）分
	（　　　）元	（　）元（　）角（　）分
	（　　　）元	（　）元（　）角（　）分

一、复习旧知

同学们，二年级时我们已经认识了人民币，那么关于人民币的知识你都知道什么？你知道这是多少钱吗？（课件出示课本问题串三和第81页第2题图片）

【设计意图：通过复习人民币单位元、角、分的"十进制"关系，让学生直观感悟小数也是一种对数量关系的表达，也是一种建立在"十进制"上的数，认识人民币，

为下面学习改写成以元为单位的小数的知识做好铺垫。】

二、学生展示调查表，同桌交流

1．同桌交流。拿出调查表跟同桌交流你调查的商品的价格。

2．先后在小组和班内汇报。

【设计意图：学生对人民币的使用已经有了一定的经验，在超市也能经常看到商品的价签，只是很少留意观察，通过布置调查商品价格并交流，让学生初步感悟用小数表示商品价格和用元、角、分表示商品价格之间的关系。】

三、填一填，说一说（出示情境图）

淘气和笑笑跟你们一样来到了文具店进行调查，（板书课题）你们能帮他们填一填吗？（课件出示课本问题串一）

1．学生独立思考完成。

2．四人小组交流。

3．全班集体交流。说一说每个小数分别是几元几角几分，每个小数各个数位上的数字表示的具体意思，比如 0.50 元，其中的 5 表示 5 角，6.66 元中的每个 6 表示的意思一样吗？

4．讨论："每本笔记本 3.15 元，就是 3 元 15 角吧"，你认为这种理解正确吗？

【设计意图：学生调查的商品价格可能不会出现几角几分的情况，通过这一环节能让学生对用小数表示的商品价格和元、角、分表示的价格之间的关系有更深入的认识，帮助学生将表示价格的小数各个数位上的数与元、角、分建立一一对应。】

四、认一认，读一读

1．认真观察：这两种表示方式之间有什么关系？表示商品价格的这些数有什么特点？与我们以前学过的数有什么不同？

2．总结：像 3.15、0.50、1.06、6.66 这样的数，都是小数，称其中的"."

为小数点。比如：3.15 读作三点一五，0.50 读作零点五零。（板书）

3. 尝试着读出上面的小数，小组内互相读一读，在尝试的基础上互相纠正、互相促进。

4. 组织交流，小数怎么读？（整数部分的读法和整数的读法相同，小数部分只要读出数字即可，不用读出每个数字所在数位的计数单位）

【设计意图：对于新的知识点不能是探究学习，只能是接受学习，在学生充分感知的基础上由教师总结。】

五、想一想，填一填

出示第一环节认识的人民币，你能尝试着用以元为单位的小数来表示吗？（课件出示课本问题串三和课本第81页第2题）

1. 自己独立完成，完成后和同桌说说自己的想法，教师巡视指导。

2. 集体交流反馈。重点引导学生说一说如何把几元几角几分写成用元作单位的小数。说一说每个小数各个数位上的数表示的实际意义，比如：2.22元中的每个2分别表示什么？2.04元中的0表示什么？0.81元中的0又表示什么？

3. 展示学生当中典型的错例，全班进行讨论分析错误原因，并进行纠正。

4. 出示多种写法，讨论如何写？

5. 森林医生：出示课本第81页第3题。

【设计意图：放手让学生独立完成，教师可以及时了解学生在哪些地方出现错误，并讨论分析错误原因，以此突破难点，在判断错误、改正错误的过程中，加深对小数意义的理解。】

六、模拟超市购物（出示课本第81页第1题情境图）

同桌两人进行角色扮演一人买，一人说要付的钱数。

生1：我要买一包饼干。

生2：请付3元2角5分。

交换角色。

【设计意图：这一环节的设计让学生再次经历把以元为单位的小数改写成几元几角几分，激发学生的学习兴趣。】

七、知识拓展：你知道小数名称的由来吗？

【设计意图：这一环节的设计让学生了解数学发展的历史，感受我国古代人民的聪明智慧，拓展知识。】

八、板书设计

买文具

像3.15、0.50、1.06、6.66…这样的数，都是小数。

3.15读作：三点一五　　　0.50读作：零点五零

↑

小数点

《角的初步认识》教学设计

◎ 开封市龙亭区刘庄小学　杨红艳

读懂学生核心主张

读懂学生的学习思路。

本课主要看点

1. 情境教学贯穿始终，激发学生学习兴趣。

2. 经历思维的碰撞，由初步感知到形成表象。

教学内容

义务教育教科书（人教版）数学二年级上册第38～39页内容。

学生分析

《角的初步认识》一课是在学生初步认识长方形、正方形、三角形的基础上学习的，角是由整体图形细化出来的初步的基本图形，是组成正方形、三角形、长方形等的基本图形，在日常生活中随处可见。孩子们对角并不陌生，能够很容易在周围的物体上找到角。引导学生从观察实物中抽象出所学的角，使学生经历数学知识抽象的过程，形成数学的概念和法则，是本节课的重点。教材不要求掌握角的定义，只要求学生认识角的形状，知道角各部分的名称，会用直尺画角。这堂课可以为以后进一步学习三角形、长方形和正方形等几何图形奠定基础。

设计理念

《义务教育数学课程标准（2011年版）》提出要"促进学生学习方式的转变"，"让学生学会学习"。为了帮助学生更好地认识角，教学中将观察、操作、演示、自学讨论等方法有机贯穿于教学各环节中，引导学生在感知的基础上加以抽象概括，充分遵循从感知经表象到概念这一认知规律，采取找一找、摸一摸、折一折、拉一拉、比一比、画一画等教学手段，让学生在大量的实践活动中掌握知识，形成能力。

本节课的设计贯穿了我们所理解的"读懂学生"理念。二年级学生在进行此内容学习之前已有一定的知识基础和生活经验，已初步认识了平面图形长方形、正方形、三角形、圆、平行四边形等，在日常生活中也积累了一些认识经验。因此，我在设计中由孩子们熟悉的校园情境引入，并由孩子们常见的物品抽象出角，继而用一系列的活动——摸一摸、指一指、折一折、拉一拉、画一画，帮助学生在深厚的感性经验支撑下建立起角的表象，这也正符合了二年级学生以形象思维为主的思维特点。

在"读懂学生"方面的设计特点：①在设计教学之前，弄清楚学生已知的认知水平，如学情分析等；②利用学生最感兴趣的情境，在情境教学中让学生发现问题，并学会探究问题，激发学生的学习兴趣；③大胆放手尝试，让学生经历思维碰撞的过程。只有学生利用已有的知识经验敢于尝试，才能让他们从感知上升到认知，从直观的形象思维提升至逻辑思维。这是创设出真实课堂的必经之路。

学习目标

1. 结合生活情境初步认识角，通过观察、操作，用自己的语言描述角的特征。

2. 知道角的各部分名称，初步学会用直尺画角，能直观判断角的大小。

3. 在活动中充分感受数学与生活的密切联系，获得学习数学的信心和乐趣。

教学过程

一、创设情境，引入新课

1. 新的一天开始了，校园里早就热闹起来了，操场上更是热闹非凡。（课件出示主题）同桌互相说一说都看到些什么。

学生汇报：(1) 有的小朋友在踢球。(2) 这里的小朋友在健身。(3) 一位老爷爷正在修剪树枝。(4) 一位老师拿着三角板准备上课……

2. 老爷爷拿的剪刀上有这样的图形，钟面上有这样的图形，健身器材上、足球场球门上也有这样的图形（电脑出示红色闪动的角），你们认识它们吗？这些图形在数学中称为"角"。

3. 揭示课题。今天这节课我们就一起来认识和研究角。（板书课题：角的初步认识）

【设计意图：本环节根据二年级学生的特点，首先为学生创设了熟悉有趣的学习情境，通过学生熟悉的生活物品唤起学生对已学图形的回忆，并引出新知，初步感知角，让学生从开始就充满好奇心，满怀兴趣地参与学习。】

二、探究体验，构建新知

1. 直观感知角。

(1) 联系生活实际找角。角在我们的生活中随处可见，只要你留心观察就能找到它。说一说，我们身边的哪些物体表面还有角？

(2) 学生汇报找到了哪些角。

角是一种美丽的图形，它在我们生活中有着广泛的应用。（课件演示）在"鸟巢"旁，同学们最容易看到的就是主体建筑上的角，正是由于这些角的存在，才使得它的造型独具风格。如果你仔细观察美丽的水立方，也会发现好多角。我们开封每年一次的菊花花会,在菊花的造型上都能找到角……看来角真是无处不在。

2．初步认识角。

(1) 结合学生回答,引出例1(剪刀、钟面、三角板)。

就像刚才大家说的,剪刀上有角,钟面上有角,三角尺上也有角……角到底是什么样子的呢?

(2) 抽象图形,形成表象。

瞧!这些角把漂亮的外衣脱掉,就变成了这样(电脑演示,将物体隐藏,出现不同方向的三个角),这就是数学中的角。

【设计意图:让学生从观察实物中抽象出角,使学生经历数学知识抽象的过程,感受到数学知识的现实性,学会从数学的角度去观察现实问题,从而激发学生探索数学的兴趣。】

(3) 认识角的各部分名称。

仔细观察这些角,它们有什么共同特点?(课件闪动角的顶点和边)让我们来感受一下。

拿出三角板,指出其中的一个角,请大家像老师这样摸一摸,有什么感觉?

我们发现角都有一个点和两条直直的线(出示剪出的角),在数学上我们把这个点叫作角的顶点,这两条直直的线叫作角的边。

【设计意图:这一环节教师根据低年级学生的特点,让学生通过触觉感知角的构造,进行自主探索知识,明白角的顶点是尖尖的,角的边是直直的,培养了学生的观察能力,激发了学生的求知欲。】

(4) 观察角的顶点和边的关系。

认真观察角的顶点和边有什么关系?一个角有几个顶点、几条边?(一个顶点和两条边就组成了一个角)

指出抽象出的角及各部分的名称。

【设计意图：进一步巩固对角的认识。】

(5) 判断巩固。

今天是角爷爷的生日，他要设宴请客，邀请的客人都是角家族的成员。(出示课件，演示各种角图形) 瞧，这些小客人都说自己是角，赶来参加宴会。小朋友，快帮角爷爷看一看它们谁是角，谁不是角。

3. 动手操作，进一步感知角。

(1) 折角。

师：还有一位小客人，也想参加角爷爷的生日宴会，它是谁呢？(课件出示圆形图案) 它身上有角吗？只有角才能参加角爷爷的生日宴会，可是它身上没有角，大家能帮它折出角吗？

学生动手将圆折出角，并交流、汇报、展示。(鼓励学生指出角的顶点和边)

同学们用自己灵巧的小手折出了这么多的角，真了不起！

【设计意图：通过创造角的实践活动，进一步巩固孩子们对角的本质的认识。】

在小朋友们的帮助下，被折出角的圆顺利地参加了角爷爷的生日宴会，它发现了一位特殊的小客人，老师把它请到了课堂上，你们瞧，这个角很特别，(边说边演示) 还可以活动呢，我们就叫它活动角吧！

(2) 角的大小。

每个小朋友的学具袋中都有一个这样的活动角，快把它请出来吧！现在我们就用活动角玩个游戏，好不好？听老师口令：

请你随意拉出一个角，把角变大，你是怎么做的？(师边演示边引导：将两条边往外拉) 把角变小该怎么办？你又是怎么做到的？(将两边往里收) 现在增加难度了。

①老师先拉出一个角，请你拉出一个比它小的角。同桌互相看看，做对的小朋友向老师笑一笑！

②老师拉出一个角，请你拉出一个比它大的角。同桌互相看看，做对的小朋友向老师挥挥手！

老师不明白了——我这个角的边很长，为什么你拉出的角大呢？

小结：看来角的大小和边的长短无关。

同桌拉一拉、比一比。

小结：角的大小只和两条边张开的大小有关系——两边张开得大，这个角就大；两边张开得小，这个角就小。

【设计意图：通过创造角的实践活动，让学生动手、动脑、动口，在"做数学"中学数学知识，引导学生观察发现角的大小到底与什么有关，与什么无关，轻松攻破本节课的教学难点。培养学生认真观察、独立思考、合作交流的良好学习习惯。】

4．画角。

(1) 观察。

为了庆祝角爷爷的生日，老师想画一个角作为生日礼物送给角爷爷。

如何把它规范地画出来呢？角爷爷告诉老师一个秘诀，现在老师就按秘诀来画角，请小朋友们认真观察老师是怎么画的。

教师演示：先点一个点，再从这个点向不同的方向画两条线。

(2) 交流画角的方法。

教师演示画角的三个步骤：①先点一个点；②从这个点向一个方向画一条线；③从这个点向另一方向画一条线。

刚才大家说的就是秘诀中非常重要的内容。想知道角爷爷告诉老师的秘诀是什么吗？

出示歌诀：小小角，真简单，一个顶点两条边；画角时，要牢记，先画顶点再画边。

(3) 动手画角。

知道了画角的秘诀，小朋友们想不想也画一个角送给角爷爷呢？

画好的小朋友和同桌说一说你是怎样画的。(师展示部分学生画的角，并点评)

【设计意图：演示、观察、叙述、操作并借助歌诀帮助孩子掌握画角的方法。】

三、训练提高

角爷爷还收到了其他客人送的生日礼物，想请大家帮帮忙。

1．请你数一数，下面的图形里各有几个角？

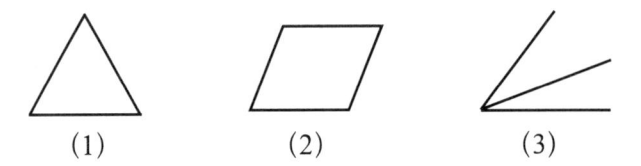

(1)　　　　　(2)　　　　　(3)

2．想一想。

一个长方形沿直直的线剪一刀剪去一个角，剪出的图形中还剩下几个角呢？

小结：剪的方法不同，剩下的角的数量不同。(演示不同的剪法和与之对应的角的数量)

【设计意图：素质教育要求我们面向全体学生，尽最大努力因材施教，让每个学生都有机会体会到成功的喜悦，深化了学生对角的本质特征的认识。】

四、拓展应用

角爷爷看大家这么聪明，又爱动脑筋，也给大家带来了一些礼物。(角的创作画)

你们瞧，(课件出示角的创作画)这些图画美吗？同学们在图画中发现了什么？你们喜欢这些美丽的图画吗？

【设计意图：让孩子体会到角给人类带来的美，进一步体会到数学与我们的生活密不可分。】

五、课堂总结

角的知识还有很多，我们今天只是刚敲开了它的大门。在以后的学习中，我们还要继续探究它的奥秘。

六、板书设计

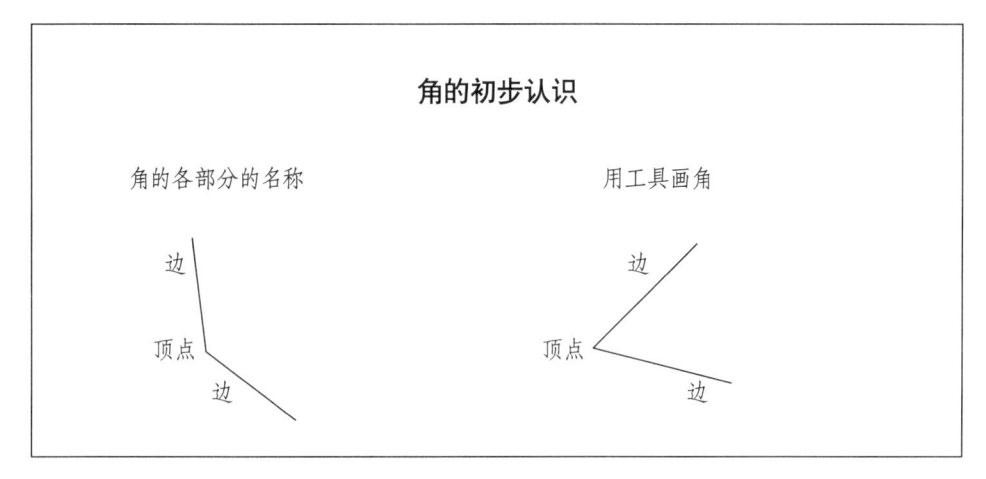

角的初步认识

角的各部分的名称　　　　　　　　用工具画角

边　　　　　　　　　　　　　　　边
顶点　　　　　　　　　　　　　顶点
　　边　　　　　　　　　　　　　　　边

《平行与垂直》教学设计

◎ 洛阳市孟津县双语实验学校　杨晓燕

读懂学生核心主张

读懂学生课堂中的错误。

教学内容

义务教育教科书（人教版）数学四年级上册第56～57页内容。

学生分析

学生对直线及角已经基本掌握，这些已学内容都有助于学生进一步明确概念，自主探究。虽然同学们对平行与垂直有一定的生活体会，但是"两条直线的位置关系"却是第一次听到，很难实现生活与数学的对应，而且学生认识的局限性和空间观念及空间想象能力不够丰富，对垂直与平行中所研究的同一个平面内两条直线位置的相互关系，还未能形成认知，不能很好地理解"在同一平面内"的概念，需要教师引导点拨帮助解决，并提炼平行与垂直这两个概念，理解这两个概念。

设计理念

《义务教育数学课程标准（2011年版）》指出，学生学习应当是一个生动活泼的、主动的和富有个性的过程。除接受学习外，动手实践、自主探索与合作交流同样是学习数学的重要方式。学生应当有足够的时间和空间经历观察、实验、猜测、计算、推理、验证等活动过程。本课主要通过观察、讨论、操作、交流等活动让学生感知、理解、发现和认识生活中的垂直与平行的现象，初步理解垂直与平行是同一平面内两条直线的位置关系，发现同一平面内两条直线的位置关系的不同情况，初步认识垂线和平行线，并且通过一系列的数学活动进一步发展学生的空间想象能力。

学习目标

1. 初步理解垂直与平行是同一平面内两条直线的两种特殊的位置关系，初步认识垂线和平行线。

2. 通过动手操作、观察、分类比较，感知生活中的垂直与平行的现象，进一步培养合作探究新知的能力，以及空间观念和空间想象能力。

3. 进一步体会学习数学的乐趣和数学的应用及美感，激发学习兴趣。

教学过程

一、情境导入，激发兴趣

同学们，我们天天与笔打交道，今天的数学课我们就来玩一玩笔。把两支笔摆在桌子上，你会怎么摆？动手摆一摆。（个别学生上台摆）

【设计意图：以学生人人都有的笔入手，构造图形，学习准备简单。通过学习动手摆，提高学生动手操作能力，并把常用的学习用品和数学图形有机地结合起来，使学生体会日常生活中的数学。】

二、探究体验，理解新知

1. 观察分类，认识相交。

活动一：收集展示，观察分类。

（1）独立思考，尝试分类。

× ≥ ＋ ∧ ＝ ⊥

(2) 班内交流，指名回答分类标准及结果。

(3) 辨析分类结果。

可以分出 2 类、3 类或 4 类等结果。

活动二：点拨交流，再次分类。

点拨：直线有什么特点？

(1) 小组交流。

(2) 班内汇报。

(3) 明确分类标准及结果。

活动三：明确两条直线的两种位置关系，认识相交。

(1) 明确两条直线的两种位置关系：相交或不相交。

(2) 认识相交和交点。

在数学上像这样两条直线交叉在一起，我们通常说两条直线相交。它们相交在一起的那个点叫交点。

老师希望这节课，我的心能和你们的心也相交在一起，让我们心心相印。你们愿意吗？谢谢。

2．体验感悟，认识平行。

(1) 认识平行。

像这样的两条直线（板书画平行线），在数学上我们说这两条直线互相平行。

(2) 比画平行。

找生活中的平行，体悟特征并感悟数学与生活的联系。

(3) 理解"在同一平面内"。

利用长方体盒子完成"在同一平面内"平行到"不在同一平面内"的既不

相交也不平行，理解"在同一平面内"。

（4）完善认识，归纳定义。

（5）创编平行符号，学习表示方法。

【设计意图：在老师的引导下认识平行，学生主动探索，深入认识，完善定义，并根据角的符号是缩小版的角的设计方法，让学生发挥想象，创编平行符号，既能引起学生兴趣，又发展了学生的想象能力和创新能力。】

3．自学感悟，认识垂直。

（1）大胆猜想，初识垂直。

研究完平行，我们再来观察一下相交，在这些相交的图形里，有一种相交被数学家起了一个新的名称，叫作两条直线互相垂直。（板书：互相垂直）你能根据这个词大胆猜测一下，这些相交中哪一种是垂直的呢？

（2）自主学习，认识垂直。

阅读课本，认识垂直概念。究竟你们的猜测是否正确，到底什么是两条直线互相垂直？请大家翻到课本第57页进行自学。

（3）完成学习单，理解运用。

小组内进行同学交流，在班内汇报，解决学习过程中的问题。

（4）发现生活中的垂直。

【设计意图：学生借助学习平行的经验，自行认识垂直。根据学习单的提示深入理解垂直。此环节设计自学，重在培养学生学习方法的迁移能力和归纳总结的能力。】

三、内化运用，深化提升

1．巩固练习。

说一说、找一找、辨一辨。

2．动手实践：折一折。

用一张长方形的纸折出平行与垂直。观察发现，怎么折可以折出平行线？怎么折可以折出垂线？

【设计意图：通过"说一说、找一找、辨一辨"活动更好地掌握平行与垂直的相关知识，通过"折一折"活动培养学生的动手探究能力。】

四、总结延伸，回归生活

同学们，今天我们一起认识了平行与垂直，平行和垂直藏在小小的字母里，藏在方正的汉字里，还藏在教室里、操场上、大街上。人们用平行和垂直创造着无数的美。生活处处有数学，数学时时在生活中，老师希望大家都做生活中的有心人，去发现数学的美，去感受生活的美！

【设计意图：欣赏生活中的平行和垂直现象，培养学生学会欣赏数学的美、生活的美，同时注重数学知识向生活的无限延伸。】

五、板书设计

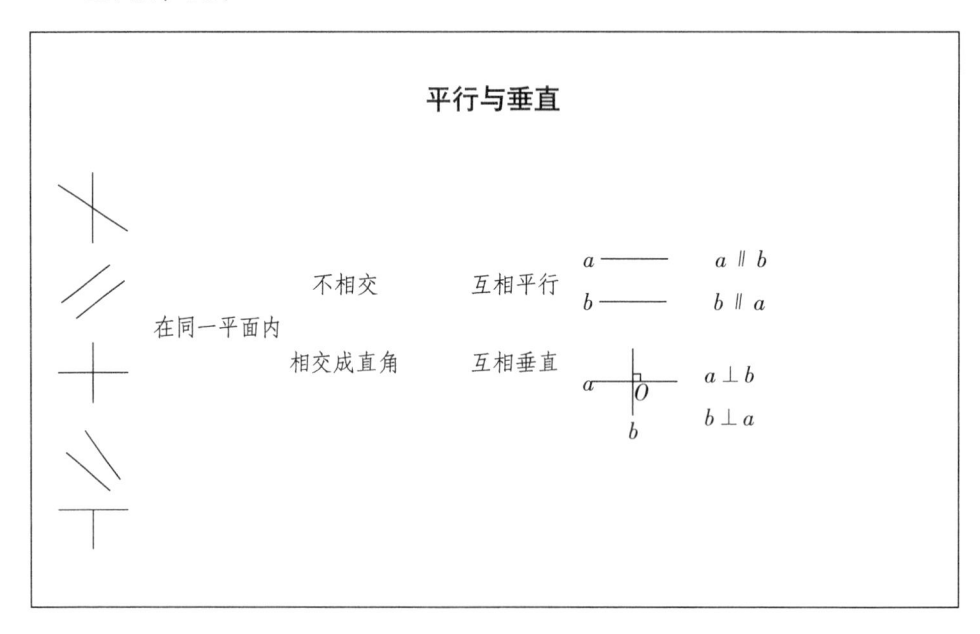

平行与垂直

在同一平面内　　不相交　　互相平行　　a ——　　$a \parallel b$
　　　　　　　　　　　　　　　　　　　b ——　　$b \parallel a$

　　　　　　　　相交成直角　互相垂直　　$a \perp b$
　　　　　　　　　　　　　　　　　　　　　$b \perp a$

《平行与垂直》教学设计

◎ 林州市市直第六小学　石巧丽

读懂学生核心主张

在师生对话中读懂学生的思维。

本课主要看点

激趣导入、操作分类、师生对话。

教学内容

义务教育教科书（人教版）数学四年级上册第 56～57 页内容。

学生分析

学生通过学习直线与角，有了一定的空间想象能力，且垂直与平行这些几何图形在我们的日常生活中应用广泛，学生对其已有许多认识。但是，由于学生生活的局限性和空间观念及空间想象能力不够丰富，故而对垂直与平行中的同一个平面内两条直线位置的相互关系，还未能建立认识，不能完全理解"同一平面"与"永不相交"的本质。为此，需要教师帮助解决。

设计理念

《义务教育数学课程标准（2011 年版）》指出，"动手实践、自主探究、合作交流"是学习数学的重要方式。本节课引导学生采取"观察、想象、分类、比较、操作"等方式进行探究性学习活动，教师适当点拨，引导学生实现对知识的自我构建。

学习目标

1．通过自主探究活动，初步认识平行线、垂线。

2．通过想象、动手操作、观察、分类比较等活动，让学生认识平行线与垂直的过程，掌握其特征。

3．在比较、分析、综合观察与思维中渗透分类的思想方法，培养学生空间观念及空间想象能力。

4．引导学生具有合作探究的学习意识，体会到数学的应用和美感，激发学生的学习兴趣。

教学过程

一、师生对话，导入新课

同学们，今天老师请来了一位老朋友，你们想知道它是谁吗？（出示课件：一条无限延长的直线）谁来介绍一下这位朋友？（鼓励学生发言）

直线像不像孙悟空的金箍棒？金箍棒很神奇，今天我们的直线朋友也很神奇，它藏着许多秘密，就等着爱动脑筋的你去发现呢！

【设计意图：先介绍直线这位老朋友，复习旧知，再通过师生对话，读懂学生的学习兴趣。】

二、探索体验，经历过程

（一）画图感知，确定研究对象

1．想象活动。想象纸面上两条直线的位置关系。

老师这儿有一张纸，如果把这个面无限扩大，闭上眼睛想象一下，这个面变大了，又变大了，变得无限大。在这个无限大的平面上，出现了一条直线，又出现一条直线。你想象的这两条直线的位置是怎样的？睁开眼睛把它们画在纸上。

【设计意图：通过想象活动这个环节，唤起学生对平面与直线的回忆，为探索新知做了较好的衔接准备。】

2．动手操作。（学生试画，教师巡视）

3．收集展示。

4．进行分类。

【设计意图：通过想象、操作，使学生感受到这些图形都由两条直线组成，都在同一个平面内，初步建立了垂线与平行线的表象——同一个平面内、两条直线，同时为研究两条直线间位置关系提供一个可操作的平台，培养了学生的空间观念及空间想象能力。】

(二) 汇报分类情况

同学们的想象力可真丰富，画出来这么多种情况。你能把它们分分类吗？在小组内交流一下。

1．小组汇报分类情况。

预案：

a．分为两类：交叉的一类，不交叉的一类。

b．分为三类：交叉的一类，快要交叉的一类，不交叉的一类。

c．分为四类：交叉的一类，快要交叉的一类，不交叉的一类，交叉成直角的一类。

当学生在汇报过程中出现"交叉"一词时，教师随即解释，交叉就是说两条线碰一块儿了。在数学上我们把交叉称为相交，相交就是相互交叉。（在适当时机板书：相交）

2．引导学生分类。

在同一平面内两条直线的位置关系分为相交、不相交两类。（教师根据学生

的分类适时板书：不相交、相交）

（学生说出自己小组的分法后）对于他们小组的这种分法，你们有问题吗？

设想：当出现 b 情况后，教师要引导学生自己发现问题，通过想象直线是可以无限延伸的，并把直线画得长一些，使学生明白看起来快要相交的一类实际上也属于相交，只是我们在画直线时，无法把直线全部画出来。

当出现 c 的分法时，开始同 b 的做法一样，先使学生明白快要相交的一类也属于两条直线相交的情况。再使学生明确分类时要统一标准。相交的一类，快要相交的一类，不相交的一类，这样分类是以相交与否为分类标准的。而相交成直角是根据两条直线相交后所成角度来分类的。二者不是同一标准，所以这种分法是不正确的。从而达成分类的统一，即相交的一类、不相交的一类。

总之，在分类过程中重点引导学生弄清看似两条直线不相交而事实上是相交的情况。先让学生想象是否相交，再请一两名学生动手画一画，从而达成共识。

（课件展示不相交的两条直线延长后的情况，完善分类标准）

【设计意图：让学生在观察比较、讨论交流、师生对话中，逐步达成分类共识，也使学生在探究过程中，感受到"相交""不相交"这些垂直和平行概念的基本特征，培养了学生的逻辑思维能力，为深化理解概念的本质属性创造了条件。】

（三）师生共同探究，揭示平行与垂直的概念

1．揭示平行的概念。

这几组直线就真的不相交了吗？怎样验证？（边提问边用课件演示）

在数学上，像这样的两条直线就叫作平行线。谁能用自己的话说说什么是平行线？

质疑：不相交的两条直线就是平行线吗？（实物演示）

将这两根小棒想象成两条直线，摆在同一个平面上，它们平行吗？摆在不同的平面上时呢？为什么？这两根小棒不在同一个平面上，难怪它们既不相交，

也不平行。所以，我们还要给互相平行加上一个条件：在同一平面内。（板书：在同一平面内）

现在，谁能完整地说说，什么是平行线？（引导多名学生概括，课件出示定义）

要判断一组直线是不是平行线，要具备什么条件？我们还可以说，这两条直线互相平行。（举例演示并板书：互相平行）

小结：刚才我们一起研究了，在同一平面内，两条直线会出现相交和不相交两种情况。其中，不相交的两条直线叫作平行线。

【设计意图：通过学生的操作、测量，引导学生明白互相平行的真正含义，从而揭示概念的本质属性——"在同一平面内""永不相交"。通过师生对话，激起学生思维的火花，逐步理解平行线的特征。】

2．揭示垂直的概念。

我们再来看看两条直线相交的情况。你发现了什么？

你认为在这几组相交的直线中哪组最特殊？（相交形成了四个直角）

这组两条直线相交成直角，而其他情况相交形成的都不是直角，有的是锐角，有的是钝角。（板书：成锐角、钝角）

怎么证明这几个是直角呢？（学生验证：用三角板、量角器）

像这样的两条直线，我们就说这两条直线互相垂直，谁能用自己的语言说说怎样才互相垂直呢？（课件出示互相垂直的概念）判断一组直线是不是互相垂直，要具备什么条件？互相垂直的两条直线，其中一条直线叫作另一条直线的垂线。（课件展示）

例如，这是直线 a，这是直线 b，我们来演示直线 a 和直线 b 互相垂直。

还可以怎么说？

直线 a 和直线 b 互相垂直，它们的交点有一个专用的名称，叫作"垂足"。（课件同步演示）

找一找：拿出刚才你们画的几组直线，用工具量一量、比一比，找一找有没有互相平行或者垂直的。找到的就举起来，请没有作品的那个小组的四位同学来做裁判。

【设计意图：通过学生用工具验证相交后成直角的现象，清晰揭示出"互相垂直"的概念，同时注意培养学生科学严谨的学习态度和研究问题的方法。】

3. 学习互相平行、互相垂直的表示方法。

a 与 b 互相平行，记作 $a \parallel b$，读作 a 平行于 b。

a 与 b 互相垂直，记作 $a \perp b$，读作 a 垂直于 b。

三、课堂小游戏，巩固练习

1. 把两根红色小棒摆成和绿色小棒平行。看一看，这两根红色小棒互相平行吗？

2. 把两根红色小棒摆成和绿色小棒垂直，说出这两根红色小棒的关系。

【设计意图：这一环节主要是通过学生喜欢的游戏形式来巩固垂直与平行的概念，练习中通过课件演示两根小棒都和第三根小棒平行、两根小棒都和第三根小棒垂直，使学生直观地看到两根小棒的关系。】

四、欣赏图片，畅谈收获

生活中垂直与平行无处不在，让我们共同走进平行与垂直的世界。（课件出示生活中的垂直与平行现象，如斑马线、直直的铁轨、高楼大厦、家具等）

今天这节课你有什么收获？（这节课我们学习了两条直线在同一平面内的两种特殊的位置关系：平行与垂直）

我们的生活离不开数学，数学能使我们的生活变得更加有序、更加美好，让我们都做有心人吧！去感受数学的美，去感受生活的美。

【设计意图：让学生感受到数学知识就在我们的身边。它来源于我们的生活，服务于我们的生活。让学生谈收获，对本节课所学的知识进行总结与概括，强化知

识，培养学生总结与概括的能力，对自己的学习情况进行自我评价。】

五、板书设计

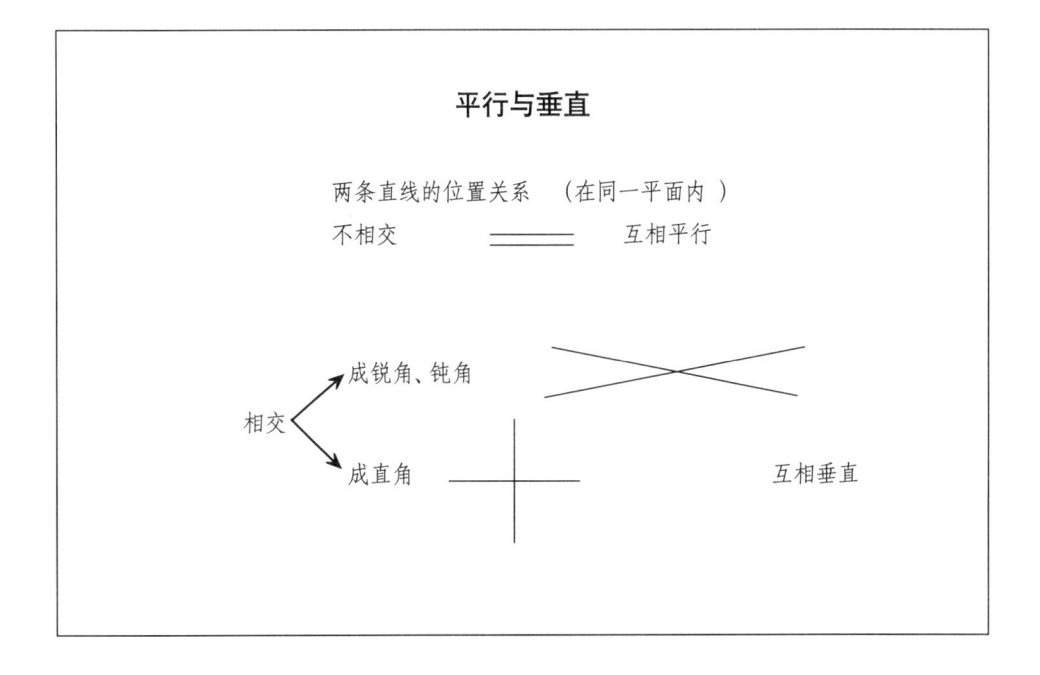

平行与垂直

两条直线的位置关系　（在同一平面内）

不相交　========　互相平行

相交 → 成锐角、钝角

相交 → 成直角　　　　　　　　　　互相垂直

《小数的意义》教学设计

◎ 平顶山市新华区新程街小学　彭现花

读懂学生核心主张

读懂学生的错误，培养学生的学习能力。

本课主要看点

归纳概括小数的意义。

教学内容

义务教育教科书（苏教版）数学五年级上册第 30～31 页内容。

学生分析

生活中小数随处可见，学生对此并不陌生，在三年级下册时就已初步认识了一位小数，虽课本没安排学习两位小数、三位小数，但其读写方法早已在生活中习得，因此小数的读写方法不作为本节课的教学重点，只在课之初始阶段稍作提醒，指出读法中的注意点，尊重学生的实际情况。在归纳总结小数的意义时，由于小数的意义比较抽象，学生掌握起来比较困难，尝试归纳总结小数的意义时，在表述上可能不全面，也可能不正确，甚至个别学生不会表述小数的意义，所以教师要读懂学生的错误，培养学生的归纳概括能力。

设计理念

根据新课程标准要求，我在本课教学中力求体现以下四点：

1．活动化的教学形式。数学教学的本质应是活动的教学，尽可能地创设时空让学生进行观察、操作与探索。

2．生活化的教学内容。新课标要求学生的数学学习内容是"现实的"，注重让学生在已有的生活经验和知识基础之上学习数学、理解数学。

3．自主化的学习方式。教育不能禁锢人，只能引导人全面、自由、积极地生成自己的认识。因此，在教学过程中力求倡导自主、合作、探究的学习方式，引导学生独立探索，相互交流，大胆创新。

4．情意化的情感体验。教学中注意创设轻松、和谐、平等的教学氛围，始终关注学生的学习兴趣、学习热情和自信心等情感因素的培养，并将它们有机整合在教学中。

本节课的难点是理解小数的意义。这不仅因为小数的意义具有一定的抽象性，学生建构对小数的认知，需要积累丰富的感性认识，经历由具体到一般的归纳过程，还因为小数作为一种特殊的分数，它的概念是建立在分数概念基础上的，但学生尚未系统地认识分数，这会影响到他们对小数意义的理解。因此在探究小数的意义这个环节，我通过读懂学生的认知结构来凸显教学核心主张。

学习目标

1．让学生在具体情境中掌握小数的读写方法，理解小数的意义。

2．在观察、分析、探究活动中，理解十分之几、百分之几、千分之几……可以用一位小数、两位小数、三位小数……来表示。

3．使学生进一步体会数学与生活的密切联系，培养学生自主探索与合作交流的习惯。培养学生观察分析、迁移类推、归纳概括的初步能力。通过了解小数的产生和发展过程，提高学生学习数学的兴趣，增强爱国情感。

教学过程

一、创设情境、导入新课

1. 同学们，这节课，老师要做一个调查，调查一下咱班同学谁喜欢去超市，喜欢去超市的同学请举手。（全班同学都举手）哇，咱班同学都喜欢去超市呀。你们在超市选购商品的时候，主要看些什么呢？（商品的标价）现在我们一起到超市看一看这些商品的价格。（出示在超市的视频，展示各种各样商品的价格）

2. 鱼皮花生的价格是多少？（两元八角）这个价格和以前学过的数有什么不同呢？（它是小数，以前学过的数是整数）这个小数你们会读吗？依次出示香蕉和话梅的价格，让学生试着读小数。

3. 通过读小数，你们发现了什么？小数是怎样读的呢？

引导：小数点前面的部分按照整数的读法来读，小数点后面的部分要依次读出每一个数。

现在老师说几个小数，看看同学们能不能写出来。（0.35　7.86　10.02）

同学们不仅认识了小数，还会读写小数，你们真了不起。

在生活中，你们还在哪些地方见过小数？（学生各抒己见）

看来，小数在生活中的应用是非常广泛的。有时，在测量和计算中，往往不能正好得到整数，就用小数来表示。今天这节课，我们继续探讨有关小数的知识。（板书课题：小数的意义）

【设计意图：小数的意义比较抽象，学生掌握起来比较困难。针对这一状况，我在教学中充分考虑学生的兴趣爱好、生活经验和已有的认知经验，在上课前对学生去超市选购商品的情况做了一个调查，拍摄了一段学生去超市购物的视频，收集了与小数有关的商品价格，让学生知道生活中处处有小数。学生在试着读小数的过程中发现小数特有的读法，感知数学与生活的联系。】

二、名师展示，探究小数的意义

1. 探究交流一位小数的意义。

同学们，前面我们已经认识了长度单位米、分米、厘米和毫米。谁知道1米是多少分米？又是多少厘米？是多少毫米呢？（根据学生回答板书）

(1) 如果把1米平均分成10份，（出示米尺图）每份是几分米？（根据学生的回答板书：1分米）

用米作单位，1分米用分数怎样表示？（根据学生回答板书：1分米=$\frac{1}{10}$米）1分米为什么可以用$\frac{1}{10}$米表示呢？（引导学生回答：因为把1米平均分成10份，每份长1分米，其中的一份用$\frac{1}{10}$米表示）

$\frac{1}{10}$米还可以写成小数是0.1米。（老师板书：1分米=$\frac{1}{10}$米=0.1米）0.1是几位小数？你是怎么知道的？（看小数点右面有几位数就是几位小数）。

(2) 以米作单位，3分米用分数怎样表示？用小数怎样表示？（同桌讨论）指名回答。（板书：3分米=$\frac{3}{10}$米=0.3米）。问：0.3是几位小数？为什么是一位小数？

(3) 以此类推，7分米怎样表示？（根据学生的回答，教师板书：7分米=$\frac{7}{10}$米=0.7米）问：0.7里有几个十分之一？有几个0.1？

(4) 同学们认真观察这三个分数：$\frac{1}{10}$、$\frac{3}{10}$、$\frac{7}{10}$，这三个分数的分母都是几？分母是10的分数用几位小数来表示？（一位小数）再从右往左观察，一位小数表示十分之几的数。（出示课件：十分之几的数用一位小数表示，反过来，一位小数表示十分之几）

【设计意图：在探究小数的意义时，由于小数的意义较为抽象，学生掌握起来有一定的困难，我在教学中充分考虑学生已有的知识经验，找出分数与小数的契合点,引导学生主动建构小数概念。三年级学生初步认识一位小数,但难免会有所遗忘,为此,在第一个环节,我借助米尺让学生认识一位小数,并在此基础上去认识两位小数、三位小数……这种无形迁移,不仅利于新知识的学习,而且使本来跨度较大的分段的教学融为一体,从而可以更具体、更有效地帮助学生理解小数的意义。】

2. 探究交流两位小数的意义。

(1) 同学们如果把1米平均分成100份,每份长是多少呢?(根据学生回答板书:1厘米) 以米作单位,1厘米用分数怎样表示?用小数怎样表示?指名回答。(根据学生回答板书:1厘米 = $\frac{1}{100}$ 米 = 0.01米) 问:0.01是几位小数?为什么是两位小数?(小数点右面有两位数就是两位小数)

小结:判断一个小数是几位小数,关键是看小数点后面有几位数,它就是几位小数。

(2) 谁能快速告诉老师,以米作单位,13厘米用分数怎样表示?用小数怎样表示?(根据学生回答板书:13厘米 = $\frac{13}{100}$ 米 = 0.13米) 0.13是几位小数? 0.13里面有几个百分之一?几个0.01?

(3) 同学们以此类推,20厘米又该怎样表示呢?(板书:20厘米 = $\frac{20}{100}$ 米 = 0.20米) 0.20是几位小数?它里面有几个0.01?

(4) 同学们仔细观察分母是100的三个分数,你发现了什么?(小组讨论) 学生归纳概括后说出自己的结论。(出示课件:百分之几的数用两位小数表示,反过来,两位小数表示百分之几)

【设计意图:在探索两位小数时,教学安排上主要有两个特点:一是利用米尺强化用"米"作单位的分数表示厘米或几厘米的思考过程,引导学生由分米是十分之一米想到厘米是百分之一米,由厘米是百分之一米想到几厘米是百分之几米,帮助学生在一系列的数学思考中,突破"用百分之几米表示几厘米"这一学习难点。

二是让学生及时地进行观察、类推、归纳。在把厘米和几厘米改写成用米作单位的分数和小数后,学生按要求观察、类推写出分数和小数的关系,并及时总结出"百分之几的数用两位小数来表示,反过来,两位小数表示百分之几"。】

3. 探究交流三位小数的意义。

同学们再推想一下,如果把 1 米平均分成 1000 份,每份是多少呢?(1 毫米)

(1) 1 毫米以米作单位又等于多少米呢?(板书:1 毫米 = $\frac{1}{1000}$ 米 = 0.001 米) 0.001 是几位小数?为什么?

(2) 40 毫米呢? 300 毫米呢?(板书:40 毫米 = $\frac{40}{1000}$ 米 = 0.040 米;300 毫米 = $\frac{300}{1000}$ 米 = 0.300 米) 0.040 是几位小数?它里面有几个千分之一?0.300 是几位小数?它里面有几个 0.001?

(3) 同学们观察分母是 1000 的分数,谁能用简洁的语言概括出分母是 1000 的分数又该怎样表示呢?(出示课件:千分之几的数用三位小数来表示,反过来,三位小数表示千分之几)

【设计意图:探索三位小数时,主要是注意给学生留出更多独立思考、自主探索的空间。引导学生由两位小数类推出三位小数,在类推中逐步明确三位小数的含义。】

(4) 同学们如果继续推想下去,把 1 米平均分成 10000 份、100000 份……还可以得到四位小数、五位小数……小数的位数是无限的。

【设计意图:这个环节是小数意义的延伸,小数不仅有一位小数、两位小数、三位小数,而且还有很多位小数。让学生明白小数的位数是无限的。】

三、全班交流,归纳概括小数的意义

通过这节课的学习,我们进一步了解了小数的有关知识——小数的意义。到底什么叫作小数呢?先想一想,小组讨论,然后全班交流。(出示课件:用来表示十分之几、百分之几、千分之几……的数,叫作小数)

【设计意图：在概括小数的意义时，由于小数的意义很抽象，很难概括出来，我给学生充足的时间讨论交流，目的是让学生充分理解小数的意义。我在巡视的过程中，听见学生说小数有小数点、整数部分、小数部分，说的是小数的各部分名称，而不是小数的意义。让学生概括出小数的意义是本节课的难点。】

四、渗透文化史，对学生进行爱国主义教育

（出示课件：我国古代数学家刘徽图像）小数是我国最早提出和使用的。早在3世纪，我国古代数学家刘徽在解决一个数学问题时就提出把整个个位以下无法标出名称的部分称为微数。小数的名称是我国元代数学家朱世杰提出的，在13世纪中叶，我国出现了低一格表示小数的记法。在西方，小数出现较晚，直到16世纪，法国数学家克拉维斯首先使用了小数点作为整数部分与小数部分分界的记号。

我国古代就有这么多伟大的数学家，我们是不是以祖国有这么多伟大的数学家而感到自豪和骄傲呢？同学们，从现在起，你们要好好学习，掌握科学文化知识，长大后为祖国多做贡献。

【设计意图：让学生知道，小数是我国最早提出和使用的。这个知识既让学生学到小数的有关知识，又可以培养学生因我们伟大的祖先而感到自豪和骄傲的情感，激励学生好好学习，奋发向上。】

五、巩固新知

(1) 填空。

十分之几的数可以用（　　）小数表示，一位小数表示（　　）。0.9表示（　　），0.9里面有（　　）个0.1。

百分之几的数可以用（　　）小数表示，两位小数表示（　　）。0.12表示（　　），0.12里面有（　　）个0.01。

千分之几的数可以用（　　）小数表示，三位小数表示（　　）。0.018表示（　　），0.018里面有（　　）个0.001。

(2) 说出下面各小数的意义。

0.4 表示（　　　　　　）；0.25 表示（　　　　　　）；0.318 表示（　　　　　　）。

（3）试一试。

1分是（　）元，写成小数是（　　　）元。

5分是（　）元，写成小数是（　　　）元。

7角3分是（　　）元，写成小数是（　　　）元。

(4) 判断下面各题是否正确，为什么？

$\frac{9}{100}$ = 0.9　（　　　）　　　　0.75 = $\frac{75}{1000}$　（　　　）

$\frac{18}{100}$ = 0.18　（　　　）　　　$\frac{14}{10000}$ = 0.014　（　　　）

【设计意图：在巩固新知环节中，我根据学生的知识接受程度，为他们设计了三个不同发展层次的练习，由易到难、由具体到抽象，有利于学生从不同角度不断体验、理解小数的意义。】

六、板书设计

小数的意义

1米＝10分米＝100厘米＝1000毫米

1分米＝$\frac{1}{10}$米＝0.1米	1厘米＝$\frac{1}{100}$米＝0.01米	1毫米＝$\frac{1}{1000}$米＝0.001米
3分米＝$\frac{3}{10}$米＝0.3米	13厘米＝$\frac{13}{100}$米＝0.13米	40毫米＝$\frac{40}{1000}$米＝0.040米
7分米＝$\frac{7}{10}$米＝0.7米	20厘米＝$\frac{20}{100}$米＝0.20米	300毫米＝$\frac{300}{1000}$米＝0.300米
一位小数	两位小数	三位小数

《百分数的意义》教学设计

◎ 郑州市二七区长江东路第三小学　郭淑红

读懂学生核心主张

读懂学生认知起点，提高数学实效性。

本课主要看点

依据学生认知起点放、扶有度；于无疑处生疑，于无向处指向；多种表征有机结合，提升学生思维能力，激发学生学习兴趣；引导无痕，成长有印。

教学内容

义务教育教科书（人教版）数学六年级上册第 82～83 页内容。

学生分析

本节课是在学生积淀了整数、分数、小数相关知识的基础上进行的。通过课堂前测的数据分析，掌握学生认知起点情况：学生在学习新知之前见过或听说过百分数，对百分数已经有了一定的认知，100% 的学生都会读百分数，大部分学生会写百分数，50% 左右的学生书写较为规范。学生对具体百分数的意思表述不完整，这说明学生对百分数的认识是模糊的。另外根据以往的教学经验，发现学生对百分数的意义的理解、归纳不是难点，但让学生理解百分数就是百分率和百分比有一定的难度，在实际操作中容易出错。学生对一个量比另一个量增加（减少）百分之几的表述有认识误区，找不准谁占谁的百分之几。这两点都不利于以后学生对百分数的实际运用。

鉴于此，帮助学生深入认识百分数，扎实学习百分数的概念是教学的关键。所以，将难点在教学过程中推迟出现，以便学生有一定基础时再来认知，实现立体教学。

设计理念

新课程观倡导学生通过数学学习获得终身可持续发展所需要的"四基"（基础知识、基本技能、基本的数学思想、基本的数学活动经验）、"四能"（分析问题的能力、解决问题的能力、发现问题的能力、提出问题的能力），关注学生知识的学习、能力的提升，使学生得到可持续发展。学生发展的需求，要求学生的学习活动要具有实效性，教师要把"学"的权利真正交给学生，为学生创造有价值的学习环境，教师的教和学生的学相结合，课堂活动要有思维含量、智慧含量、趣味含量、文化含量。本节课，我在分析学生认知起点的基础上，进行了"放、扶适度，于无疑处生疑，于无向处指向"的课堂定位。"目标达成、设置情境、还原思维、设疑解疑、自主探究、合作交流、提升思维"几个环节有机组合，让学生在"自主探究—合作交流—释疑理解—拓展提升"的过程中进行知识建构。

学习目标

1. 通过自主探究、合作交流，理解百分数的意义，让学生会正确地读、写百分数。

2. 经历归纳、概括百分数意义的探索过程，让学生体会百分数在生活中的广泛应用，能运用所掌握的知识准确表述具体百分数的含义。

3. 通过对多种信息的处理，让学生充分感知百分数与生活的密切联系，提升思维能力。

教学过程

一、情境展现，揭示课题

播放视频《辉煌中国》第一集片段，你都获取了哪些信息？（学生谈感悟）

我们作为中国人，很自豪！刚才我们获取的信息里有两个这样的数，它们是数学家族中的一员——百分数。我们今天就来研究百分数。

【设计意图：利用《辉煌中国》里的一个小片段，使学生了解中国近五年的发展历程，激发学生的爱国热情，培养学生用数学的眼光获取信息的能力，激发学生的学习兴趣。但数学课不是道德与法治课，不能过度进行思想教育，所以这个地方没有让学生过多地谈感想，教师也没有过多地追问。】

二、对话交流，探究新知

1. 依据认知规律，探究读写方法。

学生自主提出认识百分数的探究方向。通过自主探究，合作交流，会准确读写百分数。

【设计意图：我的教学主张是读懂学生的认知起点，提高课堂的实效性。在教学中，我一贯坚持学生能自己解决的教师不多说，发挥学生的自主性，培养他们勇于解决问题、善于解决问题的习惯，这也是我们数学核心素养所倡导的内容。教师该出手时再出手，做一个能控制局面的旁观者。在课堂前测中，我得到的信息是100%的学生会认读百分数，90%多的会书写百分数，但有50%左右的学生书写不太规范。百分数在日常生活中比较常见，所以这几个问题不占过多的时间，是符合学生的经验基础和认知规律的。教师用讲解示范的方式进行正确书写方法的引导，不至于做无效的盘旋。】

2. 适度引导，探究百分数的意义。

环节1：在小组内说出"一件毛衣的羊毛含量是95%"中95%的意思。

环节2：在小组内说出这些百分数分别表示什么意思。

食物	鸡蛋	鹅蛋
蛋白质含量	12.8%	11.1%

环节 3：归纳百分数的意义。

环节 4：及时训练。

环节 5：体验百分数的用途。

环节 6：体验百分数的特殊性。

【设计意图：根据课堂前测得知，学生已有一定的生活经验，还有的学生提前学习了相关知识，所以在课堂上，教师只是给出一个材料，让学生合作完成。课程标准和核心素养均提出，学科教学要培养学生的合作意识，所以教师有意进行学习共同体的建设。谁比谁增长（减少）百分之几，这类百分数的含义不好理解，是本节课的难点，在学生有一定基础的情况下，再突破这个难点。百分数意义的总结，是基于学生对信息的观察、理解而进行的。教师于无疑处生疑，于无向处指向，通过观察，再加上前面的多次表述，使学生自主建构对百分数的认知。百分数是率，不是量，这个知识点学生不甚理解，也不好理解，所以基于学情，在总结完百分数的意义后，并没有急于告诉学生百分数也叫作百分率或百分比，而是让知识后移，当学生的感知、理解再深入一些时，利用一组有关联的百分数数据引疑、破疑。】

三、深化知识，巩固练习

将下面这些百分数填到合适的位置。

2.7%   29%   125%   97.3%   25%   10%   71%

(1) 一杯糖水的含糖量是（   ）。

(2) 某汽车制造厂因技术革新，6月份比5月份多产汽车200辆，6月份产量是5月份的（   ）。[补充问题，6月份比5月份增产（   ）]

(3) 地球上陆地面积大约占（   ），海洋面积占（   ）。地球上的水资源，海水占（   ），淡水占（   ），77.2%的淡水藏在冰川和雪山上，有22.4%

的淡水藏在土壤里,真正能给我们使用的地表水只占0.4%,而在这仅有的0.4%当中目前67.8%已经被污染了。

【设计意图:在练习题的设计上进行创新,开放设计,让学生凭借知识积累、思维能力解决问题,有意锻炼学生的思维品质,培养学生的思维习惯。三道题,引出一系列的百分数,一系列的科普知识,融思想教育于无声。】

四、畅所欲言,全课总结

回家后,同学们如果把今天所学内容介绍给爸爸、妈妈,你们会介绍什么?

【设计意图:变革总结方式,让学生给自己的父母介绍学习内容,达到课已止,意未尽,趣仍浓的效果。】

五、板书设计

百分数的意义

70%、82%	26%	意义
66%、860%、0.75%	表示一个数是另一个数的百分之几	读法、写法
	百分率 百分比	用途

《百分数的认识》教学设计

◎ 虞城县实验小学　黄春丽

读懂学生核心主张

从错误中读懂学生思维。

本课主要看点

激活学生的相关生活经验，将生活知识与将要进行的数学学习结合起来。让学生完成百分数意义的建构是本课的主要看点，也是本课的关键。

教学内容

义务教育教科书（北师大版）数学六年级上册第 39～40 页内容。

学生分析

本节课是在学生已经学过了整数、分数、小数，特别是分数的意义、性质和实际应用的基础上编排的，将百分数的意义和实际应用列为全单元的教学重点不是没有依据的，它在本单元中有着基础性地位。

课前我对将要学习这部分内容的学生进行了访谈，发现人人都会读百分数，很多孩子也会写百分数，但是写法不是很规范，孩子们也都知道"%"是百分号，每个人都能说出几个生活中见过的百分数，但是当我让学生说一说"一杯糖水，水占这杯糖水的百分之九十表示什么意思"时，有很多学生会说成"假如这杯糖水有100克，把这杯糖水平均分成100份，其中水占其中的百分之九十"。从这点我读懂了学生对百分数的理解，还是建立在对分数理解的基础上，他们显然受到了分数意义思维定式的影响。这说明理解一个数是另一个数的百分之几是教学的难点。

为了让学生真正理解百分数是两个量比较的结果，我花了大量的时间让学生解读生活中的百分数，让学生在解读百分数的过程中逐渐理解百分数的意义。由根据分数的意义理解百分数到弄清楚百分数是谁和谁比、表示谁占谁的百分之几，让学生最后自己领悟百分数的意义。

设计理念

《义务教育数学课程标准（2011年版）》中提出数学教育应该在"学生的认知发展水平和已有的知识经验基础之上"，"帮助他们在自主探索和合作交流过程中真正理解和掌握基本的数学知识与技能、数学思想和方法"，"获得广泛的数学活动经验"。这些理念强调教师在教学设计时必须要读懂学生、读懂教材、读懂课堂，其中，放在首位的读懂学生，是读懂教材、读懂课堂的基础。只有读懂学生，课堂教学才能最终达到直面学生现实、整体全面把握教材、生成动态课堂的目标。

因此，我对学生进行了课前访谈，了解了学生的学习基础和生活经验，课堂上关注学生的学习过程，创设了一个有利于学生主动发展的教学氛围，使学生在自主探索和合作交流过程中真正理解和掌握基本的数学知识与技能、数学思想和方法，获得广泛的数学活动经验。

学习目标

1. 使学生理解百分数的意义；掌握百分数的读法、写法；知道百分数在实际生活、生产中应用非常广泛；弄清百分数与分数的异同。

2. 通过观察、比较等学习方法，理解百分数的意义。

3. 激发学生的求知欲，让学生在民主、和谐、活跃的气氛中学习，并适时进行思想教育。

教学过程

一、预习检测，揭示课题

请同学们读一读这些生活中的百分数。想一想，你在哪些地方见过这样的数？（课件展示）

1. 学生的近视率应引起高度重视，根据去年年底的统计，我市学生的近视情况如下：小学生18%，初中生49%，高中生64.2%。

2. 通过质量检测，这批产品的合格率是98%。

3. 咱们学校有60%的学生参加了兴趣小组，我们班差不多达到了65%。

4. 一瓶果汁蛋白质含量大于10%，果汁含量大于15%。

5. 一件毛衣，羊毛含量是50%，腈纶含量是50%。

这是老师课前从生活中找到的百分数，请大家拿出你从生活中找到的百分数与大家交流一下。

看来百分数在我们的生活中应用非常广泛。那么在生产、工作和生活中，人们为什么经常要用到百分数？用百分数有什么好处呢？什么叫百分数呢？这节课我们就一起来认识百分数。（板书课题：百分数的认识）

【设计意图：百分数在日常生产和生活中使用非常频繁，学生虽未正式认识百分数，但对百分数并非一无所知。因此，上课之前让学生调查了解生活中的百分数，可以让学生从中体会到百分数在生活中的广泛应用，认识到百分数对于个人的意义，对激发学生内在的学习动机起到了很好的作用。】

二、名师展示，互动交流

1. 探究百分数的意义。

一瓶矿泉水中含有钙、镁、钠、钾、锌和铁 6 种矿物质，包装瓶上写明钙的含量为 18%，镁的含量为 22%，钠的含量为 30%，钾的含量为 8%，锌的含量为 12%，铁的含量为 10%。说说你有什么发现。

我们学过分数，分数表示一个数是另一个数的几分之几，也可以表示一个具体的数量。那么什么叫百分数呢？表示一个数是另一个数的百分之几的数，叫作百分数。这句话中提到了几个数？（两个数）百分数表示它们之间的一种什么关系？

2. 百分数的读写。

认识了百分数，你会读写它吗？你能把 $\frac{84}{100}$、$\frac{25}{100}$、$\frac{22}{100}$ 写成百分数吗？

请学生到黑板上试着写一下，然后介绍百分号"%"的写法，找出写得规范、漂亮的学生，让其介绍窍门。写百分数的时候，先写分子，然后再写百分号，写百分号的时候，先在左上方写一个小圆圈，再写一条斜线，最后在右下角写一个小圆圈。

【设计意图：很多学生其实已经会读、会写百分数了，教师只需顺势而教，依学论教，充分尊重和信任学生，就能够极大地调动学生的学习热情。学生在学习中真正体会到我能行，其间再适时地加上老师的正确示范，这一知识点的学习就能成功地融入学生的经验世界。】

3. 请大家试着读出下面的百分数。

1%　18%　50%　78%　100%　125%　7.5%　0.08%　300%

观察这些百分数的分子，你有什么发现？它们都有什么特点？

4. 小组合作学习，比较百分数与分数的不同。

百分数和分数有哪些不同呢？请同学们以小组为单位交流讨论。讨论完毕，挑选代表汇报。

全班同学交流汇报。

【设计意图：这个环节让学生在知识的探究中，真切地感受到百分数的价值，深刻领会百分数的意义，特别是对百分数为何叫百分比、百分率，以及百分数、分数这两者之间内在关系的探讨，水到渠成，更利于学生吸收。百分数的本质特征是用来刻画和描述两个数量之间关系的，如何才能让学生感受到这一数学本质特征呢？这里让学生先跳进去，然后再跳出来就是一个好方法。】

三、设计不同层次的练习，巩固知识

1. 选择合适的百分数填在括号里。

45%   75%   200%   98% $\frac{75}{100}$ 100%

(1) 一本书已看了全书的（   ），还剩下全书的55%。

(2) 一根铁丝长（   ）米。

(3) 一辆汽车严重超载，装的货物是限载重的（   ），这个司机要受到处罚。

2. 在游戏中了解百分数的用途。

摸奖游戏的游戏规则是摸到黄球为中奖。

(1) 袋中只有一个黄球时，中奖的可能性是多少？

(2) 袋中一个黄球一个白球，摸一次就中奖的可能性是百分之几？

(3) 袋中如果有一个黄球九个白球，摸一次就摸到黄球的可能性是百分之几？

百分数可以帮助我们分析生活中的一些事例，今后我们玩这类游戏的时候，首先要动脑筋想一想，分析分析。

3. 解释百分数。

写出10个百分数，用自己的语言及相关事例解释它。

【设计意图：让学生写出喜欢的百分数，既能锻炼学生正确书写百分数的能力，也能更好地了解学生有没有不会写、不理解百分数的现象，而且还能够从这个小游戏中，让学生进一步理解百分数的意义。】

4．将下面的成语代表的百分数写入括号内。

百发百中（　　）　　　百里挑一（　　）

十拿九稳（　　）　　　一箭双雕（　　）

四、全课总结

通过本节课的学习，你们有什么收获？最后老师送你们一句名言：天才＝99％的汗水＋1％的灵感。希望同学们能够从这句名言中受到启发。

五、板书设计

百分数的认识

$\frac{84}{100}$ 写作84%，读作：百分之八十四

像84%，20%，90%，117.5%……这样的数叫作百分数，表示一个数是另一个数的百分之几。百分数也叫百分比、百分率。

《乘法分配律》教学设计

◎ 濮阳经济技术开发区实验学校　史海兰

读懂学生核心主张

读懂学生错误，培养学生反思能力。

本课主要看点

课堂中让学生经历思维的碰撞，经历"试错"的过程。

教学内容

义务教育教科书（青岛版）数学四年级上册第 25～26 页内容。

学生分析

本节课在学生学习了加法交换律、加法结合律、乘法交换律、乘法结合律的基础上进行教学，同时又为今后学习整数、小数、分数的简便计算打下基础。

设计理念

《义务教育数学课程标准（2011 年版）》指出数学内容应当是现实的、有意义的、富有挑战性的。由于学生对概念的理解需要经历从直观到抽象、从朦胧到明晰的一个过程，而这一过程要通过学生不断感知、体验、实践、交流、反思和感悟来实现，所以教师要为学生提供思辨的机会，让学生经历知识的形成过程，使学生能够在发现中交流，在交流中体验，在体验中得到发展。

学习目标

1. 通过经历探索乘法分配律的活动，发现并理解乘法分配律。

2. 经历与他人合作解决问题的过程，尝试解释自己的思考过程，通过观察、分析、比较，培养学生初步的分析、推理、抽象概括能力。

3. 学生通过感受数学知识之间的内在联系，初步养成乐于思考、勇于质疑、实事求是等良好品质，增强学习的兴趣和自信。

教学过程

谈话导入：同学们，当你们考了好成绩或者取得了很大的进步时，想要得到什么奖励？这节课我们就看哪些学生遵守课堂纪律、积极发言取得这些奖励吧。

一、创设情境，发现问题

出示图（1）：

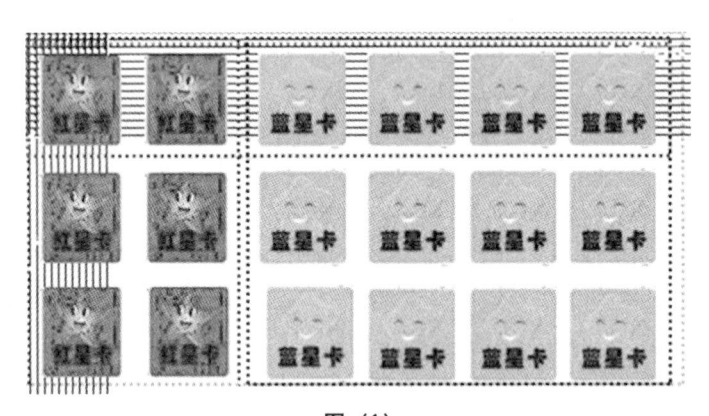

图（1）

请同学们帮老师算一算，老师今天带来了多少张星卡？老师还有个小要求，同学们要列综合算式并说说先求什么再求什么。（学生先说图上信息，再列式解答）

学生汇报算式：(2+4)×3 或 2×3+4×3

出示图（2）：

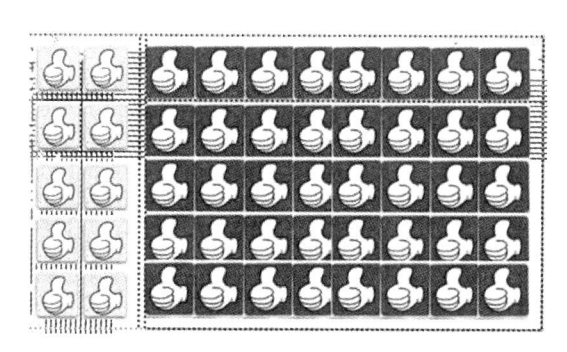

图（2）

老师带来了多少张"大拇指"奖卡呢？请 1 号同学说信息，2 号同学说怎样列式及每一步分别求的是什么。

学生汇报得出：(2+8)×5 或 2×5+8×5

出示图（3）：

图（3）

接下来，再帮老师算一算带来了多少张奖卡吧！

学生汇报：(10+12)×4 或 10×4+12×4

【设计意图：在这一环节，选取学生熟悉的感兴趣的现实情境——帮老师计算带了多少张奖卡，激发学生的求知欲，让学生以饱满的热情投入到新知的学习中。】

二、自主探索，探究新知

1. 分一分：算式分类。

$$(2+4) \times 3$$
$$2 \times 3 + 4 \times 3$$
$$(2+8) \times 5$$
$$2 \times 5 + 8 \times 5$$
$$(10+12) \times 4$$
$$10 \times 4 + 12 \times 4$$

刚才在解决问题的过程中我们写了6个算式。假如老师让你把这些算式分分类，你想分几类？理由是什么？

同桌两人讨论，老师选两名学生上台展示分类结果。学生说出分类理由，并观察左右两边的算式的结果，得出结论：

$(2+4) \times 3 = 2 \times 3 + 4 \times 3$　　$(2+8) \times 5 = 2 \times 5 + 8 \times 5$

$(10+12) \times 4 = 10 \times 4 + 12 \times 4$

【设计意图：通过解决感兴趣的现实问题使学生轻松得出6个算式，并尝试分类，初次感知算式左右两边运算顺序上的不同，然后回忆结果，得出3组等式，让学生初步感知规律，为下面进一步研究、理解乘法分配律提供素材。】

2. 猜一猜：猜想规律。

下面我们仔细观察这几组等式的左右两边，你发现了什么？左边、右边有联系吗？四人小组组内交流。学生观察思考，在小组内交流自己的发现，尝试得出结论。

3. 想一想：验证规律。

> 探索活动要求
> 1. 在练习本上写出两组算式。
> 2. 为确保结论的可靠性，举例验证时，较大数、较小数及特殊数（如1，0等）的例子都要有。

学生按照探索活动要求举例验证。

4. 总结规律。

现在我们既举了较小的数，又举了较大的数，还有0这个特殊的数，验证的结果都是相等的，而且我们也举不出反例来推翻我们的猜想，看来这个规律是普遍存在的了，我们终于可以得出结论了。我们探索出了和数学家相同的规律，让我们坚定而自豪地把这个结论大声读出来：

两个数的和与另一个数相乘，可以把它们分别与这个数相乘，再相加，结果相等。这个规律叫作乘法分配律。

【设计意图：学生自己总结乘法分配律的规律是教学难点，在这一环节，放手让学生自己先尝试说规律，再与同桌交流说规律，让学生经历"试错"的过程，在观察、猜想、验证等活动中，培养学生进行有条理思考的能力和表达自己的思考过程与结果的能力。】

5. 用字母表示。

那么多的算式，写也写不完，你能用字母或符号表示这一规律吗？

学生尝试用文字、符号或字母表示乘法分配律，得出最简洁的表示方法：$(a+b) \times c = ac+bc$。

【设计意图：在这一环节，放手让学生写出自己喜欢的表达方式，以发展学生的思维能力，并体验用字母表达的简洁性。】

6．温故知新。

关于乘法分配律的问题，我们早就接触过，不信你看（课件举例）：

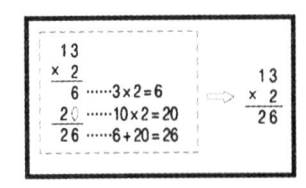

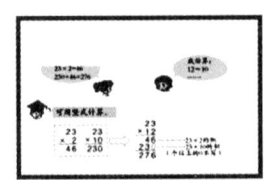

【设计意图：引导学生回到熟悉的两位数乘一位数的口算和两位数乘两位数的竖式计算以及相遇问题当中，引导学生从旧知识中发现新知识，感受数学知识之间的内在联系，体会到新知不新，从而增强学习信心。】

三、综合实践，学以致用

1．想一想，做一做。（课件出示练习题）

2．课本第29页"自主练习"第12题。

【设计意图：练习题的设计，主要考查学生对基本知识的理解和掌握，以及运用乘法分配律解决实际问题的能力，让学生初步感知乘法分配律的简便作用，并可以相互转换，为后面的学习做简单的拓展。】

四、拓展延伸，感情升华

（爸爸＋妈妈）×你＝爸爸×你＋妈妈×你

这个算式的意思是：爸爸和妈妈都爱你，也就是爸爸爱你，妈妈也爱你。其实，生活中我们的爸爸、妈妈也是这样做的。（出示课件）在生活中，不仅爸爸、妈妈爱你，还有更多的人爱你，比如爷爷、奶奶、老师、同学……

你们生活在爱的海洋里，在享受他们的爱的同时，也要把爱回馈给他们。

$$(爸爸+妈妈+爷爷+奶奶+老师+\cdots\cdots)\times 你=$$
$$爸爸\times 你+妈妈\times 你+爷爷\times 你+奶奶\times 你+老师\times 你+\cdots\cdots$$

爱的海洋

五、板书设计

乘法分配律

$(2+4) \times 3 = 2 \times 3 + 4 \times 3$

$(2+8) \times 5 = 2 \times 5 + 8 \times 5$

$(10+12) \times 4 = 10 \times 4 + 12 \times 4$

$(a+b) \times c = ac + bc$

观察→猜想→验证→结论→运用

第四章　读懂学生的研修花絮

　　在中原名师宋君小学数学工作室，我们的研修聚焦"读懂学生"，教学中的点点滴滴都直指"读懂学生"。当我们在实践中不断超越自我的时候，我们会听到花开的声音，我们会体会到成长的愉悦，感受成长的幸福。研修，是一种经历，留下美好的回忆；研修，是一种成长，超越昨天的自我。

读懂学生，智慧前行

◎ 孟津县双语实验学校　杨晓燕

作为一名学习者和探索者，2017年我幸运地站在了新起点上，光荣地成为河南省骨干教师研修团队的一员，成为宋君老师工作室的一员。一年匆匆而过，回顾本年度学习和工作的点点滴滴，让人难以忘怀！这一年是艰辛的一年，更是收获的一年，我收获了知识，收获了自信，收获了能力。在教育这条与学生相知相伴的路上，我行走着，一路欢笑一路歌。

点燃激情

见这个名师骨干团队以前，我一直是那个努力教书、细心育人的人，"研究"二字终究是离农村教育有些远。

在学校，大家都说我赶上了好时候，一路顺利地晋升职称。我知道自己欠缺什么，我也知道自己心中的教育其实与职称的关系并不大。由于学校各项比赛和评先表优的指标很少，很多优秀教师只能默默无闻，我退出了所有的比赛，安心教书育人。虽然尽心尽力，但终究还是少了那一份拼劲儿。原以为就会这样不长进地、平静地走下去，然而却意外听说评选省骨干教师时学校无人申报的消息。抱着试试看的态度我递交了自己的资料。当我就要将这件事淡忘的时候，令人兴奋的消息传来了，作为全县唯一报送的小学数学老师，我被选上了。从那天起，我不再隐藏心中的梦，不再苦于找不到努力方向，我也要有我的导师了。心中的热情被重新点燃，那一种不服输的拼劲儿又重新回到了我的身上。

美丽的遇见

我是一名普普通通的数学老师，虽然当初选择教师这个行业并非心甘情愿，但我渐渐发现，教育这件事真的有些像酒——越陈越香。18年的教育生涯里，我听过的讲座有无数场，看过的示范课也数不清，我心中仍有一个梦想——能真正跟着心目中的大师们学习，哪怕只能说上几句话，哪怕在现实中听一节课，而今我终于能跟着大师学习啦。

一、想象里的宋君老师

初见宋君这个名字，我便觉得宋老师必是简单清新之人。君，让我立马想到的词便是君子，想到的句子便是"君子以自强不息"。我在心里想着他到底会是一个什么样的大家呢？是文质彬彬的气质书生，还是阳光刚强的男子？

二、文章里的宋君老师

这么有名气的教师，网上的资料肯定不少。为了提前认识宋老师，我上网查阅资料，认识了宋老师以及他的"三个五年"。第二届河南最具成长力教师写给宋君老师的颁奖词，让我肃然起敬。"五年为界，你实现了教育人生的三次转变；四季轮回，你找到了教师的幸福通道。今日你老老实实做人，本本分分治学，俯下身子，甘做一头孺子牛，明日定是满眼桃李芬芳。经风雨，见世面，远处有宏图，脚下是正道。"

我在群里也欣赏了宋老师的文章，未见其人，却已感受到这个研究型教师对教育的坚毅、执着。一个人的成功绝非偶然，成功需要永不言弃的执着，而他一直这样做着。得此学习机会实属不易，我暗下决心，一定认真学习，虽然在科研方面我还是知之甚少，但我会努力做好课题。

三、眼前的宋君老师

2017年6月3日下午，我终于见到了慕名已久的宋老师，他戴着一副眼镜，与我的想象并无太大差异，看上去瘦弱但很精神。没有华美的开场白，没有动人的自我介绍，宋老师一开始就直奔主题，说着研修的各项任务。严谨、质朴、平实、率性，语言简单明了、条理清晰，从会议议程到研修任务解说再到作业要求，宋老师安排得细致有加。这次没有他的主讲，但他的评课已将他的才华展现得淋漓尽致，我也终于可以跟着慕名已久的宋老师开始新的征程了！

艰难跋涉

平顶山的学习让在网络上相识的一大家子真正聚在了一起。我为我的梦想而来，宋老师说的每一句话我都不想放过。在平顶山的两天，共同体研讨＋智慧课堂＋组合报告让我振奋，这里面大有学问，有待我学习的东西太多太多。平顶山之行注定成为我人生不平凡的一次学习，我怀着真切的热爱在数学教育的道路上开始了新的跋涉。

然而宋老师布置的作业却让我一筹莫展。我对课题基本上一无所知，一开始怎么也弄不明白，左思右想还是想不透彻。好不容易写好了自己的核心主张，我长舒一口气把资料传给宋老师。等待审核的日子我提心吊胆，生怕自己做得不够好，虽然阅读了很多东西，但我的认识还不够深入。接下来，宋老师在微信群里布置了有关课题研究的各种作业，我感到迷茫，甚至一度陷入困境，开始觉得是自讨苦吃，原本可以过着与世无争、平静如水的生活，却找了个学习当自己的紧箍咒。但，我内心也有一股不服的劲头，大家能完成的我也能完成，大家能做的我也要做，哪怕做得不是很好。看着群里提交的一份份作业，我终于也证明了自己的能力。我一个人搞这点研究都如此痛苦，宋老师带着我们一群老师，还要一一督促、检查、修改，他才更是痛苦至极。作为一名中原名师，他尚且没有安于现状，而是不停地走在前进的道路上，我更没有理由退却。我一边做老师，一边做学生；一边钻研教材，研究教学，一边大量阅读教育教学理论书籍，把自己埋在了教育教学的书海中。我读了黄爱华的《小学数学课堂教学艺术》，吴正宪的《翻开数学的画卷：感受数学世界的人、文、情》《儿童心中的数学世界：数学日记》等专著，提高了自己的数学素养，丰富了教育思想；我读了《华应龙和化错教育》《课堂教学问题诊断与解决》等书，为自己的课题研究寻找思路。

我从每天看着课题研究资料"照葫芦画瓢"，到在备课过程中深入思考关于学生错误的问题，我还根据学生上课时的具体情况，引导孩子们自主思考辨析错误，将错误资源利用好。犯错是儿童的权利，但他们如果能主动认识错误、辨析错误、纠正错误、利用错误，就能获得更好的成长。为了这个研究，我自觉地认真思考每一节课的错误因素，认真研究每一节课错误的情况。从错因到辨析过程再到顺利提升，我记不清多少次在深夜揣摩关于各种错误的课堂解决办法，也记不清多少次于黎明反思教学过程的每一个瑕疵。在无数次"教""学""研""思"的磨合中，我成长着，蜕变着，课题研究之路也渐渐明朗起来。

10月，宜昌的再次相聚，让我真正结识了一帮好导师，好朋友。虽然作业对于我来说一样难做，但有宋老师一次次的鼓励、一回回的修改，我明显感到自己在进步。尤其是去宜都市实验小学进行为期一天的交流，每个人针对两项作业内容进行了几分钟的阐述，大家交流着、议论着，没有套话，毫无保留，像多年的老朋友一样，诚恳地帮每个人寻找解决问题的办法。每个老师的发言都给我留下深刻印象。干练的郭校长、知性的程老师、智慧的史老师、质朴的石老师……尤其是年龄最小学识却很高的刘老师，点评句句切中要害。我深深感到，团队里的每一个人都是我学习的榜样。

花开的声音

一、思想的转变

我以前也参加过课题研究，因为不是主持人，总是主持人分什么，我就干什么，从来没有通盘考虑过到底该怎么去做研究。农村教师的见识少和巨大的工作压力成为不做研究的最好借口，还常常为自己的落后找理由，认为一线教师只管教书，研究是专家或教研员做的事，越如此便与研究越疏远。在跟随宋老师学习的这段日子里，我看到了一个严谨、认真、努力、奋进的宋老师。当初宋老师布置课题作业的时候我还是一头雾水，觉得好难好难，我此前所有的工作重心都是埋头教书育人，常常忽略认真总结经验以形成自己的东西。我从孤独、迷茫的研究开始，一点点摸索，一点点思考，一点点查资料，一点点课堂实践，一点点细心反思……我不再对"研究"二字望而却步，我不再因为自己是一位农村教师而为自己找借口。别人可以学会的，我一样可以学会。

二、研究的成长

通过此次学习，"研究"二字已深深地刻在我的心里。作为一名普普通通的一线教师，我知道了做课题研究要从小处着眼，要研究实实在在的问题，在学习、阅读、课堂实践中都要时刻留意与自己课题相关的内容，记录一切关于课题的相关内容，保存从课堂上获得的一手资料并进行整理、分析、统计、归纳、总结，然后写出研究报告。针对研究中出现的问题进行再整理定位，把没有解决的问题再拿出来进行研讨，拿出课堂上的相关例证进行再分析、再解决。总结下来就是：第一步，选题与可行性分析（小处着眼）；第二步，课题研究方案规划与撰写（切合实际）；第三步，课题申报与立项（梳理研究思路）；第四步，课题研究的实施阶段（大量实例研究）；第五步，课题的结项鉴定与成果推广（查阅资料，有理有据）。

三、课堂实践的收获

研究错误资源以来，我的课堂也在悄悄地发生着变化，也许是我的关注引起了孩子们的注意，我的研究目标得到实现，我不再对孩子们的错误一味批评，而是将问题抛给孩子们解决。现在出现在数学课上的错误，有的一点即破，有的是大家齐心协力共同解决。有时候数学课简直就是一场辩论赛，孩子们争得面红耳赤，互不相让，不需要我组织，不需要我讲解，只是在僵持不下时需要我点拨一下。孩子们开心了，学习兴趣提高了，辨析能力增强了，思维拓宽了，会用最简单的方法解决问题了。他们在辩论中从开始乱七八糟表达变成了单刀直入，直切要害，真正优化了思维过程。而我做这样的"懒老师"也不亦乐乎。

四、心灵感悟

我借用别人的话表达内心的感悟：1.并非困难使我们放弃，而是因为我们放弃，才显得如此困难；2.并非因为有了希望才坚持，而是坚持才能看到希望。

成长的过程是复杂的、曲折的、艰难的，甚至是痛苦的。哪怕再熟练的教师，再优秀的教师，也会遇到用以往经验难以解决的问题，某个知识点或许是自己的认知盲区，问题存在的地方就是我们成长的地方，也正是需要我们不断努力的地方。希望在以后的工作和学习中，我们能够不断地发现更好的自己，不断地创造和展现更好的自己。成长就是让自己不断变得更加优秀，让自己更加优秀，就是对自己的最好成全。

痴心追求

生活需要数学，数学教育需要像宋老师一样有着执着、坚毅品格和情怀的人。他的脚步不会因为获得何种荣誉、何种称号而停歇，思考也不会停止。每一位数学教育工作者都应该有宋老师那份情怀。我感恩此生有幸能有宋老师作为导师，感恩此生有幸与这样一群好朋友为伍，跟他们一起学习。

优秀的团队，幸福的我

◎ 开封市龙亭区刘庄小学　杨红艳

第一次见到宋老师是在 2012 年 9 月，那时我到郑州师范学院参加为期 20 天的农村骨干教师集中培训，宋君老师为我们做了"在反思中追求有深度的智慧教学"的专题讲座。宋老师戴着眼镜，文质彬彬，他独特的风格吸引着我，我这个从农村走出来的教师第一次目睹了名师的风采。

2016 年，我接到省骨干教师培训通知，在选择导师的时候，我一眼便看到了宋君老师。怀着无比自豪与激动的心情，我很荣幸地加入宋君老师的工作室，开始了自己人生的新征程。

为了使我们尽快融入这个大集体，宋老师给我们搭建了网上研修平台，第一次布置了研修任务——聚焦读懂学生，提出自己的核心主张。对于我来说，虽然在教学实践中也经常反思自己的教学，但很少将自己的所思所想写下来，更别说转化成理论了。所以在接到任务后，我想到哪儿写到哪儿，完成后便提交给了宋老师。由于第一次接触研修，选题大，写出来的东西又比较散，不能聚焦主题，当天宋老师就将修改意见反馈给了我。在宋老师的指点下，我将文章进行了修改，完成了第一次研修作业。

完成第一次作业后，宋老师向我们提出了聚焦自己的核心主张开展课题研究的要求。由于我的选题太大，需要研究的内容太多，而且没有侧重点，所以在提交后宋老师几次对我提出修改要求，我修改了三次后终于勉强过关。说实在的，收到宋老师的留言，我既高兴可以得到教育大家的指导，内心又有些害怕。宋老师认真的教研精神，容不得我们敷衍了事，我们每一位成员都小心谨慎地完成宋老师布置的任务。

作为一名教师，每个人都希望自己能有一个更好的发展，都希望自己能够朝着目标不断前行。宋老师的每次培训都给予我们无比强大的力量，我们在培训的过程中快速地成长，不断更新教育理念。研修，引领我们前行，更带给我们动力和责任。由于个人原因，工作室组织的几次集中研修我都没能参加，但我关注着我们团队的每一次研修：集中研修时队友们分享的课例、专家讲座、学习感悟、宋老师的博客……每次集中研修前我都会拜托石巧丽、史海兰两位老师把集中研修中新的"会议精神"转达给我。培训专家的风格不同，观念各异，但是他们炽热的爱教之心都深深震撼了我。一位位睿智的教师，让我找到了学习的榜样，一个个鲜活的案例给了我具体的操作指导，让我快乐而充实。

想想队友们每天听着专家们的精彩讲演，他们的每一句话每一个观点，都值得我们推敲，我在收获甜甜"果实"的同时，心里也有酸酸的感觉。他们的文化底蕴，执着的教育追求，严谨的治学态度，让我反省良多！他们提出的观点是新的，看待问题的方法是辩证的，研究问题的出发点更是让我耳目一新。回顾自己的教学，才发现自己实践不少，但思考太少，总是以工作忙为借口懒于反思、总结，通过这次学习，才发现在不经意间我失去了太多。

研修培训给我的感觉是有压力、有动力、有快乐、有收获。研修活动打开了我们的眼界；"教学观摩""与名师互动"等丰富多彩的活动增长了我们的见识；"无痕教育"等理论讲座，拓宽了我们的知识面，收获颇丰。

看到队友们集中研修的这些日子，大家在一起百花齐放、百家争鸣，而我就像一只孤雁，心中多少有些涩涩的感觉……一起研修的队友有十几个，大家一个比一个优秀，一个比一个能干，这些优秀的骨干汇集在宋君老师的工作室，形成了一个优秀的团队。而我，有幸加入这个优秀的团队，也备感幸福！虽然未能面对面向大家学习，但通过网络研修，我深切感受到这个团队刻苦钻研、永不服输的精神。从事教育20年，在这个优秀的团队中我诚惶诚恐，怕够不上骨干教师的资格。我要不断学习，不断充实自己，我要将这个优秀团队的精神延伸到今后的每一次教育教学实践中去！

跟随宋老师研修，我结识了一群可爱又优秀的朋友。在他们身上，我看到了自身的许多不足。在欣赏了专家的各种讲座后，我重新审视了自己的教育认知：教师生涯的规划、教育学术研究的必要性、教师的教育技巧等，然而我感受最深的还是宋老师沉下心来搞科研的精神。

1. 让工作课题化——研究

我们每位教师都应该拒绝平庸，努力深化教育的意义，使工作成为促使自身提升的途径，实现从只会教书的教书匠向成功育人的教育者转变。

2. 让工作事业化——追求

教育是伴随我们一生的事业，树立教育事业即自我追求的工作观，这样就会增强我们的使命感、责任感，最终使我们的教师生涯焕发亮丽的色彩。

3. 让工作生活化——愉快

每位教师在工作中应该有积极、向上、健康的心态，时刻保持着对工作的热情、动力、向往与感恩。

队友们，加油吧！让我们在宋老师的指导下，找到属于自己的起跑线，在教育这条跑道上一起继续奔跑！

在研修中思考，在思考中提升

◎ 郑州市金水区丰产路小学　王　霞

2017年，在我的教学生涯中发生了一次转折，我本以为只要按部就班地认真完成自己的教学工作就好，却幸运地作为河南省骨干教师培育对象之一，来到中原名师宋君老师的工作室，与其他十几位教师共同进行为期一年的研修培训。我们在这里从相识到相知，一路相伴，走完了一年的研修路程。一年来，我们在导师宋君老师的引领下，通过网络研修、集中研修、课题研究、在岗实践和反思提升等多种形式参与培训。在培训期间，我积极参与每次活动，深入思考，克服各种困难，认真学习，按时提交作业。回顾一年的研修，其间有过困惑，有过迷茫，也有过退缩，虽然走得很艰辛，但我还是坚持了下来，收获满满，幸福快乐。

一、课题研究促成长

一年中围绕"读懂学生"主题，从最初思考自己的核心主张和对核心观点的阐述，确立自己的核心主张，到课题立项，再到课题研究，最后到课题结项。在宋君老师的指导、鼓励、帮助下，一步步、一点点、一次次修改，经历了一个完整的课题研究过程。在这个过程中我成长了不少，从最基本的如何查找、下载文献资料,到分析资料,再到写作,受益良多。我改变了以往对课题研究的狭隘看法,以前总认为搞研究是专家的事,作为一名教师只要完成自己的教学工作就行了,现在我意识到,其实研究就在我们身边,只要有心、留心、用心发现自己教学中发生的事情,养成随时记录、深入思考的习惯,每天带着思考去审视教学中的问题,当积累到一定阶段,我们每一位教师都能成为研究型教师。我们的研究是从实践中得出来的,更能引起同行们的共鸣。我还改变了听课的方式,把每次听课都当成一次学习的机会,向执教老师学习,向学生学习,带着自己的问题去听课,从中找到自己想要的方法和策略。我更体会到了自己知识的贫乏、理论的欠缺,我要终身去学习、去阅读、去思考,只有这样才能跟得上时代的步伐,才能真正地读懂学生,才能走得更远。

二、网络研讨促思考

我们团队的成员来自不同的地区,集中一次很不容易,为了方便大家共同研讨学习,宋君老师组织大家建立QQ群、微信群。在这里,我们可以及时了解研修任务,可以阅读学习宋老师分享的优秀文章和他自己发表的文章;在这里,宋老师推荐优秀作业供大家学习交流;在这里,宋老师手把手教我们总结的方法。在我们聚焦"教学价值与学生发展"主题讨论时,大家各抒己见,每条评论都凝聚着每个教师的智慧和思考。我也在深入思考,我认为小学数学教学首先要保证学生有扎实的数学基础,其次才是运用数学知识去满足日常生活中的数学需要。基础知识和基本技能还不扎实,何谈用这些知识去解决实际问题呢?学生只有掌握足够的数学知识,用起来才能得心应手,解决问题也会水到渠成。我们在研修中还进一步思考:教育价值与学生发展内在的逻辑关系是什么?如何阐述和展开呢?促进学生发展最有效的方法和策略是什么?

随着问题的提出,每位老师都在思考,在用一个词来概括促进学生发展最有效的方法和策略时,有的认为是体验、感悟,有的认为是经历、尝试、思考、参与……我认为是经历，但宋老师理解的是读懂学生。是呀，只有读懂了学生，我们才能去实现一切方法；只有读懂了学生，我们才能从学生实际出发设计出适合学生的活动，才能体现出教育的价值。在与大家的研讨中，我看到了大家的智慧，感受到了大家的认真与坚持，也开始思考自己的教学。

三、集中研修增感情

一年中，我们进行了三次集中研修。虽然每次集中研修都是短短几天，但就是这短暂的相聚，让我们收获了珍贵的友情。忘不了宋君老师鼓励的言语，更忘不了他带病为我们修改案例；忘不了大家汇报材料时的认真态度，更忘不了大家激烈研讨时的场景；忘不了大家坚定的眼神，更忘不了大家的欢声笑语。我们的团队就是在这样一个和谐的氛围中结束了一年的研修活动，在这个团队中，我累并快乐着、收获着、成长着。

一年的研修培训虽已结束，但我们的研修不会停止，思考还会继续。让我们不忘初心，与新的课堂教学方式携手前行；让我们以宋君小学数学名师工作室的愿望与追求——成长有力量、教学有智慧、教师有特色、好课有品质——激励自己，一起努力共同进步。

感恩2017，最美的遇见

◎ 濮阳经济技术开发区实验学校　史海兰

2017年，对我来说是幸运的一年。在这一年里，我遇到了中原名师宋君老师，遇到了我们这个团队，遇到了和我志同道合的朋友……快乐充实的时光总是那么短暂，作为宋君老师工作室的一员，回顾2017年的紧张而忙碌、有序而奋进的研修经历，我收获颇多。

一、拥有可亲可敬的导师

一个温暖的下午，我看到一个陌生号码来电，没想到却是宋君老师，我激动万分。从那一刻起，我就很荣幸地成了宋老师工作室的一员，在这一年里，感动于宋老师的敬业精神，敬佩他精湛的专业素养，也敬畏他的公平正直。在这一年里，我跟随可亲可敬的宋君老师，不仅学到了很多专业知识，还学会了如何做人做事。仍记得，我们这些初次做课题研究的人，对于课题一头雾水，宋老师不厌其烦地一遍又一遍地给我们修改稿子，有时甚至修改七八遍，却从没有一丝怨言；仍记得，宋老师点评课时，总能准确而又犀利地指出一节课的优缺点；仍记得，凌晨时分还收到宋老师发来关于作业的邮件；仍记得，每一次研修培训，宋老师都是毫无保留地给我们讲解专业知识以利于我们的专业发展；仍记得，每次研修结束，宋老师总是嘱咐我们注意安全……一年的接触，让我感受到了一个专业、敬业、正直、善良的宋老师。正如第二届河南省最具成长力教师给宋老师的一段颁奖词："五年为界，你实现了教育人生的三次转变；四季轮回，你找到了教师的幸福通道。今日你老老实实做人，本本分分治学，俯下身子，甘做一头孺子牛，明日定是满眼桃李芬芳。经风雨，见世面，远处有宏图，脚下是正道。"是呀！宋老师，您让我肃然起敬，由衷觉得选对了老师。

二、组成团结友爱的团体

我们的团队成员虽然来自不同的地市，但是一年来，我们结下了深厚的兄弟姐妹情谊。优雅知性的程丽华老师已经在专业成长的道路上走了很远，但是仍然坚持初心，像大姐姐一样关照着我们每一个老师；朴实奋进的黄春丽老师让我们感受到了永不服输的精神；踏实能干的杨晓燕老师让我们真真切切地体会到只有付出才会有收获；美丽洒脱的王霞老师让我们懂得认真教学的同时也要享受生活；从正直善良的英杰身上，我感受到教育成功的道路上不分年龄大小，只要努力，只要钻研，就是专家；郭淑红把学校管理得井井有条，还能在自己的专业发展方面做得这么好，让人佩服；还有郑东方、石巧丽、郭秋丽、彭现花……这些老师都给我留下了深刻的印象，他们是我成长道路上最珍贵的同伴。

三、共同聚焦"读懂学生"

对于我们这些一线教师来说，做课题是件很难、很深奥的事。在宋老师给我们布置任务，让我们写出自己的核心主张并对自己的观点阐述时，我不知道从何下手。在宋老师的指导下，我联想到平时的教学中，常常发现的一种"奇怪"现象：我们教学热情很高，教案写得详细工整，课前精心准备教具和学具，但课堂上学生似乎并不领情，对老师的"循循善诱"被动应对，课堂气氛沉闷，教学达不到预期的效果。出现这样不理想的课堂效果，不就是老师没有读懂学生吗？宋老师把"读懂学生"作为研究主题，真是一针见血地找到了问题症结。

读懂学生作业中的错误，能减轻学生学业负担，提高学习效率；聆听学生不连贯、不清晰、不简洁的表述，能捕捉到学生话语中传递的信息；读懂学生的学习基础，能准确把握学生的认知起点，准确定位，这样开启的课堂才会更有趣、有效、有用；读懂学生的思维，了解学生的真实想法，以灵活的教育机制随时调整教学内容与教学进度，能达到课堂教学效益的最优化……我根据自己的教学实际，最后写出了研修报告——《读懂学生的错误，培养学生的反思能力》。在宋老师的指导下，课题在省基础教育教研室成功立项。

四、搭建共同学习的平台

"问渠那得清如许，为有源头活水来。"教师如果不学习，教育教研活动就会成为"无本之木，无源之水"。在此次省级骨干教师培训中，我们进行了三次集中研修和数次网络研修，每一次研修都给我们带来了很大收获，每一次研修都对我们意义重大，影响深远。我们每一位教师在学习中碰撞思想，在互助中寻求策略，在反思中产生感悟，在讨论中达成共识，在分享中获得成长。

6月3日，我们在平顶山第一次相聚，初见到我们和蔼可亲的宋老师，也第一次见到了和我一样为了共同的追求聚在一起的不同地方的兄弟姐妹们。

6月3日下午，我们在卫东区东环路小学举行了"中原教师教学论坛"，我们听取了四位教学名师的专题发言，时下最为热门的核心素养被几位老师提及。

6月4日上午，我们有幸聆听了来自浙江师范大学教育学院的周跃良教授带来的专题讲座——"互联网＋教育背景下的名师专业发展"。我们不仅接触了"数字土著"这些新鲜概念，更多的是亲身经受了对自己现有教学认知的思想冲击。周教授在讲座中反复提到要用全新的眼光看待这个充满挑战的世界，要时刻更新自己的教育理念，与互联网思维接轨。这就要求我们一线教师要不断提高自己的计算机应用技能，提高自己的数据分析能力，提高自己与教育对象的对话能力，拥有敢于自我否定的勇气，掌握修正完善自身的方法。

接着，我们又聆听了来自三门峡市阳光小学杨雪老师执教的《鸽巢问题》和来自鹤壁市鹤翔小学李秀华老师执教的《神秘的莫比乌斯带》。两节课都设计巧妙，层层递进，环环相扣，融枯燥的数学知识于有趣、实效、高效的课堂中。最后，主持人李慧转做的专题讲座"学生发展——课堂教学的最高价值"为本次学习拉上了帷幕。通过这次学习，我们更感到自己在教学中的差距，来自各地的教学精英们带给我们的不仅是知识的传授，更是心灵的震撼。

10月25日，我们全体成员齐聚在美丽的湖北宜昌和来自全国各地的300多名一线教师共话"应用意识"。各地的教师代表针对"应用意识"在课堂中的应用精彩辩论，教学专家华应龙老师的精彩课堂展示将会议推向了高潮。会议间隙，我们工作室对"教学价值与学生发展"专题进行了网络研讨，工作室的成员都发表了对这一主题的看法，最后宋老师总结：教育的价值是促进学生的发展，而促进学生的发展就要读懂学生、思考学生、关注学生。

10月27日，我们工作室成员一行又来到了宜都市实验小学，在这里，我们聚焦"读懂学生"，进行了课题展示和教学设计展示，发言老师围绕自己的核心主张谈自己的成绩、思考与困惑，其他老师也都畅所欲言。接着，我们又聆听了该校的两节研讨课。

此次研修，让我对数学学科又有了深入思考，使我更加深入地体会到读懂学生的重要性。我也被宋老师的敬业精神感动了，当时，宋老师胃不舒服，带病坚持给我们批改作业，点评我们课题中的问题。我们感动之余也有些汗颜，宋老师专业水准已经这么高了，还这么敬业，我们更不能偷懒。

12月2日，我们相聚在邓州，听了一些示范课，徐斌老师以学生熟知的套圈游戏入手，在不知不觉中开始新课，不留痕迹地创设一个个教学情境，将学生带进奇妙的数学王国里，由浅入深、由易到难，循序渐进地让学生理解新知识。徐老师高超的教学技艺和接地气的课堂教学，让与会老师无不赞叹。接着徐斌老师又与大家探讨了"无痕教育的内涵与策略",徐老师的报告高屋建瓴、深入浅出,让听众如沐春风。他结合教学实例,生动讲述了自己是如何把"冰冷的美丽"(文本)转化为"火热的思考",引导学生在无痕中学习数学、发展能力。

12月2日下午和12月3日上午,与会教师走进课堂亲历了跨区域名校名师名课的博览盛宴,有张雅名师工作室成员的《解决问题》、李付晓名师工作室成员的《用数对确定位置》、李青青名师工作室成员的《用字母表示数》、刘冰名师工作室的《相交与垂直》、刘忠伟名师工作室的《长方体的认识》及张凤仙名师工作室的《组合图形的面积》。他们的课如行云似流水,浸透着核心素养的新理念,展现着课堂教学百花齐放的新局面。现场评课时,专家们基于课堂,聚焦数学核心素养,对几堂课作了专业分析。难忘的是宋君老师高瞻远瞩的点评:"让我们真正地读懂学生的思维,读懂学生的表达,读懂学生的需求,在课堂教学中聚焦一些细节,聚焦一些课堂问题,进行深度思考。在真正的思考中,让我们的课堂更有效,让我们的数学更加丰富多元,让我们能更加智慧地成长。"

五、研修取得的成果

我深知,没有比脚更远的路。在教育这条路上,我们需要边走边停,学思统一。我撰写的论文《读懂学生错误,培养学生反思能力》发表于《濮阳日报》,执教的《平行线的认识》也取得了市级优质课一等奖的好成绩。在宋老师指导下,我的课题"基于读懂学生错误培养学生反思能力的实践研究"也在省基础教研室立项。

在以后的教育教学工作中,我会继续学习、探究、摸索、总结,继续聚焦读懂学生的方方面面,在课堂教学中聚焦细节,聚焦课堂问题并进行深度思考,力争发展自我,突出自己的教学个性,向中原名师们学习,不断挑战自我,超越自我。

踏破铁鞋寻真知，倾心教研育桃李

◎ 林州市市直第六小学　石巧丽

踏破铁鞋寻真知，倾心教研育桃李。这是我对教育事业的承诺，对教育事业一生执着的追求。对我个人来说，2017年是紧张、充实、有序、奋进、艰辛而又喜悦的一年，我有幸加入了宋君老师的工作室，参加了为期一年的河南省骨干教师培训学习。培训内容丰富多彩，培训方式多种多样。在这一年的时间里，通过三次面授学习，数次网络学习，到平顶山、湖北、邓州等学校观摩听课，自我研修，教学实践……我进一步认识了新课程下数学教学的发展方向和目标，反思了自己以往在工作中的不足。作为一名骨干教师，我严格按照一个好教师的标准要求自己，牢固树立教书育人的信心，把强烈的事业心和责任感放在第一位，对学生的热爱使我兢兢业业，在三尺讲台上心甘情愿奉献自己的青春。我爱岗敬业，勇挑重担，以满腔的热忱投入到工作中，在要求自己努力上进的同时，还鼓励青年教师积极上进，以实际行动影响和激励着周围的教师，始终把每位教师当作自己的朋友，一起学习，共同成长。我凭着自己对教学的热情，总是在实践、在钻研、在进步、在创造。宋老师的专业引领和耐心指导，使我的教育观念进一步得到更新。

一、集中培训学习

在三次集中学习期间，我专心听讲，认真思考，同化新知，努力发现和寻找灵感并认真做好学习记录，积极完成老师布置的各项作业，积极参与讨论，提出自己在教学实践中遇到的问题与有经验的老师探讨交流。在集中学习期间，我更进一步知道了什么是教师的专业发展，并在宋老师的指导下，结合自身的情况，认真寻找与师友的差距，努力把差距缩小。另外，我们还参加了数次网络研修，在新形势的教学课堂中，我感受最深的就是要在教学中读懂学生，要充分尊重学生，发挥学生的主体地位，让学生成为学习的主人，从要我学转变成我要学。教师是学生的引路人，是课堂的组织者，是帮办者，而不是包办者。

二、观摩学习

在集中学习期间，我们还聆听了30余节观摩课，这实在是难得的交流平台。我满怀希望而来，从中学到了许多东西，带给我的启迪与思考持续而久远。作为一名一线教育工作者，能亲临现场近距离观摩当下新理念映射下的数学课堂，聆听专家的报告，感受宋君老师严谨的治学态度和超前的数学教育眼光，感受老师们互动研讨中平等、真诚、和谐的对话氛围，我又一次领略了数学的无穷魅力，享受到职业带来的幸福感。名师的展示课让我眼前一亮，我感受到了名师工作室团队的力量、数学的魅力和名师的风采。

三、学以致用，倾心科研

学习之后，我并不是把这些知识束之高阁，而是把它们运用于我的工作实践中。我时常反思自己的教学活动，从自己最困惑、最迫切需要解决的问题入手，不断地在学习中实践，在实践中反思，在反思中改进，并以学校的课题研究促进自身的专业发展。我承担了学校的课题研究，主动汲取理论知识，不断探索，不但培养教科研能力，提升专业素养，更为解决教学中的实际问题明确了思路，找到了方法。实践中，我积极撰写教学设计、教学随笔、教后反思、教育科研论文等。

学以致用，最高境界就是活学活用。通过这一年的学习，我对教学有了更深的认识，即读懂学生，尊重学生，引导和帮助学生，他们才会成为学习的真正主人。

四、目睹名师风采

以前听过宋老师大名，但没有从业务角度真正接触过他。2017年，我第一次见到宋老师，便觉得他平易近人、幽默风趣，是一个富有思想的教师，是一个专家型、学者型教师。宋老师的数学专业知识和科研能力，让我叹为观止。每一次的研修作业，宋老师都耐心地研读、修改，让我一点一点地进步成长。多少个夜晚，大家都已酣然入梦，宋老师还在电脑前修改研修作业，我对宋老师始终充满了敬佩之情，能成为宋老师的学生，是我的福气！遇见宋君老师，真是一件幸事！

这次参加骨干教师培训的机会十分难得，在宋君老师的工作室里我学到了很多，我会将在这一年里学到的新知识全部内化为自己的东西，运用于教育教学过程中去。"教无止境"，愿我们这些走在教育之路上的行者，坚定数学教育的信念，演绎更多的课堂精彩！

踏破铁鞋寻真知，倾心教研育桃李。一年来的骨干教师培训，目睹了名师风采，聆听了魅力课堂，结识了宋君良师，我怀揣着满满的收获，回到了自己平凡而又不平淡的岗位，沉下心来，我发现，原来，我们的数学是如此美丽！我们的课堂是如此美丽！我们的职业是如此美丽！

书山有路勤为径，学海无涯乐作舟

◎ 汝州市实验小学　于艳艳

从教 22 年来，我积攒了一些经验和方法，但我深知自己最欠缺的是系统的教育思想的学生，当得知可以跟随宋君老师在名师工作室研修的消息时，我欢呼雀跃。这次研修，我与来自河南省各地的骨干教师相聚一起，共同学习，相互交流，取长补短，共同提高。我感受到了各地优秀教师的风采，被他们的教育智慧折服，更被他们的学习精神感染、感动。"喜悦伴着汗水，成功连着艰辛。"每次集中研修后宋老师都会布置研修作业。在繁重的工作之余为了完成作业，我有过困惑，经历了紧张，也曾无助，经常加班到深夜，虽苦点、累点，但也快乐着。这次研修是我成长过程中的一次重要经历，让我受益匪浅。我的眼界开阔了，思考问题也更全面了，许多疑问得到了解决。

感谢省教育厅给我们搭建的这一学习平台，感谢宋君老师的一路指导，感谢研修老师们的一路同行，让我有机会再次充实和完善自己。这次研修在宋君老师的亲自指导下，从教 22 年的我站在新的高度重新审视熟悉的教育、熟悉的学生和熟悉的课堂。这次研修不是空头理论的烦琐分析，而是理论和实践的对接。本次研修给我的感受很深，宋老师就像一位共事多年的挚友，帮我化解研修过程中的困惑、烦恼。这一年来的研修，内容丰富，形式多样。我聆听专家的观摩课和专题报告、与名师对话、与志同道合的同人们交流、研修后的反思内化以及围绕"读懂学生"所做的课题研究等，这些种经历对我既有观念上的洗礼，也有理论上的提高，更有实践上的指导。这一年是我快速成长的一年，更是我收获丰厚的一年！

一、通过培训，提高了自己的思想认识

在学习中提高，在思考中前进。几次集中研修时，我聆听专家、教授的讲座、报告，被专家们独到的教育理论吸引，被他们深厚的教育智慧折服。聆听了专家们的观摩课后，我的思想豁然开朗，许多困扰了自己很长时间的教育教学问题迎刃而解。以前，我常常以为自己在课堂教学时把课上完就行了，从未认真地站在学生的角度深思过什么才是好课，也没有认真地思考过学生在堂课上究竟学到些什么。在以后的工作中，我一定要关注学生的个体差异，备课先备学生，设计高效导学案，发挥小组合作学习的优越性，将先进的教学理念运用于课堂实践中，使自己所从事的工作更加完美。

我与研修老师们一起交流，在感悟中进步，在反思中提升，在研讨中创新。一起研修的老师们结合自己在教育教学中的实际情况，各抒己见，他们像磁石一样吸引了我，我仿佛又回到了学生时代，充满了孜孜以求的激情，时刻充溢着强烈的学习欲望。因为交流，我充实了自己；因为互动，我取得了进步；因为研讨，我学会了创新。我一定会把自己的感悟应用于实践，让自己今后的课堂也能绽放出光彩。

二、通过培训，学到了许多的理论知识和专业技能

第一次集中研修时，名师活动联盟围绕"教学价值与学生发展——来自课堂深处的思考"进行了交流，四个名师工作室主持人分享了他们的思考和智慧，让我受益匪浅，也引起了我的思考。

教学的价值到底是什么？是为了考试、为了教学成绩，还是为学生发展服务？为培养学生的数学思维、数学能力？答案是显而易见的。特别是新课改实施以来，一轮一轮的学习和培训，大家对新课程标准、对核心素养的认识已经由肤浅到深刻，可为什么知行不统一呢？个人认为有以下原因：1.评价体系对数学教学不友好。评价是指挥棒，评价什么，教师就教什么。数学思维和数学素养在评价方式和评价内容上不好把握、不好操作，知识、技能的评价相对容易量化，因此，评价的内容和方式无形中致使教学知识化、技能化、工具化。2.社会认识不足。众多家长的思想认识不到位，在家长的心中，好学生就是考高分的学生，好学校就是能培养出考高分学生的学校。3.教师教学不深入。很多教师急功近利，课堂上为了省事、省时间，把学生操作、讨论、交流、分享、质疑的环节省略，只是教师的"一言堂"，偏向知识的学习和技能的训练，学生发现问题、提出问题、分析问题的和解决问题的能力也就不可能得到提高，更谈不上数学活动经验的积累。李付晓老师介绍芬兰教育"少就是多""少教多学"的教育理念让我很受启发；驻马店郝秀丽老师的"有效教学的价值追求"的主题分享，引起了我对有效教学的思考。我们平时在评价一节课是不是好课时，经常用容量大不大、内容多不多来衡量，是满满的安排、满满的期待，没有给学生充分的时间让其去"做数学""思数学"。有效教学的关注点不在规定的时间和规定的内容上，而是在规定时间、规定内容中对学生发展所起的作用。进行有效教学的设计不应只关注具体的教学内容和任务要求，也不应把教学过程仅仅看作是上课的过程、教学任务完成的过程。离开了学生发展需求的教学，就会显得无目的、无活力、无创造性，也就无价值、无效。作为一名教师，要从学生的发展、着想，重视学生的数学思维、数学眼光、数学能力的培养，为学生的数学意识发展服务。

第三次集中研修，我们顶着凛冽的寒风会聚邓州，研修犹如冬日里的暖阳，温暖着、照亮着每一位研修老师的心。我们有幸聆听了徐斌老师的《平均数》

一课和"追寻无痕教育"专题报告,并观看了6个名师工作室带来的观摩课,收获颇丰。

一年来,宋老师带领我们做"读懂学生"的研究,我选择的主题是"读懂学生的眼神"。因研究学生的眼神,我在课堂更关注学生的学,课下由重点研究怎样教转变为研究让学生怎样学,慢慢地,学生在课堂上由"让我学"变成了"我要学"。因读懂学生喜悦的眼神,保持了课堂良好的学习氛围;因读懂学生求知的眼神,使学生体验成功的喜悦;因读懂学生胆怯的眼神,帮助他们建立学习数学的自信心;因读懂学生疑虑的眼神,做了学生的良师益友;因读懂学生迷茫的眼神,帮助他们分析原因,提高学习效果;因读懂学生散漫的眼神,提高了课堂教学效率;因读懂学生游离不定的眼神,帮助他们提高学习数学的兴趣。这次课题研究后,我系统地掌握了课题研究的方法,变"怕做课题"为"爱上做课题",由衷地感谢宋老师一遍又一遍不厌其烦的指导。

三、通过研修我感受到了一种教育情怀,学到了一种教育精神

本次研修时间为一年,在其中的一个学期里,我工作特别繁忙,在繁重工作之时接到研修作业,我曾苦恼过,甚至有了放弃研修的心,但宋君老师对教育的虔诚、对工作的执着、对学生的热爱、对我们研修老师无微不至的关爱和他不厌其烦的指导,让我感动、感激、感恩,精神上给我极大鼓舞,促使我在烦琐的工作之余想尽一切办法完成研修任务。工作室的张晓娟老师是一位高龄产妇,临近生产全身浮肿,为了完成研修任务不给团队拖后腿,天天加班到深夜,知道后我十分汗颜,自己有何困难不能克服,有何理由不能完成任务呢?为此,我经常是晚上在学校查完寝室又等学生全部睡去后,才坐下来梳理自己的思绪写研修作业,近一个月都是熬夜到凌晨。每每看到宋老师通报的作业完成名单时,我内心都无比羞愧,暗下决心催自己快快完成作业。无奈时间紧,能力有限,总是到最后才仓促完成。每次听到宋老师说可以通过的时候,内心无比激动。美好的时光总是过得很快,一年的研修学习仿佛才刚刚开始就到了结束时刻。这次研修给我的感觉是革新式的,几次集中研修时向专家学习、和名师对话、与志同道合的同人们交流,我收获多多,幸福感倍增。总之,这段研修的历程,有压力,有困惑,更多的是收获成长的喜悦,宋老师和研修老师们刻苦钻研的精神将激励我在今后的工作中不畏困难、勇往直前。

四、研修使我增强了信心,同时也感受到了压力

通过本次研修,我学到了许多新的理念和教学技能,对数学课堂有了新的认识,明确了个人的专业发展方向,为今后的学习和工作奠定了坚实的基础,增强了自信心,但也感到了压力,那就是以后将面临如何带领本校的教师共同发展,如何组织开展好学校的校本研修工作,如何站在学生的立场教数学,如何智慧地读懂学生等。在压力面前,我想我能做的只有不断努力学习,努力做好每一件事,尽最大的努力完成每一项工作和任务。

此次研修不是终点,而是我专业发展的一个新起点。研修给我的学习指明了方向,促使我将学习不断进行下去,快速成长。我将带着收获,带着感悟,带着信念,带着满腔热情,投入到今后的教育教学工作中。

静静地做真研究

◎ 郑州市二七区长江东路第三小学　郭淑红

致我们

读懂是一座坚实的桥梁，

使教育目的与学生成长贯通融合。

在桥上行走，

我们没有畏惧，

我们没有迷茫，

我们没有恐慌。

因为有师者在前面指引领航，

我们亦安然。

读懂学生，我们的追求，

读懂学生，变革着我们的课堂，

读懂学生，塑造着学生的素养，

读懂学生，放飞着学生的梦想。

激情与智慧叠加，

汗水与花香相融，

我们践行着教育的真谛，

守望着拔节生长的栋梁。

回望2017年，我收获颇丰，皆因有幸加入了宋君老师的名师工作室。在工作室的一年里，我通过观、听、看、想、悟获取信息，充实着自己。一次次研修，犹如一盘盘珍馐美味，令人回味；一次次研修，犹如一个个教海航标，引我乘风破浪，驶向目标。

一、为理想而来

在加入工作室之前，我便久闻宋君老师的大名，甚是仰慕，仰慕其学识的博深，仰慕其治学的严谨。在选择承担培养任务的工作室时，我毫不犹豫选择了宋君的工作室。当时，有朋友说，你选择宋君老师的工作室会很累的，别人有所不知，我就是冲着"累"而去的。我知道宋老师要求甚是严格，工作力度很大，但这也正是我提升的催化剂。很荣幸，为理想而来的我如愿以偿。

二、为梦想而行

(一) 初识—感叹—激励

因想尽快走进工作室，所以，当宋君的工作室在金水区金燕小学举行"小学数学课外阅读课堂教学展评暨专题研讨"活动时，我来到了现场，见到了儒雅、睿智的宋老师，随后又在金水区工人第一新村小学参加了后继的研讨。两次见面，印证了我对宋老师先前的印象：有理想、有抱负、有智慧。他带领工作室成员推进项目，进行着优秀教师的培养工作，做着真正面向未来的教育。宋老师工作室的刘英杰老师教龄虽不长，却如此优秀。因两次参与研讨，我明白了，是工作室给了脚踏实地、努力追求梦想的刘英杰老师一片沃土，给了他广阔的成长平台。我感叹，工作室的青年教师在宋老师的引领下是如此优秀。两次之行所获，激励了我，点醒了我，要进行课堂变革，就要找到真问题，推进项目，瞄准方向，持续前行。

(二) 再识—敬佩—促进

再识宋老师是在研修过程的一次次集结中，我对宋老师的描述是，敢于创新、求真务实、做人低调有涵养、做事高调有品质。

1. 确定研究方向，明晰思路

首先宋老师通过网络给各个学员进行研修引导。宋老师告诉大家，教师要会思考，要会研究。他给我们抛出的主题是"读懂学生"，读懂学生什么，各自结合教学实际而定。

看到这个主题，我感到既陌生又熟悉，陌生是因为在我的教学生涯里，关于这方面的研究思考不多。虽然在设计教学时，也自我要求备教材、备学生，但关注更多的是读懂教材，由此产生了"伪备学生"的现象。说熟悉，是因为我给一位教师辅导郑州市数学观摩课（五年级下册《折线统计图》）的过程引起了我的思考。在初次试教前，我自认为教学活动设计得科学、适度、灵活、新颖，试教效果却不尽如人意，离预设目标还有距离，用三个关键词形容不为过——沉闷、被动、低效。为了寻找到原因，我对 10 位学生进行了访谈，80% 的学生认为他们对知识已经有所了解，教师讲得过多；50% 的学生认为在学习的过程中没有挑战性，不太感兴趣。究本溯源，答案呼之欲出，决定一节课实效性的关键之处——学情研究，我们的功夫不到位。

为了更好地了解学生，我当即决定，对学生进行课堂学习前测。随后对学习前测信息进行分析，调整教学设计，再次试教，效果同样可以用三个关键词形容——生动、高效、愉悦。我认为是我们很好地找到了本节课学生进行学习活动的认知起点，我们读懂了学生的认知起点，找到了知识之间的内在联系，找到了知识的"生长点"，找到了知识的"延伸点"，学生的知识、技能在这个过程中自然生长。

我坚定了磨课时的想法，也就是课堂教学的实效性来自对学生认知起点的深度掌握。为了印证此教学主张的客观性、科学性、实用性，我分别对区域内5所学校各10名教师进行了课题研究前的问卷调查。

问卷调查数据反映出，教师对读懂学生认知起点能提升课堂教学效率这一点是非常认同的，而且也期待有这方面的专业引领。

思考教学实践，我悟出，数学学习必须建立在学生的认知发展水平和已有的知识经验基础上，要实现数学学习活动的高质量、高效率、低消耗，必须关注学生的认知起点，故提出了"读懂学生认知起点　提高数学学习活动的实效性"这一研究课题。

在阐述研究主题时，宋老师采取了分层递进的推进方式。第一次作业，提交研究主题。第二次作业，阐述研究主题。网络架起了沟通的桥梁，研修报告在宋老师和各个学员之间不停传递，宋老师进行着全方位指导。每个学员提交的作业，宋老师都悉心修订，有的甚至修改了七八次，直到具有学术研究的价值。就这样，宋老师不辞辛苦，带领大家走进了学术研究殿堂的大门。

2. 沿着航线，笃定前行

研究主题确定之后，通过三次集中研修和多次网上指导，宋老师让大家明白了如何进行研究主题的确立、如何进行开题报告的撰写、如何进行中期报告的撰写、如何收集资料、如何撰写研究报告等。一路下来，大家明白了如何进行课题研究。宋老师几乎是手把手教每一位学员，一直到作业符合规范。宋老师工作量之大，负荷之重，无法量化。

研修，不仅使我们逐步有了学术气质，更使我们感受到宋老师的研究态度。其一，要做有心人，围绕专题，看问题，想问题；其二，要真研究，沉下心来，做安静的教育；其三，要有咬定青山不放松的劲头，笃定前行。

在宋老师的指导下，我也在思考如何使课题研究有效。在研究过程中我做了如下工作。

（1）工欲善其事，必先利其器，着力培植研究特色

"取法其上，得乎其中；取法其中，得乎其下；取法其下，法不得也。"在课题研究过程中选择正确的方法尤为重要，为了使课题研究策略科学，使课题顺利、有效地开展，我在研究过程中规避浅薄，拒绝简单，力求达到研究促进发展的预期效果。"学如弓弩，才如箭镞"，我潜心学习，进行了理念的梳理、更新，形成了自己的研究特色。

（2）破而后立，务实创新，立体研究

在研究过程中，我采取"小、近、实、新"的原则，依据教育规律，依据学生成长规律，研教相融，修研结合，稳步推进课题研究的进程，还进行了微格研究，把脉研究症结，创新了研究方式。

研修过程中，我笃定前行的力量来自宋老师，来自团队。宋老师善思、善悟、善于笔耕，高屋建瓴，让我看到了学者风范；春丽、海兰、晓燕的勤奋、执着、善学、会学，让我明白天道酬勤的道理……

我们是一个大家庭，是一个相互扶持的大家庭，因一个相同的追求聚在一起，结伴而行，行之致远。

（三）积淀—提升—辐射

一次次调整，一次次交流，一次次引领，我们积淀能量，边研究，边成长。实践研究中，我力争使自己像宋老师一样既抬头仰望星空，又低头实践思考。一路走来，我听到了花开的声音，闻到了四溢的花香。一年来，我受邀到南阳市和开封杞县等地多次授课，也为省级数学骨干教师进行专题培训，我的文章《数学课上，让学生的学习真正发生》发表在《小学数学教育》上，《以生为本，创设小学数学多元评价》收录于《学校品牌建设》一书，论文《读懂学生认知

起点　提高数学学习活动有效性》荣获河南中小学教师优秀教育教学研究成果一等奖。

　　回眸2017年，在课题研究的漫漫征途上，在宋老师的指导下，我累并快乐着。研起点，明方向，思成效，在读懂学生认知起点的研究道路上坚定前行，坚守着教育教学的本真和规律，积淀着"读懂学生"的历史，形成着"读懂与有效"的文化，铸就着"有效课堂"的特色，分享着"学生成长"的快乐，品味着"真研究"的魅力。课题研究，永远在途中，在"读懂学生"的行程中，我会一如既往分秒不辍地阔步前行。我坚信，只要不让遥远的地平线从视线中消失，每走一步都是向有质量教育的迈进。

一路走来，感谢有你

◎ 平顶山市新华区新程街小学　彭现花

2017年，我荣幸地成为中原名师宋君工作室省骨干教师的培育对象。我清楚地记得第一次和宋老师通话的情景，当时宋老师说我已成为中原名师宋君工作室的成员，告诉我工作室的核心主张是读懂学生，让我想想从什么角度来读懂学生，我进行读懂学生研究的核心主张是什么，还让我写出自己的核心观点。接完电话我迷茫了，教学将近20年，只管上好自己的课，抓好学生的成绩，哪考虑到读懂学生呢？于是我开始回忆20年的教学历程，写了一篇论文式的稿子发给了宋老师。没想到宋老师是那么认真，他在电话中一遍又一遍地给我讲解研究思路，指导我怎么写。读懂学生什么呢？我想到了曾经看过一篇关于读懂学生的错误的文章，文章这样写道：作为一名数学教师，每天在批改学生的作业中，都会发现形形色色的错题，总是出人意料，对学生一错再错的地方更是忍无可忍。大部分学生总喜欢简单地归结为："我太粗心了！"真的是粗心造成的吗？其实，引起这所谓"粗心"的原因有许多，学生学习能力的不同、不当的学习方法和不良的学习习惯都会导致这样的后果。只有清楚学生出错的真正原因，才能采取合理的解决措施，有效避免错误。

于是我确定了自己的核心主张:"读懂学生的错误　培养学生学习能力的研究"。此后宋老师在电话中对我进行了多次指导。在平顶山的第一次研修活动中,我将自己的核心主张和课题大纲拿给宋老师看,宋老师肯定了我的核心主张,从理论高度给予指导。从那时起,我对课题产生了兴趣,对宋老师专业的学术功底、丰富的理论知识产生了敬意。

2017年10月25日至26日,由新世纪小学数学教材编委会、北京师范大学出版集团主办,湖北省宜昌市教育局协办的"第十六届全国新世纪小学数学课程与教学系列研讨会"在宜昌举行。宋君老师召集我们进行的研修探讨是这次大会的一组小组活动,作为工作室成员的我参加了第二次研修,这次研修给我留下了深刻的印象。研修之前,宋老师通过微信群给我们布置了很多作业,让我们带着自己的作业来现场和大家一起探讨交流。

大会在两天的时间里紧紧围绕"数学素养发展的应用意识"的主题开展课堂教学研讨。研讨会上主题鲜明的专家发言、引人深思的专题报告、思维精彩碰撞的现场答辩,都给我留下了深刻印象。

10月26日晚7时30分,宋老师通过微信群给我们布置了作业:以"聚焦教学的价值与学生的发展"为主题,在微信群里展开讨论。大家纷纷谈了自己的观点,然后宋老师又给我们抛出一个问题:促进学生发展你认为最有效的方法和策略是什么?写出自己认同的一个关键词。有的老师说"放",有的老师说"体验与感受",有的老师说"放手与体验"……最后宋老师给出了自己的回答——读懂学生。我开始反思自己,为什么没有读懂学生的意识呢?我到底应该如何研究呢?宋老师给我指明了方向,我以后要不断地学习、不断地反思、不断地研究。这次讨论后,我明确了自己今后的教学方向——读懂学生。

2017年10月27日是个难忘的日子,在宋君老师的带领下,我们从宜昌驱车一个多小时来到宜都市实验小学和一群志同道合的老师就"读懂学生"进行了一天的研讨交流，我收获颇多。发言的老师围绕着自己的核心主张和大家交流自己的思考和困惑，其他老师提出疑问和建议时的畅所欲言让我深受感动，这样的研修氛围更加坚定了我对课题研究的信心。

宜昌的研修给我很大的启迪和思考，不仅促进了自己教学专业的成长，更让我懂得了课题研究对教学的促进作用，还让我认识了一批志同道合的同人。在研讨交流中，我看到了每一位老师认真学习的精神，感受着每一位老师带给我的正能量。

从宜昌回来后，我认真地对课题"读懂学生的错误　培养学生学习能力的研究"进行了重新思考。在平时的教学和改作业中，我开始注重收集学生的错误，对孩子出现的错误作认真仔细的分析。孩子在课堂上每说一句话，我就会想：孩子到底想表达什么意思呢？带着好奇心，我会让孩子把想说的话完整表达出来。面对孩子在作业中出现的错误，我追问孩子：为什么会出现这样的错误？你是怎样想的？然后让学生通过"三步法"对典型错误进行整理与分析：第一步，选定错误原型。选取作业、试卷和课堂上的典型错误，用摘录、剪贴的方式把原题记录下来。对填空题、判断题、应用题等所涉及的知识要点进行整理分类。第二步，错因分析。指导学生分析错误的原因，指出错在哪里，讲明为什么是错的，写清怎样改正。第三步，制定纠正措施。让学生学会对错题进行梳理、归纳、分析与反思，养成良好的学习态度和思维习惯，掌握一定的数学思维方法，真正做到学有所思。

在教学中，我利用"课前—课中—课后"三个环节关注学生的错误资源，使教学更加有的放矢。课前针对教学的易错点、常错点、易混点进行"错误的估计与简析"。课中留心课堂动态，关注学生反馈，捕捉典型错例，有效调控课堂。课后建立典型错题集，组织纠错专题研讨活动，改进教学方法。这样一来，学生的错误减少了，课堂上发言的孩子增多了，孩子的学习积极性调动起来了，学习成绩也在慢慢进步。我把研究中的点滴体会写成论文《读懂学生的错误　提高学生的学习能力》，被《教育科学》选中发表。

在第三次研修中，我观摩了来自中原名师工作室几位名师各具特色、精彩纷呈的数学课。现场评课环节，中原名师工作室的3位专家基于课堂，聚焦数学核心素养，作了专业到位的深刻分析。特别是宋君老师对王柯老师《字母表示数》的点评，让我受益匪浅。我从名师身上看到了什么是人格魅力，什么是名师风范，什么是毫无保留。宋老师在点评中说："我们能不能细一点，再细一点，在课堂上真正读懂孩子的每一句话，真正读懂孩子的思维，读懂孩子的真实想法，关注孩子是怎么想的。"宋老师的这句话时刻提醒着我，在课堂上要关注学生、读懂学生。第三次研修对我来说是一次思想洗礼、心灵震撼和理念革新。听一听专家的点评，看一看听课记录，我深深地知道外在的知识要内化为自己的教学能力，就必须用理性的思维、挑战的眼光去审视、吸收、创新。研修专家的点评和名师的引领，就像我成长道路上的一盏盏明灯。在此后的日子里，我不断地学习、实践、探索，真正把读懂学生和教学结合起来，并时刻记住宋老师的嘱托——一切为了读懂学生。

在宋老师的引领下，我学会了思考"读懂学生"；在工作室成员的帮助下，我坚定了研究的信心。工作室的每一次活动，每一次探讨都闪现着老师们的智慧。在这里，我们不避讳课题研究中遇到的问题和困惑，同伴们一起讨论，消除困惑，互相给予支持和鼓励；在这里，我们一起学习，一起研究，交流感想，共同提高。

回顾一年来的成长历程，我有太多的感谢，感谢宋老师对我的悉心指导，感谢宋老师给我指明了方向，感谢这个团队给我力量，让我在教学的道路上不断成长、前进。

研修培训——我们这样一路走来

◎ 郑州市郑东新区春华小学　黄春丽

2017年，我接到河南省骨干教师培训通知，加入到了中原名师宋君老师的工作室。我初次认识宋君老师是在平顶山中原名师发展共同体会议上，那次是我们工作室成员的第一次集中研修，研修之前宋老师已经给我们布置了任务：聚焦在"读懂学生"主题下，确定自己的研修主题，写出自己的研究方向。我认真思考了很长时间，不知道从哪个方面下手。当时，我执教五年级，正在讲授如何计算长方体、正方体的表面积和体积。办公室的同事们在抱怨，给学生讲了不知多少遍，学生还会一而再，再而三地出现这样那样的错误。我就想，是不是我们没有读懂学生，不知道他们是怎么想的，看到学生的错误，我们只是主观猜测学生没有认真听讲？

我萌生了从学生的错误中读懂学生的思维的想法。于是我就写出了自己的研究思路，提交给了宋老师。由于是第一次写研修报告，我不懂得如何聚焦主题，观点有重复和分散的现象。宋老师在忙碌之余，抽出时间来不厌其烦地帮我修改，针对不完善的地方，宋老师指导我修改。我查阅资料，认真思考后再修改。就这样，研修报告被宋老师修改三四遍之后，总算勉强过关。正是在宋老师的严格要求下，我才有完整的研究思路，确定了研究主题——"从错误中读懂学生思维"。

好文章都是修改出来的，我把最终定稿投至《小学教学》编辑部。这篇文章凝聚着我和宋老师的心血，也是我的真实想法，我想试一试能不能发表。宋老师要求我们每个人要在下半年发表一篇聚焦自己研修主题的文章，我就抱着试一试的态度去投稿。在第二次集中研修时，我看到材料袋中有《小学教学》2017年第9期的杂志，翻阅目录时发现了我的文章——《从错误中读懂学生思维》，我当时激动万分。

首次从网上研修和宋老师打交道时，我已经从宋老师身上感到了他认真负责的工作态度。作为副校长的他，还在坚持带班上课，一线老师本身就很辛苦，更何况他还要做学校的行政工作和名师工作室的培训工作。他对于我们这些省名师、骨干教师培训对象，没有丝毫放松，每次都一丝不苟地批改我们的作业，修改我们的研修报告。我曾经在晚上十点多收到宋老师发来的邮件，宋老师这么认真，我们怎么好意思偷懒呢？在宋老师的带动下，我们都在积极地研修着，认真地读书、查阅资料。

我在平顶山终于见到了宋老师本人。他和我想象中的一样，戴着眼镜，文质彬彬，态度谦和，但是又有一种不怒自威的气质。宋老师告诉我们，现在大家都有了自己的研修主题，接下来一年的时间，无论做什么都要想着自己的研修主题，聚焦自己的研究，真正做出一些属于自己的研究成果。

在和大家交流的时候，我才发现不止自己的研修作业被宋老师多次修改，其他老师的作业也是如此，这种敬业精神深深打动了我。对于未曾谋面的陌生老师，仅仅因为是他的学员，宋老师就花费自己那么多的时间和精力，一遍遍指导，怎么不令我们感动呢？后来也听宋老师说，自从他接手了培训任务，每天都要熬夜到很晚，以至于自己的身体都有些吃不消。感动的同时，我们也很庆幸遇到这么一位好导师，得到了一次专业成长的好机会。当时我就想，我一定要倍加珍惜这次难得的学习机会，跟着宋老师的步伐，聚焦于一点坚持研修下去，在教学中沉下心来边实践边研修，不断提升自己的专业素养。

第二次集中研修，我们来到了湖北宜昌。每次集中研修之前，宋老师都会在网上给我们布置很多任务，让我们带着准备好的材料和大家一起交流。这次研修，宋老师让我们汇报了各自最近研究了什么内容，遇到了什么困难，后期的展望是什么。我认真梳理了自己最近一段时间做的课题研究内容。我每次批改作业都会特意收集一些学生的错题，通过访谈或者问卷的形式对学生进行采访，让学生说出自己到底是怎么想的，分析为什么会出现这样的错误，从而读懂学生的所思所想。我从学生的错题中，不仅读懂了学生，而且还读懂了自己。我带着搜集来的资料和自己的思考总结来到了宜昌。

从学生的错误中我读懂了学生的需求，不是他们不想认真听课，而是老师的讲解太单调，吸引不了他们的学习兴趣。还有就是老师没有抓住本节课的重难点认真分析，学生对新知识点学得迷迷糊糊、模棱两可。学生头脑中没有清晰的逻辑思维框架，没有清楚的知识结构，课下自己做题时，也不知道对错，就凭自己的感觉去做。针对这种学习状况，我在课堂上及时调整了自己的教学模式，课前精心预设教学情境，希望能够用吸引学生的教学情境去教学，课堂上及时让学生演板，展示学生的错误。从学生的错误中，我读懂他们对新知的掌握情况，了解到哪些是他们已经学会的，哪些是他们还模糊的，从而及时调整自己的教学方向，对于学生模糊不清的概念再重点讲述一遍，让学生再次深度感知。做课题研究以来，我从读懂学生的角度不断改变自己的课堂教学模式。课下也曾和学生交流过，我发现他们非常喜欢现在的教学模式。我对自己课堂教学效率的提高也颇有成就感和幸福感，这是课题研究带给我的收获和提升。感谢这次研修，让我学会了思考，学会了观察学生的错误，也学会了读懂学生的心理变化。

宜昌的研修，让我对"读懂学生"有了深刻认识，从理论上提升了自己的认知水平。自从参加研修以来，我就一直聚焦于自己的研修主题，每天都会反思这一天我读懂了学生什么，读懂了多少。面对学生的错误，我会及时记录下来，课下及时分析，晚上回到家之后，再把错题记录和分析文字结合在一起，形成一篇完整的教学反思。这种随时记录的方法也是得益于宋老师。

湖北宜昌的集中研修给我的冲击特别大。大家集聚一堂，阐述自己的研修主张，讲述自己的研究心得。听着大家的讲述，我感受到大家都经历了成长的历程。虽然大家在研修过程中很辛苦，但是都坚持走了下来，回头看时，便发现自己一路走来的成长印迹，精彩满满。大家在交流时都把自己心中的疑难困惑说了出来，一起交流，一起反思，一起思考。正是基于这样的交流与碰撞，才让我们找到了心灵的共鸣；正是这种百花齐放、百家争鸣的展示与交流，才让我们课题研修的方向更加明晰，思路更加清楚。

这次研修的时间很紧张，上午听课忙碌一天，中午吃饭时间只有半个小时，接着听课到晚上六点多，简单吃过晚饭，晚上七点半我们开始集中精力进行网络研讨。虽然时间很紧张，但我们没有一个喊累的，宋老师不仅带给我们专业知识的启发，而且还具体指导着我们做教研，如怎样做小课题研究，怎样收集研究素材，怎样归纳自己的研修主张，等等。我以前做教研都存在不求甚解的心态，而宋老师的专注与认真，容不得我们敷衍了事。我们小心谨慎地对待宋老师交给我们的每一项任务，力求尽善尽美。

此次研修我们不仅得到了专业上的成长，也收获了友谊。印象最深刻的是郭淑红校长，在湖北宜昌研修的五天里我们吃住在一起，形同姐妹。她是一个特别细心的人，做事特别认真负责。作为一名校长，她不仅把学校管理得井井有条，而且不忘初心，一直努力坚持学习，时刻不忘提升自己的专业素养。我从她身上体会到了敬业与专注的力量，在日常工作中，我要向淑红姐学习，在自己的专业发展方面努力提升自己。

王霞老师和程老师都是资深的数学老师,她们向我们讲述自己的宝贵经验;年轻有为的郑冬芳、石巧丽、杨晓燕、史海兰等老师都给我留下了深刻印象,她们积极向上的求学精神感动着我,她们的专业素养令我敬佩。

大家相识在宋君老师的团队,通过几次研修,我们不仅提升了自己的专业素养,明确了自己的研究方向,而且还收获了深厚的友情。我们互相解惑答疑,彼此交流收获和感悟。我相信我们这个团队在宋君老师的带领下一定会发展得更好,走得更远!

这一年，教育人生再次启程

◎ 平顶山市卫东区豫基实验小学　郭秋丽

2017年是我教育生涯中不平凡的一年。这一年，我追随宋老师，与优秀团队一起，学习着，研究着，成长着。一年时光匆匆而过，转眼间，"读懂学生"研究已接近尾声。这一路走来，我感触颇深，有喜悦，有迷茫，有疲惫，甚至还曾有过放弃的念头，而如今，却是那么不舍。我们在宋老师的指导和引领下，一点一滴积攒下了很多宝贵经验。

两年前，宋君老师曾经送教到卫东区，我当时就被他简洁、清晰、丰富、深刻的数学课堂所吸引，当有机会作为省级名师培育对象申请进入名师工作室研修时，我毫不犹豫地选择了宋老师的工作室。独行快，众行远，一个人只有融入团队，借助团队的力量和智慧，在合作对话与分享活动中才能快速成长。成为这个优秀团队中的一员后，我按捺不住心中的激动，借助网络开始认识宋老师。2017年5月，我有幸和宋老师成了微信好友。自此每天在微信上学习宋老师的"2017，成长那些事""君言智语"，被这样一位坚持每天写作的智者折服。每天早上第一件事，在手机上拜读宋老师的教育思考，他渊博的专业知识、宽广的教育视野、严谨的治学态度、认真的钻研精神令我敬佩。在6月的集中研修活动中，我又一次被宋老师的认真和坚持震撼。15位老师的研修作业他一一过目，如果不过关，宋老师就不厌其烦地打电话，交流需要修改的内容，直到过关。我想，宋老师之所以能成为中原名师，除了自己的坚持，更多的还是认真。就像宋老师最喜欢的绘本《犟龟》中的一句话："上了路，就天天走，总会遇见隆重的庆典。"我们是不是就缺少这样的认真和坚持呢？

初夏的6月，我初识宋君老师，最深的印象是认真、执着。深秋的宜昌，我们进行了6天的集中研修，我更深入地认识了宋老师。宜昌研修，我收获了太多太多，除了学术上的提升、教学理论上的发展，更多的是内心的感动，亲身感悟名师之真，领悟名师之实、名师之好。

10月26日上午，我们接到晚上研讨的通知，宋老师提前布置了研讨主题——"教学价值与学生发展"。下午学习结束，还没顾上吃晚饭，我就和同屋的彭老师急匆匆赶回宾馆参加研讨。那晚7：30，预约的网上研讨时间一到，宋老师发出了开场白："请大家聚焦研讨主题进行交流！期待着大家智慧的思考和分享。"大家各抒己见，畅所欲言。"大家的思考还是很深入的，能不能梳理教育价值与学生发展内在的逻辑关系是什么？如何阐述和展开呢？""如何在数学教育教学中促进学生的发展？"围绕"教学价值与学生发展"这一问题，"促进学生发展你认为最有效的方法和策略是什么？写出一个关键词！作为本次研讨活动的结语"。即使是在返程的火车上，宋老师也在指导我们一步步深入思考和做最后的小结。在宋老师有计划有步骤有目的的引领下，我们脚踏实地地思考，认认真真地教研。在宜都实验小学中期汇报会现场，宋老师、刘英杰老师的现场点评，解析透彻，深入浅出，既有高度又接地气，一次次引发我们的思考，引起我们的共鸣，也为我的"课堂倾听中读懂学生的实践研究"课题指明了方向。

宜昌研修让我对宋老师更敬佩了，我从心里感激宋老师的指导和引领。这次研修让曾参加课题研究却对课题依然望而生畏的我，渐渐明晰了研究思路。

组织课题组人员商讨、调整研究方案,和实验老师一起翻阅资料。我一次次备课、一次次磨课,每天废寝忘食,带头上实验课、听课、评课、反思,以前那个"拼命三郎"似的我又回来了。

12月2日上午8:30,紧临河畔的范仲淹公学报告厅,屋外寒风料峭,室内暖意融融,为期两天的第三次研修拉开了帷幕,6位老师课堂教学的深度、厚度、广度给我留下了深刻印象。他们改变了公开课上秀个人风采、害怕教学不流畅、学生出错丢面子的思想,不回避课堂的意外生成,敢于直面学生的错误,有时还能把意外转化为有效的教学资源。课后,宋君老师进行了精彩点评,我录下了整个评课视频,百看不厌。宋老师聚焦课堂的深度思考和智慧点评,早已印在脑海:"用心读懂学生的每一句话,读懂学生的真实思维,读懂学生的真实表达,关注学生的真实想法,聚焦课堂细节,聚焦问题,引发深度思考,在思考中使数学课堂走向有效,使数学课程走向丰富多元,使我们的教师在课堂中更智慧地成长。"

这一年的研修是我教育生涯的加油站,可以用"苦、狂、甜"三个字来形容。研究主张确定后,课题研究如何设计?怎么推进?课堂如何实践?太多太多问题,这一切的一切,都是空白,我感到苦闷、焦灼、手足无措,这大概就是"研究之苦"。10月的宜昌之行,是我为研究"狂"的阶段。聆听了宜都实验小学中期汇报及反馈,听君一席话,胜读十年书,我开始一步步、一点点调整研究思路,带领教师上课、研讨、反思,周而复始,像超人一样顾不得疲倦,是"研究之狂"。12月,我品尝到了"研究之甜"。一年的研修,终于守得云开见月明。在电话中,听到宋老师宣布我"通过"的消息,忙得晕头转向的我欣喜若狂。

三次研修,三个阶段,一年时光,我深深懂得什么叫读懂学生,如何读懂学生,从哪些维度来读懂学生。没有"独上高楼,望尽天涯路"的迷惑,没有"为伊消得人憔悴"的痛苦,怎么能体验到"蓦然回首,那人却在灯火阑珊处"的幸福?

最美的遇见

◎ 安阳市殷都区教研室　程丽华

2017年，我有幸加入宋君老师的工作室，遇见了宋老师，遇见了全省各个地市的优秀老师。跟随宋老师研修学习的这一年，我震撼着，感动着，耕耘着，收获着，成长着。

一、网遇

2017年4月，正是草长莺飞、鸟语花香的美好时节。一天晚上，手机铃响起，屏幕上出现了一个陌生的号码，我迟疑地摁下接听键。"你好！是程丽华老师吗？我是郑州市金水区实验小学的宋君。""呀！是宋老师啊，我是，我是程丽华。"我有些语无伦次。虽然我已从网上知道自己如愿成为宋君小学数学名师工作室的一员，但接到宋老师电话，还是有些小意外、小激动。"为了我们联系、研修方便，我建立了'宋君中原名师工作室'工作群，请你及时加入。""好！我马上就加。"

在群里，宋老师为我们布置了第一次研修作业：思考基于"读懂学生"下自己研究的核心主张。当时的我一片茫然，不知道该从哪些方面思考。宋老师通过微信、QQ为我们推荐了许多相关文章，如《在读懂学生错误中前行》《课堂信息的反馈应用——读懂学生的需求》《读懂学生，教学简单而富有智慧》《文献综述撰写超详细教程及案例分析》，以及宋老师自己的研究课题"小学数学课外阅读策略的行动研究资料"的所有资料。在动笔写核心主张时，宋老师一再向我们强调：抓住读懂学生中的一点来确定自己的核心主张，千万不要面面俱到。

就这样，在宋老师一步步的引领下，我结合自己平时听课中的一些感受，最终确定了自己的核心主张：在倾听中读懂学生的思维。

真正动笔写研修报告时，我在第一段盖了个"大帽"：

"有效的教学活动是学生学与教师教的统一，学生是学习的主体，教师是学习的组织者、引导者与合作者。"由此可见，学生"学"在前，教师"教"在后，也就是说，在教学中我们应处处体现"以人为本""以生为本"的理念，即心中有学生，眼中有学生，一切为了学生的发展。那么，读懂学生就显得尤为重要。

没想到第二天宋老师的电话就打来了，提出了修改建议："你的核心主张基本上可以了，有几个地方需要修改一下：一、题目是不是去掉'层次'，直接说'认真倾听，读懂学生的思维'？二、第一段对你的这个核心主张有多大作用？你再认真推敲推敲，在我发给你的稿件上修改后再发给我。"我心一惊，宋老师认真读我的文章了，真的在批阅！

二、初见

6月3日—5日，我在平顶山参加了"关于举行2017年中原名师小学数学共同体研讨活动暨河南省名师、骨干教师培育工程启动仪式"和"宋君小学数学名师工作室关于河南省名师、骨干教师培育对象第一次集中研修活动"。在这次活动中，我第一次见到我们团队的导师——宋君老师，真真切切地感受到了一个教育人的执着与情怀，了解了一位中原名师的成长历程。我被震撼了，被宋老师的坚持震撼了！宋老师每天坚持思考、坚持写作，哪怕在生病住院期间，也会坚持把自己的思考付诸笔端。我被感动了，被宋老师的用心感动了！宋老师为修改我们的核心主张可以说是呕心沥血，一遍、两遍、三遍、四遍……有的甚至被宋老师"逼着"修改了六遍。宋老师还为我们这个团队制作了《教师研修手册》，说它精美一点都不过分：不但封面设计美观大方，而且内涵丰富，包含了"宋君小学数学名师工作室"的愿景与追求、管理制度、个人研修计划、听课记录、研修记录、研修随笔、小学数学教师阅读书目推荐、读书情况统计表、阅读摘抄卡、个人研修总结、学年任务分解表等。发给我们的资料中还有装订成册的每个人基于"读懂学生"的核心主张，方便我们互相学习、借鉴。宋老师是一个特别用心的导师！

第一次研修时，宋老师教我们如何听课，即带着自己的核心主张走入课堂。6月4日下午三门峡苏邦屯工作室杨雪老师执教的研讨课上讲解的"鸽巢问题"引发了我的思考。"鸽巢问题"是人教版六年级下册数学广角的内容，通过本节课的教学，学生经历"鸽巢原理"的探究过程，初步了解"鸽巢原理"，会运用"鸽巢原理"解决一些简单的实际问题，增强对逻辑推理、模型思想的体验，提高学习数学的兴趣和应用意识。课堂上，杨老师多次让学生自主探究，同时，也注重方法的总结、模型思想的渗透。从学生练习环节，我们可以看出学生对此知识掌握很好。但是，我总感觉课堂上缺少了什么，我发现缺少了什么呢？缺少了学生真正独立的思考，缺少了教师用"心"用"脑"用"眼"来读懂学生，缺少了课堂的生成。我感觉教师只是在"走"自己设计好的教案。

三、再见

10月下旬，宋老师带着我们一起去湖北宜昌参加"第十六届全国新世纪小学数学课程与教学系列研讨会"，宋老师身体不舒服，但是他依然每天都去会场，即使是晚上的教育研究课题专场活动，宋老师也坚持全程参与。此外，宋老师还安排我们团队到宜都市实验小学与陈春妮名师工作室进行"读懂学生"的交流。整个培训活动扎实有效，大家受益匪浅，但是宋老师由于胃部不适，常常连饭都不能吃。看到宋老师难受的样子，我忍不住劝宋老师："宋老师，您赶紧住院吧！"这次我们名师工作室团队能来湖北宜昌参加培训，都是宋老师联系、安排的，他为了让大家开阔视野，增长见识，坚持为大家安排行程。宋老师不但是特别认真负责、用心工作的导师，还是一个非常有担当的导师！

在宜昌的培训活动中，宋老师见缝插针地利用晚上时间在微信群里进行专题研讨——"教学价值与学生发展"。大家各抒己见，把自己的所思所悟一字一句地敲打出来。宋老师归纳大家的看法得出"教育的价值是促进学生的发展"，接着又提出："如何在数学教育教学中促进学生的发展？""促进学生发展你认为最有效的方法和策略是什么？"引着大家一步步深入思考。在返程的高铁上，宋老师在微信群里又提出了新的要求："在返程高铁上，我在思考：研修给我们带来了什么？请将您此次研修的最真实的收获发在群中，大家一起分享。要求50字以上，强调真实，不说正确的废话！谢谢！"微信群很快就"热闹"了起来。

我也在微信群里留下自己的研修感悟：

累并快乐着、思考着、成长着、感动着！说句实话，研修的这几天是我近一段思考最多的几天。听课时，眼睛紧盯着执教老师和学生，感觉双耳也不够用，生怕错过一些精彩，特别希望从这些优秀教师的课堂上，学习到他们如何通过倾听读懂学生的思维，学习到他们处理课堂生成性问题的智慧。10月27日的研修，更使我收获颇多！发言老师围绕着自己的核心主张谈着自己的成绩，谈着自己的思考与困惑，其他老师踊跃提出疑问或建议，大家畅所欲言，这样的研修氛围使我感觉到我们这个团队的优秀，特别是宋老师带病坚持，我感动之余有些汗颜，由于近段时间活动多，课题的中期报告我也没有认真写。我知道，工作忙不是借口！再忙，能有宋老师忙吗？所以这次的研修活动，我除了收获，也在思考，思考我的核心主张，思考我的课题，思考我以后该如何做……

"你有一个苹果，我有一个苹果，交换以后还是一个苹果；你有一种思想，我有一种思想，交换以后就是两种思想。"近几天和大家的聊天，也给我带来很多思考，特别是昨晚和英杰的闲聊。我是该静下心来好好做事了，不求有用，只为无愧于心，无愧于学生，无愧于教研员这个称呼……谢谢大家！谢谢这个团队！谢谢兄弟姐妹们！正如郭校长所说，让我们一起在宋老师的引领下，走得远些，再远些！

四、三见于网络

我非常期待12月初的第三次集中研修，宜昌培训时我们就约好"12月再聚！"遗憾的是，爱人生病住院，我无法赴约。但是，我通过微信群、通过朋友圈一直关注着此次活动。12月2日上午，大家在邓州市范仲淹公学报告厅启动了"2017年中原名师小学数学共同体研讨活动"，我也远程观摩了数学特级教师、苏州大学实验学校徐斌老师执教的平均数相关内容，同时学习了他"无痕教育的内涵与策略"的专题报告。我还通过网络与大家一起听了六节研讨课，学习了几位名师的精彩点评……

通过这一年的研修学习，读书、思考成了我的习惯。读书使我接触到专家学者们的教育新理念，学习了不少优秀教师的课堂教学设计，为我以后的教学打好"底色"。这一年，我与团队内的优秀教师进行了充分的交流，完善了自己的思考。我也领略到了中原名师工作室的"示范引领和辐射带动"作用，通过专家、名师的现场授课和专业讲座，还有瑞典斯德哥尔摩卡尔森学校的教授分享的研究成果，我开阔了视野，增长了见识，产生了思考，更新了理念。

在宋老师的引领、指导下，我确定了自己的研究主张：认真倾听，读懂学生的思维。在此基础上进行研究，我撰写了《课堂倾听中读懂学生思维的实践研究》。课题开题、听课、评课、磨课、上研究课、研讨等，不亦乐乎！随着研究的深入，我越来越感受到"读懂学生"的重要性，越来越能理解为什么宋老师要我们进行此主题的研究。我常常问自己：我真的了解我的学生吗？学生是如何学习的？课堂上如何倾听才能读懂学生的思维？……课题虽已到了结项的时候，但我深知对此课题的研究之路还很长很长，因为每一个孩子都是一本书，读懂学生并不是一件容易的事。

同时，我还践行着宋老师"交流制度"中的要求："名师工作室成员积极配合开展的数学教研活动就某一主题或自己专长对全省、全市、全区或国培、省培等相关数学教师进行培训讲座。"一年来，我受邀参加安阳师范学院数学学院"送培到县"活动4次，作了题为"做个'懒'老师""如何写一份高质量的教学设计"等讲座；为"河南省农村骨干教师培训"的省骨干教师作题为"渗透思想方法，构建厚重的数学课堂"的专题讲座；受安阳市小学数学教研员刘超老师之邀，在"安阳市2017年小学数学教师研修班"为全市青年教师进行课标解读和教材分析；在"2017年殷都区小学数学学科暑期培训会"上为全区小学数学教师作题为"研读标本，构建有效的数学课堂"的专题讲座。

"成长有力量，教学有智慧，教师有特色，好课有品质"，是我追求的目标！

读懂学生，砥砺前行

◎ 郑州市通泰路小学　郑冬芳

故事一：确立研修主题，明白聚焦的意义

记得上半年，宋君老师说："认准一个主题，持续做，我这几年一直在研究'读懂学生'，有了一定的经验，我希望大家这一年认真经历一次如何完整地做有质量的课题，做一次真正的、真实的研究，而不是东拼西凑的研究！"当时我还在想，课题，我也做过三四个，应该能顺利完成宋君老师的要求。但是，一交作业，不合格，再修改，我才发现，我真的没有认真思考过课题究竟该怎么做。

宋老师强调，研究主题非常重要。的确，如果你连自己要研究什么都没有准确界定，怎么能计划好研究过程？怎么能得出有效的结论？而这个核心主张要小，要聚焦，要贴近自己的日常教学，才能研究得深入，研究得细致！在宋君老师的指导下，我确定了自己的研究主题。

读懂学生是指教师明白学生的想法、了解学生的状况，从而激发学生内在的学习动机，有效进行因材施教。教学中，我们要在三个阶段读懂学生：课前——了解学生起点；课中——明白学生思维过程；课后——明晰学生发展需求。

我本以为自己的读懂学生的核心主张思路清晰，按照课前、课中、课后三个时间段关注学生,从而读懂学生。但是宋君老师的一番话,让我哑口无言,他说:"就一年,你要研究三个阶段,每个阶段你要研究六个年级,时间够吗?精力够吗?会有针对性吗?会有深入的研究吗?结题的时候一定还是空洞的话、无用的话在拼凑,不会有实实在在的研究内容。我建议聚焦、缩小,建议只研究一个方面,再次明确你要研究的主题。"宋君老师的话简短真诚,我坚定了信心要认真思考,要做真实的研究。在宋君老师的帮助下,我再次梳理了核心主张。

读懂学生要知道学生的起点,找到学生现在的位置。同时对于大班额的情况,还要努力做到分类读懂学生,才能设计出适当的教学目标,完成教学任务。

故事二:牢记研究主题,从听评课开始

研究主题确立了,第一次作业完成了,我便开始了研究,成立团队,罗列计划,查找文献,选择研究课例。6月去平顶山听课,我写了自己的收获作为第二次作业,在和宋君老师面对面的交流后,我再次感受到自己是为了完成任务而研究,没有让研究内化为自己的日常思考,内化为自己工作中的重要部分。

好不容易聚焦再聚焦,确立了研究读懂学生的学习起点,可是,听课和研讨时,我却依然是常规的听评课,听老师的语言,看老师的流程,说学生的回答。能否从自己要研究的课题——读懂学生的学习起点——出发去审视课堂呢?看别人的课,思考自己的核心主张。授课老师预设的问题、设计的活动、师生间的对话是否体现了读懂学生的学习起点?是否确立了准确的教学目标?是否给了学生最有效的学习支持?课题研究,不仅是在自己的课堂实践,也不仅在自己的学校交流,还应该时时刻刻用研究的眼光看待自己参与的活动,包括外出听课研讨、撰写文章、书籍阅读。将课题研究内化为自己生命的一部分,这样的研究才会触动人心。

故事三:内化研究主题,持续才会有效

我有时觉得自己还像个孩子,一会儿就忘了自己要去哪儿,自己要研究什么。

10月的宜昌之行让我再次陷入了深深的思考，究竟该怎样做研究？但也是这次宜昌之行，让我找到了答案——内化核心主张，持续才会有效。

10月，与宋君老师工作室的成员们一起到宜昌参加了"第十六届全国新世纪小学数学课程与教学系列研讨会"。第一天听课后，宋君老师让我们晚上进行网上研讨，主题是"教学价值与学生发展"。我当时非常纳闷，这个问题和我们研究的核心主张读懂学生有什么关系？和我们这次宜昌会议的主题有什么关系？宋君老师不是一再强调要认准研究的方向，持续研究吗？怎么这次了？大家都有疑惑，而我更是百思不得其解，于是就问了宋君老师。宋老师只是让我先认真思考。

晚上研讨时，我把自己的想法发到了微信群里：

教学价值非常广泛，可以是教学内容取舍的价值、教学方法选择的价值、教学评价促进的价值、教学活动开展的价值等；学生发展的方向也非常多，比如思维发展、操作发展、语言发展、运算能力发展、推理能力发展等。我只想结合今天天津的老师讲的《路程时间速度》一课，说一下我理解的内容取舍的价值与学生思维的发展。黄老师选取线段图的形式让学生表示谁快，把抽象的速度借助形象的图形刻画出来，非常有价值，促进了学生数学思维的发展，引发了学生的数学思考，怎么表示？为什么能表示？做到了让不同的人得到不同的发展。全部孩子都能看懂一个小时和一段的对应关系，还有个别孩子认识到每个段都可以比较，最厉害的是一个女孩子还发现了每种线段的比法都对应一种算式计算的方法。所以，教学价值与学生发展正相关，价值越大，学生发展越强。

大家都发表了自己对教学价值的认识和对学生发展的思考，微信群中，一个个非常有见解的观点蹦跳在界面上。半小时过去了，最后，宋老师问我们怎样才能发挥教学价值促进学生发展，并让我们用关键词表述！大家的关键词非常精彩——目标、预设、活动、观察、操作、实践，一个个词语飘在界面上，宋老师等大家都发表完后，发了一句话：我认为最重要的是读懂学生。大家这才恍然大悟！的确，研究了大半年了，读懂学生的最终目标却忘记了，最大化地发挥教学价值，最大化地促进学生发展，有利的抓手就是要读懂学生呀！不忘初心，我们也是停留在口号上，停留在说给别人听上，真正落实到自己的研究中时我们都忘了。回程的火车上，我写下了这样一段话：

这次宜昌之行，收获多，差距大！

收获多，是因为好久没有参加过这么有深度的数学研修了。张丹教授的讲座，拓展了我对应用意识狭隘的思考。差距大，是因为宜都实小的汇报让我看到自己和名师的差距，自己的提升速度与青年教师进步速度的差距，自己研究的肤浅与同行学员深度研究的差距。

晚上网上研讨＋一整天的汇报＋间隙交流，不断冲击着我对读懂学生的认识，激发我思考该怎样做研究。宋老师不仅给我们业务知识的启发，更重要的是让我们真正经历了课题研究的全过程！

感谢宋老师，敬佩宋老师！感恩团队成员，祝福团队成员！不忘初心——读懂学生，砥砺奋进——踏研前行！期待年底相聚！

故事四：践行研究主题，以课例研究为主

从宜昌回来后，读懂学生的学习起点在我的课堂和课题团队成员的课堂上渐渐生根了。我们用课堂前测的方法了解学生已有的知识和经验，力求读懂学生的学习起点，找准困扰学生的难点，确立准确的教学目标，设计适合的教学活动。我们听课时借助课堂观察法，认真倾听师生间的对话，研判教师是否读懂了学生的起点，是否找准了学生思考的起点，是否给予有效的引导。

慢慢地，在教学中，老师们不再抱怨"怎么教学生都学不会"，不再发怒"这么简单，学生还不明白"，取而代之的是"学生这么说是什么意思""学生这么做代表了什么"。我和我的课题组成员都在努力地读懂学生学习的起点，分析学生的思维方式，从而选取有效的方式进行教学，促进师生间进行真正的对话，避免出现这样的现象：学生会的、理解的、有经验的知识，老师反复地讲、细致地讲，学生只能配合着回答、练习，但越是难点、对思维有挑战的地方，老师却没有深挖、没有追问，只一带而过，学生学得稀里糊涂，课堂教学低效。我们已经明白：没有读懂学生的学习起点，就无法设立准确的教学目标；没有读懂学生的学习起点，就无法预设指向性明确的关键问题；没有读懂学生的学习起点，就无法有效追问，无法有效回应学生的思考；没有读懂学生的学习起点，就无法构建师生在课堂上真正有效的对话。

经过一年研究，在宋君老师的帮助下，我得出了对读懂学生起点的认识，借助课例分析，对比数据结论，从而读懂学生起点。读懂学生的起点，有助于教师制定可操作的学习目标，有助于教师预设指向性明确的关键问题，有助于教师有效回应学生所提出的问题，有助于调动各种感官参与到活动中来，有助于提高学习目标的达成率，有助于促进师生、生生的对话。

这一年，我围绕"读懂学生"这一主题不断思考与实践。从最初思考自己对"读懂学生主题的界定"，到确立自己对"读懂学生的研究方向——基于课堂前测读懂小学生学习起点"，对我帮助最大的是导师宋君，他常常提醒我在日常工作中要时刻明确自己的研究主题，要时刻聚焦自己的研究主题。这一年，从课题立项，到课题研究，最后到完成课题的结项，在和宋君老师的交流中，我深刻感受到课题研究所需要的"确定研究主题，聚焦研究问题，查阅文献资料，持续小切口研究"的路径的作用。这一年课题组的老师们默默耕耘，勤奋钻研，探索出"课前前测，课堂观察，课后后测"的"读懂学生学习起点"策略。这一年的课题研究让我感受到工作室的名师骨干们真诚、谦虚、勤奋、严谨、务实、拼搏的态度和勇于探索、执着研究、追求卓越的精神。这一年感谢宋君老师对我的帮助，让我找到了优秀的团队，树立了学习的榜样，找到了奋斗的目标。

研修路上，我们同行

◎ 濮阳经济技术开发区实验学校　张晓娟

感谢2017年的遇见，让我们在研修的路上，一路同行！

1999年我从师范学校毕业，被分配到一个只有七八十个学生的小学校，学校唯一的现代化设备就是一台录音机。幸好学校订有一些教育类书刊，业余时间我就看书解闷。真是"有心栽花花不开，无心插柳柳成荫"，我渐渐地喜欢上了看书。慢慢地，学校的书籍满足不了我的需求，每月110元的工资，我不舍得买衣服，却舍得买书，只要是对工作和提高自身素质有帮助的书我都买来读。虽然那时很清贫，但是内心却很充实，面对每天忙忙碌碌的工作不觉得辛苦，面对每日平平淡淡的生活不觉得厌烦，承受再大的压力也能找到工作的动力和快乐。后来，我以优异的成绩考取正式编制，又考到现在任职的学校。这一路走来我过得很充实。随着年龄的增长，人到中年，我对教学有了一些倦怠，但通过这次培训，受宋老师的影响，我觉得自己又重新点起了对教育的激情，我还要继续努力下去，去实现自己的梦想。

一年的骨干教师培训，我们进行了三次集中研修。第一次在平顶山，虽然私下没有和宋老师进行过交流，但是目睹了宋老师的风采，在对上课老师评课的时候，他评课的高度、独特的视角，让我感到专家就是专家！在对我们学员所写的核心主张进行评析时，除了内容，他还具体到了每句话、每个字、每个符号……宋老师的专业素养和严谨治学的态度给了我很大的触动。第二次在湖北宜昌，第三次在邓州……回想起工作室集中研修的情形，我心里还是激情澎湃：一位教育"痴人"在用心影响他的同行、学员，在这里没有外在力量的束缚，只有心与心之间的交流。

在一年的研修中，我最大的收获就是学会了如何做课题研究。我们学校也很重视对教师的培训，但是像工作室这种形式的培训还是第一次，问题的关键不在于我们形式的与众不同，而是在工作室里有宋老师这样的专家手把手教，从怎样写核心主张，到如何写立项书，再到写结项鉴定书、研究报告。这么多人，这么大的工作量，宋老师还那么忙，虽然也知道他是熬夜帮我们修改的，但是还是不能想象他是怎样在百忙之中完成的。他就像一团火，让我们感到温暖的同时更引燃了我们对教育的激情。

一位教育专家这样说："做课题是我们一线教师专业成长的很好途径，但是缺少必要的引领，没有方向性的东西并缺少理论性的东西，如果二者能够与一线教学结合起来，对于提高教学素质，提高教学效果将会非常有利。"我深有感触。作为一线教师，我还是有一些教学经验的，但是一提起课题研究，就心生恐惧，不是不愿意花费时间去做，而是不知如何去做。反思以往，首先是自己只知道低头拉车，不知道抬头看路，只知道搞好教学，不知道把自己的教学实践和教育理论进行有机整合。所以在做研究课题时，自己连研究的方向都不知道，又怎么确定课题的内容呢？其次，自己在别人的帮助下找到了研究的方向，也不知所要研究的东西别人都研究到了哪个层次，害怕自己研究的东西别人都已经研究过了。再次，当前两者都确定下来后，又发现自己有闭门造车之嫌，平常不注重材料的收集，关键时刻只能临时抱佛脚。最后，平时不注意练笔，教学过程中的一些经验也不知如何通过文字呈现出来。总之一提起做课题，立刻感到压力如山。任何事情，光说不做就是假把式，在我们教育行业更是如此。对于课题，我就是一个门外汉，觉得无所适从。在为期一年的省级骨干教师培训中，经过宋老师一次次的修改，一步步的引领，我经历了一个完整的课题研究过程。宋老师帮我打开了一扇门，通过他的指导，我对课题不再陌生，认识到了课题研究其实就在我们一线教师身边，只要自己用心思考，及时总结，每天带着自己的思考去审视教学中的问题，就会发现自己不仅是完成了一个课题，而且整个教学能力也得到了提升。

培训结束了，我虽然名义上不再是宋老师的学员，但是在心里他永远是我敬重的老师。

宋老师，谢谢！

参考文献

[1] 中华人民共和国教育部. 义务教育数学课程标准（2011年版）[S]. 北京：北京师范大学出版社，2012.

[2] 张春莉，吴正宪. 读懂中小学生数学学习：学情分析 [M]. 北京：北京师范大学出版社，2015.

[3] 宋君. 新课程小学数学教学实践研究 [M]. 长春：东北师范大学出版社，2018.

[4] 霍姆林斯基. 给教师的建议 [M]. 杜殿坤，编译. 北京：教育科学出版社，2001.

[5] 余文森. 核心素养导向的课堂教学 [M]. 上海：上海教育出版社，2017.

[6] 李光树. 小学数学教学论 [M]. 北京：人民教育出版社，2003.

[7] 刘加霞. 小学数学课堂的有效教学 [M]. 北京：北京师范大学出版社，2008.

[8] 张丹. 小学数学教学策略 [M]. 北京：北京师范大学出版社，2010.

[9] 魏霞. 在读懂学生错误中前行 [J]. 南昌：江西教育，2017（5）：30.

[10] 朱森明. 错皆有因　要读懂学生的错误 [J]. 小学教学设计（数学版），

2014（23）：6—7.

[11] 陈钱勇．如何读懂学生的错误：解读"学生错误"的途径 [J]．中小学数学（小学版），2013（6）：4—5．

[12] 宋君．读懂学生的模糊认识，提高课堂教学实效 [J]．小学教学（数学版），2015（10）．

[13] 宋君．读懂学生 教学简单而富有智慧 [J]．江西教育，2017（2）．

[14] 蔡金法,许世红.教师读懂学生什么:认知导向的教学 [J].小学教学（数学版），2013（9）．

[15] 俞正强．小学数学课堂学习的起点在哪里 [J]．小学数学教师,2003(1)．

[16] 宋君．读懂学生，迈向智慧数学 [J]．未来教育家，2018（8）：26—28．

[17] 宋君．读懂学生，让课堂更有效 [N]．中国教师报，2015-4-1（8）．

[18] 宋君．保卫童年，从读懂学生开始 [N]．教育时报，2015-5-20（4）．

[19] 宋君．读懂学生 [N]．教育时报，2017-3-28（4）．

[20] 宋君．读懂学生需要智慧 [N]．中国教师报，2017-4-26（4）．

[21] 宋君．读懂学生的质疑 [N]．中国教师报，2017-12-20（5）．

研修，留下最美的风景（代后记）

自2009年开始关注"读懂学生"这一课题，我从无意识实践走向深度思考，回顾近十年的课题研究，我发现，读懂学生是优秀教师走向卓越、由经验教学迈向智慧教学的重要途径。

2017年，中原名师工作室承担了省级名师、省级骨干教师培育工作，我们工作室将研修目光聚焦在读懂学生上。回顾我和15位河南省名师、河南省骨干教师培育对象经历的这一年时光，有温馨和幸福的回忆，也有蜕变过程中的阵痛、超越自我的喜悦。

在名师工作室研修结业时，丰产路小学的王霞老师说：以往一提起课题研究就心生敬畏和恐惧，总认为搞研究那么高大上的事情需要专家去完成，我作为一名教师只要完成自己的教学工作就行了。但一年来围绕"在小学数学教学中读懂学生的错误根源与对策的研究"这一课题，我从课题立项，到课题研究，最后到完成课题的结项，一步步、一点点、一次次修改，经历了一个完整的课题研究过程，深刻体会到，其实研究并不难，它就在我们身边，只要有心、留心、用心发现自己教学中发生的事情，随时记录，深入思考，每天只要带着思考去审视教学中的问题，就会有收获。我坚信，只要有实践就会有思考，我们每一位教师都能成为研究专家，因为我们的研究是从实践中得出来的，原汁原味，更接近一线教学，更能引起同伴们的共鸣。

平顶山市卫东区豫基实验小学郭秋丽老师在研修总结中写道：这一年的研修历程，可以用"苦、狂、甜"三个字来形容。提出什么样的课题问题，课题研究如何设计，怎么推进，教学设计如何实践……太多太多问题，这一切的一切，都是空白，苦闷、焦灼、手足无措让我体验到"研究之苦"。10月的宜昌之行，是我研究痴狂的阶段。在宜都实验小学我们进行了中期汇报及反馈，我开始一步步、一点点调整研究思路，带领教师上课、研讨、反思，周而复始，我像超人一样狂热，顾不得疲倦，此阶段是"研究之狂"。12月，我体会到"研究之甜"。在电话中，听到宋老师宣布我"通过"的消息，忙得晕头转向的我，一下子头脑清醒，欣喜若狂。

从苦到甜，别有一番滋味在心头。对于研修，我们总是梦想别人给予我们一些什么，但唯有投入其中，才会不断促进我们深入思考，让我们收获前行的力量。改变的不是我们的思考，而是我们的心境，唯有在研修中不断改变，不断追求才会走向卓越。

濮阳经济技术开发区实验学校的张晓娟老师在研修总结中写道：我从初当教师时的探索，到逐渐有经验、有智慧，这两年随着年龄的增长，对教学又有了一些倦怠。通过这次培训，我又重燃起对教育的激情，我还要继续努力下去，去接近自己的梦想。回想起在名师工作室集中研修时的情形，我心里还是激情澎湃：一位教育"痴人"在用心影响他的同行、学员，在这里没有外在力量的束缚，只有心与心之间的交流。

研修，到底为了什么？我想更多的是唤醒和点燃，唤醒教师生命的自觉，点燃教师专业发展的意识。痴人要有痴人的情怀，痴人要有痴人的境界，痴迷其中，沉醉其中，才能智慧成长，才能体会到专业发展的快乐和幸福。

濮阳经济技术开发区实验学校的史海兰老师写道：在这一年里，我跟随我们可亲可敬的宋君老师不仅学到了很多专业知识，而且还学到如何做人做事。仍记得我们这些初次做课题的人，对做课题是一头雾水，宋老师不厌其烦地给我们修改稿子，有时甚至修改七八遍，却从没有一丝怨言；仍记得宋老师点评课时，准确而又犀利地指出一节课的优缺点；仍记得凌晨还收到宋老师发来的修改作业的邮件；仍记得每一次的研修培训，宋老师都毫不保留地讲解专业知识；仍记得每次研修结束，宋老师总是嘱咐我们注意安全……一年的接触，让我感受到了一个专业、敬业、正直、善良的宋老师。正如第二届河南省最具成长力教师评委给宋老师的颁奖词："五年为界，你实现了教育人生的三次转变；四季轮回，你找到了教师的幸福通道。今日你老老实实做人，本本分分治学，俯下身子，甘做一头孺子牛，明日定是满眼桃李芬芳。经风雨，见世面，远处有宏图，脚下是正道。"是呀！宋老师，您让我肃然起敬，我由衷觉得选对了老师。

"短短一年的研修，宋老师的敬业精神深深地吸引着我，同伴的求学精神深深地感染着我，我的思想和教育观发生了巨大变化。在以前的教学中，我只管上好自己的课，抓好学生的成绩，没有读懂孩子，没有研究意识。经过一年的研修，我的教育理念得到转变，在备课、上课、批改作业、课后辅导中，一切围绕'读懂学生'进行。回顾我一年来的成长历程有太多的感谢，感谢宋老师对我的悉心指导，感谢宋老师给我指明了方向，感谢这个团队给我力量……让我在教学的道路上不断地成长着，不断地前进着。"这是平顶山市新华区新程街小学彭现花老师发自内心的声音。

2017年省级名师、省级骨干教师研修工作已经临近结束，看着大家忙碌的脚步，我内心充满了敬意。我们的团队很多教师严谨、认真、愿意成长的精神感动着我、激励着我。很多人都会埋怨，宋老师怎么这么苛刻，怎么会有这么多的作业……但梳理一年的收获，我们蓦然回首，惊讶万分，原来我们能做得这么好！

其实我们只做了一个课题,但通过一个课题,我们学会了触类旁通,有了故事、案例、随笔、课例……尤其是张晓娟老师临近生产,还在电脑前修改稿子。"宋老师,还有什么作业要做,我想趁生产之前尽力去做。"张老师朴实而温暖的话语,让我潸然泪下。杨红霞老师还在哺乳期,她一边带着孩子一边修改文章。感动!敬佩!像这样的场景还有很多很多。难道他们仅仅是为了获得那张省级名师、省级骨干教师的证书吗?我认为更多的是一种信念和执着的追求。如果说真正的研究从"读懂学生"开始,那么这本书无疑打开了教师读懂学生的"智慧之眼"。

短暂的一年研修时光,我们共同拥有了难以忘怀的那份感情。研修让我们16位老师有了幸福的相遇,开启了智慧的数学教学,让我们成为最美的风景!

宋君